U0874074

新编21世纪高等职业教育精品教材 ◆ 物流类

国际物流运作实务

（第二版）

GUOJI WULIU YUNZUO SHIWU

主　编　代湘荣　胡惟璇

副主编　黄腾跃　戴正祥　任天舒

中国人民大学出版社

·北京·

图书在版编目（CIP）数据

国际物流运作实务/代湘荣，胡惟璇主编．--2版．北京：中国人民大学出版社，2025.3.--（新编21世纪高等职业教育精品教材）．-- ISBN 978-7-300-33734-0

Ⅰ．F259.1

中国国家版本馆CIP数据核字第2025AB3752号

新编21世纪高等职业教育精品教材·物流类

国际物流运作实务（第二版）

主　编　代湘荣　胡惟璇

副主编　黄腾跃　戴正祥　任天舒

Guoji Wuliu Yunzuo Shiwu

出版发行	中国人民大学出版社		
社　　址	北京中关村大街31号	**邮政编码**	100080
电　　话	010－62511242（总编室）		010－62511770（质管部）
	010－82501766（邮购部）		010－62514148（门市部）
	010－62515195（发行公司）		010－62515275（盗版举报）
网　　址	http://www.crup.com.cn		
经　　销	新华书店		
印　　刷	天津鑫丰华印务有限公司	**版　　次**	2020年4月第1版
开　　本	787 mm×1092 mm　1/16		2025年3月第2版
印　　张	18.25	**印　　次**	2025年3月第1次印刷
字　　数	396 000	**定　　价**	45.00元

版权所有　侵权必究　　　印装差错　负责调换

前　言

2021年3月，《中华人民共和国国民经济和社会发展第十四个五年规划和2035年远景目标纲要》提出，加快构建以国内大循环为主体、国内国际双循环相互促进的新发展格局。党的二十大报告也强调："坚持高水平对外开放，加快构建以国内大循环为主体、国内国际双循环相互促进的新发展格局。"新发展格局是根据我国发展阶段、环境、条件变化提出来的，是重塑我国国际合作和竞争新优势的战略抉择。国际物流作为关键环节，对于支撑中国式现代化建设具有显著作用。国际物流是双循环的重要支撑，它的发展是实现中国式现代化、构建新发展格局、提升国家竞争力的战略需求，对于推动经济社会高质量发展具有重要意义。

特别是在经济全球化大背景下，依托现代信息技术的大力支持，伴随国际产业的重新分工布局，国际物流业获得了广阔的发展空间和稳定的基础保障。尤其是在中国经济的持续稳定增长、"一带一路"倡议效应凸显，人民币加入SDR，以及互联网"E＋"时代"买全球""卖全球"的大格局下，"全球送"的国际物流业务极速膨胀。加上国际物流运作诸多因素变化的影响，国际物流业不仅活跃，其运作和发展也呈现出新的特点和趋势。为了及时总结国际物流运作的实践经验，反映国际物流在新形势下的特点，我们对2020年4月中国人民大学出版社出版的《国际物流运作实务》教材进行了修订。

本教材第二版相对于第一版主要有以下变化：

1. 绘制了每个模块的"知识导图"，使学习内容更加清晰明了。

2. 增加了每个模块的"素质目标"，完善了知识的三维教学目标。

3. 以二维码方式展示拓展学习资料：更新了大量课程教学案例和参考资料，增加了案例资料和相关视频，以体现教材的时代性，有助于学生关注行业动态，开阔视野。

4. 每个模块增加了"模块小结"，以利于对知识点的归纳小结。

5. 将第一版教材中"综合练习与实训"更换为"知识巩固"，重新设计了各模块的课后知识巩固习题。

6. 模块二“国际物流中国际贸易基础知识”中引用了最新版本的《国际贸易术语解释通则》，基于 Incoterms® 2020 中的 11 个贸易术语介绍国际贸易术语。

7. 模块七“国际物流货物运输业务”中将国际铁路货物运输、国际公路货物运输、大陆桥运输合并为国际陆路货物运输，增加了项目五“国际多式联运”的知识介绍。

通过以上内容的修订，第二版教材融入了国际物流运作中最新的理论知识，较好地反映了当前国际物流发展的一系列新特点和新趋势，吸收了国际物流运作的新经验和实践成果，总结了国际物流业务运作中日趋成熟的理论基础知识和技能。

在教材修订过程中，编者得到了中远集团的大力支持。此外，副主编黄腾跃对现代物流运作和跨境电商物流具有深刻的认知，他的加入确保了教材的高质量。

《国际物流运作实务》（第二版）由代湘荣负责总体修订，任天舒负责模块一和模块四的编写，胡惟璇负责模块二、模块三、模块六和模块八的编写，黄腾跃负责模块五和模块七的编写。在编写过程中，编者参考了大量的相关教材和资料，特向这些作者表示由衷的感谢。由于编者水平有限，书中难免有不当或错漏之处，敬请读者批评指正。

编者

目　录

模块一
国际物流概述

知识导图

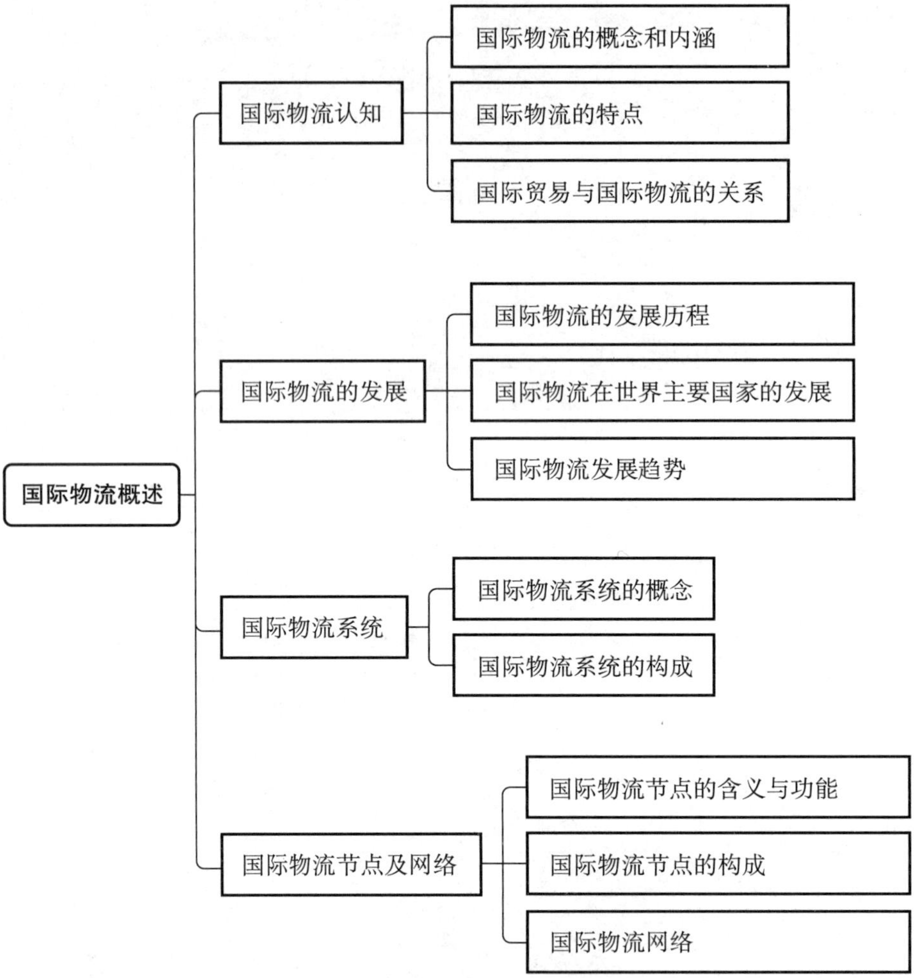

学习目标

※知识目标	※技能目标	※素质目标
1. 了解国际物流的含义、特点，以及国际物流与国际贸易之间的关系，现代国际物流的发展状况、发展趋势及我国国际物流的发展； 2. 了解国际物流系统的构成要素； 3. 熟悉国际物流节点、连线及与之相连的网络构成。	1. 能够描述国际物流的内涵，明确国际物流与国内物流、国际贸易的区别与关系； 2. 能够理解国际物流各节点的含义，明确国际物流节点的功能； 3. 能够灵活运用所学知识，结合案例进行分析。	1. 开拓国际视野，培养透过事物表面深度分析问题的能力； 2. 培养担当民族复兴大任，实现物流强国的时代新人的信心。

导读案例

双循环背景下中国国际物流发展探索实践

为了践行"以国内大循环为主体、国内国际双循环相互促进的新发展格局"的发展理念，众多物流企业秉承创新理念，持续改进，追求服务专业化，注重精细管理，发展自身特色，在留住国际老客户、开发国内新客户，为国际国内客户提供优质物流服务实践中，积极探索，取得了不俗成效。

1. 菜鸟网络杭州到列日洲际航线

● 背景：菜鸟网络开通了从杭州到比利时列日机场的洲际航线，列日机场是欧洲货运吞吐量第五的货运机场。

● 发展举措：菜鸟网络在列日建设了集仓储、转运以及电子关务为一体的 eHub（数字贸易枢纽），通过洲际航线、中欧班列连接中国和欧洲，并以列日为中心部署覆盖欧洲核心国家的卡车网络。

● 成效：这种物流布局有助于货物流通更加顺畅，加速双循环物流大通道的形成，支持中国经济的可持续发展。

2. 中欧班列的发展

● 背景：随着"一带一路"倡议的推进，中欧班列成为连接中国与欧洲的重要物流通道。

● 发展举措：

班列开通：多个城市开通了直达欧洲的中欧班列，如"常西欧"（常州—西安—莫斯科/塔什干）等。

频次增加：中欧班列的班次频次不断增加，满足了更多企业的物流需求。

● 成效：

物流效率提升：中欧班列提供了快速、稳定的物流通道，减少了企业物流成本和时间成本。

经济效益显著：中欧班列的开通和运营，促进了中国与欧洲之间的贸易往来和经济发展。

3. DHL 快递中国区的发展

● 背景：1986 年，DHL 快递母公司 DHL 与中国对外贸易运输（集团）总公司合资成立了中外运-敦豪国际航空快件有限公司。

● 发展举措：

网络布局：中外运-敦豪国际航空快件有限公司已在中国建立起广阔的国际快递服务网络，遍及中国 80%的人口聚集区和经济中心城市。

数字化转型：积极采用数字化技术提升服务效率和客户体验。

绿色物流：致力于绿色物流发展，如订购 Alice 全电动货机，向实现可持续航空发展迈出了开创性的一步。

● 成效：依托遍布全球 220 多个国家与地区的服务网络，DHL 快递助力货物在中国与全球各地间高效流动。

4. 宁波中东欧贸易物流园的发展

● 背景：宁波充分发挥中国（浙江）自由贸易试验区宁波片区和中国—中东欧国家经贸合作示范区两大国家战略的政策叠加效应。

● 发展举措：

数字化贸易平台：依托侨团侨社资源和数字技术，打造“侨链国际—线上中东欧”数字化贸易平台。

服务延伸：以仓储为核心延伸服务，提供全程物流服务、销售平台、下游配送等7条完整的产品业务线。

● 成效：确保了物流通达性，对接希腊最大、地中海第二大港口——比雷埃夫斯港，为中东欧客户提供全程进出口海铁联运。

5. 招商局集团基于长安链的双循环航运贸易应用

● 背景：作为全球贸易大国，我国约95%的货物运输量通过海上运输实现。航运贸易业务场景复杂、链条长、参与方多、货值高。

● 发展举措：招商局集团基于长安链建设的双循环航运贸易联盟链，聚焦大宗商品国际供应链物流和集装箱多式联运两大场景，打造面向货主的贸易运输物流联盟链。

● 成效：实现了同海关区块链的跨链，在航运贸易行业大范围实现了同业态互联、跨业态互通、基础设施互认，提升了航运贸易运作的安全和效率，降低了航运贸易数字化转型的难度和成本。

6. 常州在双循环中的国际物流发展

● 背景：常州作为长三角经济带中轴枢纽城市，积极融入双循环，推动国际物流的快速发展。

● 发展举措：常州开通了多条国际物流通道，如“常西欧”中欧班列、常州至上海港“海铁班列”等。

常州奔牛国际机场货邮吞吐量实现了快速增长，从2016年的1.57万吨提升至2019年的3.31万吨。

● 成效：物流效率显著提升，货物能够快速、安全地运往世界各地。全市综合货运量、港口货物吞吐量等数据均实现了快速增长。

资料来源：张丽华．“杭州—列日”全球智能物流骨干网西欧航线首航［EB/OL］．杭州网，2018-11-04；长安链开源社区．招商局集团基于长安链的双循环航运贸易应用［EB/OL］．CSDN博客，2024-05-15；郑晨烨．跨境电商潜力巨大，中国低线级市场面临新机遇［N］．经济观察报，2024-05-10．

认知

“双循环”新发展格局

项目一
国际物流认知

一、国际物流的概念和内涵

国际物流是现代物流体系的重要组成部分。随着现代信息技术的不断发展，各国国际战略的推行，加快了全球贸易的发展，促进了对外直接投资的增加，越来越多的生产经营活动和资源配置过程开始在整个世界范围内进行，形成了经济全球化格局，为物流国际化的发展提供了广阔的空间和重要基础保障。

（一）国际物流的概念

《中华人民共和国国家标准：物流术语》（GB/T 18354—2021）将国际物流（International Logistics，IL）定义为跨越不同国家（地区）之间的物流活动。国际物流也被称为“国际大流通”或“国际大物流”，它是国内物流的延伸和进一步扩展，是跨越国界的、流通范围扩大了的流通。

国际物流的存在与发展促进了世界范围内物质的合理流动，使国际物资或商品实现了流动路线最优、流通成本最低、服务最优、效益最好的目标。同时，由于国际化信息系统的支持和世界各地物资交流的广泛进行，国际物流对促进世界经济的发展、改善国际友好往来，推进国际政治、经济格局的良性发展起到了极大的促进作用，从而推动整个人类的物质文化和精神文化朝着和平、稳定和更加文明的方向发展。

国际物流有广义与狭义之分。广义的国际物流的研究范围包括国际贸易物流、非贸易国际物流、国际物流合作、国际物流投资、国际物流交流等领域。其中，国际贸易物流主要是指组织货物在国际的合理流动；非贸易国际物流如国际展览与展品物流、国际邮政物流等；国际物流合作是指不同国别的企业共同完成重大的国际经济技术项目的国际物流；国际物流投资是指不同国别的物流企业共同投资组建国际物流企业；国际物流交流则主要是指在物流科学、技术、教育、培训和管理方面的国际交流。

狭义的国际物流主要是指国际贸易物流，即组织货物在国际的合理流动，也就是指发生在不同国家之间的物流。更具体地说，狭义的国际物流是指当生产和消费分别在两个或两个以上的国家或地区独立进行时，为了克服生产和消费之间的空间距离和时间间隔，对货物进行物理性移动的一项国际贸易或国际交流活动，从而完成国际商品交易的最终目的，即卖方交付单证、货物和收取货款，买方接受单证、支付货款和收取货物。本教材主要针对狭义的国际物流进行阐述。

（二）国际物流的内涵

国际物流的内涵可以从以下几方面加以理解：

（1）国际物流是国内物流的延伸，是跨国界的、范围扩大了的物流活动，包括全球范围内与物流管理和物资运送相关的所有业务环节。所以，国际物流又称“国际大流通”或“国际大物流”。

（2）国际物流是国际贸易活动的重要组成部分，是伴随着国际贸易和国际分工合作形成的。随着世界经济的发展，国际分工日益细化，任何国家都难以包揽一切领域的经济活动，国际合作与交流日益频繁，推动了国际商品流动，促成了国际物流的发展。因此，国际物流的实质是按国际分工协作的原则，依照国际惯例，利用国际化的物流网络、物流设施和物流技术，实现货物在不同国家或地区间的流动与交换。它促进了区域经济的发展和资源在不同国家或地区间的优化配置。

（3）国际物流的总目标是为国际贸易和跨国经营服务，即选择最佳的方式和路径，以最低的费用和最小的风险，将货物从一个国家或地区的供给方运到另一个国家或地区的需求方，使国际物流系统整体效益最大。做好国际物流工作，就是适时、适地、保质保量、低成本地在全球范围内组织货物的流动，提高企业在国际市场上的竞争力。

二、国际物流的特点

国际物流作为现代物流的重要分支，具有以下特点：

（一）各国物流环境存在差异

国际物流的一个非常重要的特点是各国物流环境存在差异，尤其是物流软环境的差异较大。例如：不同国家的物流适用不同的法律，使国际物流的复杂性远高于一国的国内物流；不同国家不同的经济和科技发展水平会造成国际物流处于不同科技条件的支撑下，甚至会出现有些地区根本无法应用某些技术而迫使国际物流全系统水平下降；不同国家的不同物流标准，也造成国际物流“接轨”的困难，因而使国际物流系统难以建立；不同国家的风土人情也使国际物流受到很大局限。

（二）国际物流作业具有复杂性

国际物流跨越海洋和大陆，其业务流程涉及多个国家和地区，同时涉及运输、储存、包装、装卸搬运、流通加工、检验检疫、通关、配送等多个作业环节，是一个庞大的复杂系统。国际物流的复杂性远远超过国内物流，可用4D概括：距离（Distance）、单证（Documentation）、文化多样性（Diversity in Culture）和顾客需求（Demands of Customer）。在不同的国家和地区之间，物流活动距离更长、单证更复杂、在产品和服务上顾客的需求更加变幻莫测，并要满足各种文化的需要。国际物流的复杂环境形成了国际物流运作的独有特点：需要国际贸易中间人；国际物流业务完成周期长且作业方式复杂多样；国际物流运作注重系统一体化，重视联盟作用。

（三）国际物流具有高风险性

风险产生的根本原因在于事物发展及其环境变化的不确定性，国际物流也是如此。由于国际物流较长的流程完成周期、复杂的作业和跨国界运作，国际物流过程中除了存在一般性物流风险（如意外事故、不可抗力、作业损害、理货检验疏忽、合同风险）外，还因跨国家或地区、长距离运作，面临政治、经济和自然等方面的更高风险，具体而言包括：

1. 政治风险

政治风险是指由于所经过国家或地区的政局动荡，如罢工、动乱或战争以及国与国之间的政治、经济关系的变化等原因造成物流流程中断、运输延迟、物流流程延长及货物损坏甚至丢失等。国际物流流程涉及的国家或地区越多，这种风险就越大。

2. 汇率和利率风险

由于国际物流过程中的资金流具有不确定性，因此，除一般物流过程中存在的经济风险以外，国际物流还面临汇率风险和利率风险。在信用货币制度下，各国货币间的汇率和货币利率受国际金融市场交易状况的影响，其波动性很大，从而导致国际物流过程中用于结算的货币相对币值具有不确定性。例如：海运班轮公司会因其运输费结算货币的贬值而减少实际的运费收入，为此，船运公司通常要加收货币贬值附加费以弥补汇率变动所引起的损失。物流流程完成周期越长，这种不确定性就越大，结算货币的汇率和利率的风险就越大。同时，处于不同国家的不同物流阶段上的费用支出一般使用本地货币，这就涉及多种货币间的汇率。币种越多，汇率和利率风险就越大，从而增加了物流成本控制的难度。

3. 自然风险

自然风险是指因地震、海啸、风暴等自然灾害引起的运输事故、物流过程中断等风险。自然灾害会直接造成货品丢失和损坏，中断物流过程。国际物流由于运输时间的延长、距离的增加，货物在途中必然潜伏着更多的发生自然风险的可能，从而导致更高的自然风险，货物丢失和损坏的风险加大。

（四）国际物流以海洋运输方式为主、多种运输方式相结合

由于国际物流中的运输距离远、运量大，从运输成本角度出发，运费较低的海运成为最主要的方式，国际物流中超过80%的业务量由海运完成。此外，为缩短货运时间，满足客户在时间上的要求，在运输方式上还采用空运、陆运和海运相结合的方式。目前，在国际物流活动中，“门到门”的运输方式越来越受到货主的欢迎，使得能满足这种需求的国际复合运输方式得到快速发展，逐渐成为国际物流中的主流运输方式。

（五）国际物流必须有国际化信息系统的支持

国际化信息系统是国际物流，尤其是国际联运中非常重要的支持手段。当前建立国

际物流信息系统较好的办法是和各国海关的公共信息系统联机，以及时掌握系统内各个港口、机场和联运路线、站场的实际状况，为供应或销售物流决策提供支持。国际物流是最早发展电子数据交换（Electric Data Interchange，EDI）的领域，以 EDI 为基础的国际物流将会对物流的国际化产生重大影响。但是国际信息系统建立的难度较大，一是管理困难，二是投资巨大。再者，由于世界上有些地区的物流信息水平较高，有些地区的物流信息水平较低，信息技术应用水平的不一致导致信息系统的建立更为困难。

（六）国际物流标准化要求较高

要使国际物流畅通起来，统一标准是非常重要的。国际物流标准化是以国际物流为一个大系统，制定系统内部设施、机械设备、专用工具等各个分系统的技术标准；制定系统内各分领域如包装、装卸、运输等方面的工作标准；以系统为出发点，研究各分系统与分领域中技术标准与工作标准的配合性，按配合性要求，统一整个目标物流系统的标准；研究整个国际物流系统与相关其他系统的配合性，从而谋求国际物流大系统的标准统一，获得最佳物流秩序和经济效益。

可以说，如果没有统一的标准，国际物流水平是无法提高的。目前，美国、欧洲基本实现了物流工具、设施的统一标准，如托盘采用 1 000 mm×1 200 mm 规格、统一集装箱的标准规格及推广条码技术、采用统一包装模数等。这大大降低了物流费用，降低了转运的难度，加速了国际物流一体化进程。

三、国际贸易与国际物流的关系

国际贸易（International Trade）是指世界各国（地区）之间的商品以及服务和技术交换活动，包括出口和进口两个方面。从国家角度来看，称为该国的对外贸易（Foreign Trade）。从国际上看，世界各国对外贸易的总和就构成了国际贸易，亦称世界贸易（World Trade）。

随着生产力的发展、科学技术的进步和国际经济联系的增强，如今，国际贸易这一概念所包含的内容进一步扩大了。从前，国际贸易实际上只包括实物商品的交换，而现在还包括服务和技术等非实物商品的交换。实物商品交换是指原材料、半成品及工业制成品的买卖；服务交换是指在运输、邮电、保险、金融、旅游等方面为外国人提供服务，或本国工人、技术人员在国外劳动、服务，从而获得外国货币报酬；技术交换包括专利、商标使用权、专有技术使用权的转让以及技术咨询和信息等的提供和接受。

国际贸易按货物的流动方向划分，可分为出口贸易、进口贸易、过境贸易；按国境和关境划分，可分为总贸易和专门贸易；按商品形态划分，可分为有形贸易和无形贸易；按货物运送方式划分，可分为陆路贸易、海路贸易、空路贸易；按有无第三者参与贸易，可分为直接贸易、间接贸易、转口贸易。

国际物流是随着国际贸易的发展而产生和发展起来的，并已成为影响和制约国际贸易进一步发展的重要因素。国际贸易与国际物流之间存在非常紧密的关系。

（一）国际物流是国际贸易的必要条件

世界范围的社会化大生产必然会引起不同的国际分工，任何国家都不能够包揽一切，因而需要国际合作。国际商品和劳务流动是由商流和物流组成的，前者由国际交易机构按照国际惯例进行，后者由物流企业按各个国家的生产和市场结构完成。为了克服它们之间的矛盾，开展与国际贸易相适应的国际物流势在必行。企业只有将物流工作做好了，才能将国外客户需要的商品适时、适地、按质、按量、低成本地送到，从而提高本国商品在国际市场上的竞争力，扩大对外贸易。

（二）国际贸易促进物流国际化

第二次世界大战以后，出于恢复重建工作的需要，各国积极研究和应用新技术、新方法，促进生产力迅速发展，世界经济呈现繁荣兴旺的景象，国际贸易发展得极为迅速。同时，由于一些国家和地区资本积累达到了一定程度，本国或本地的市场已不能满足其进一步发展的经济需要，加之交通运输、信息处理及经营管理水平的提高，出现了为数众多的跨国公司。跨国经营与国际贸易的发展，促进了货物和信息在世界范围内的大量流动和广泛交换，物流国际化成为国际贸易和世界经济发展的必然趋势。

（三）国际贸易对国际物流提出新的要求

随着世界经济的飞速发展和政治格局的风云变幻，国际贸易表现出一些新的趋势和特点，从而对物流提出了更新、更高的要求。

1. 质量要求

国际贸易的结构正在发生巨大变化，传统的初级产品、原料等贸易品种逐步让位于高附加值、高精密度的产品。高附加值、高精密度产品流量的增加，对物流工作质量提出了更高的要求。由于国际贸易需求的多样化造成物流多品种、小批量化，因此国际物流趋向于优质服务和多样化发展。

2. 效率要求

国际贸易活动的集中表现就是合约的订立和履行。而国际贸易合约的履行是由国际物流活动来完成的，因而要求高效率地履行合约。从输入方面的国际物流来看，提高物流效率最重要的是高效率地组织所需商品的进口、储备和供应。也就是说，从订货、交货，直至运入国内保管、组织供应的整个过程，都应加强物流管理。根据国际贸易商品的不同，采用与之相适应的巨型专用货船、专用泊位以及大型机械等专业运输设备，这对提高物流效率起着主导作用。

3. 安全要求

由于国际分工和社会生产专业化的发展，大多数商品在世界范围内分配和生产，安全问题至关重要。例如：美国福特汽车公司某一型号的汽车要由 20 个国家的 30 个不同厂家联合生产，产品销往 100 多个国家和地区。国际物流所涉及的国家众多、地域辽阔、在途时间长，受气候条件、地理条件等自然因素和政局、罢工、战争等社会、政治、经济因素的影响。因此，企业在组织国际物流，选择运输方式和运输路径时，不仅要密切注意所经地域的气候条件、地理条件，还应注意沿途所经国家和地区的政治局势、经济状况等，以防止这些人为因素和不可抗拒的自然力造成货物灭失。

4. 经济要求

国际贸易的特点决定了国际物流的环节多、运期长。在国际物流领域，控制物流费用、降低成本是国际贸易对国际物流的要求。对于国际物流企业来说，选择最佳物流方案、提高物流经济性、降低物流成本、保证服务水平也是提高竞争力的有效途径。

总之，国际物流必须适应国际贸易结构和商品流通形式的变革，向国际物流合理化方向发展。

项目二
国际物流的发展

一、国际物流的发展历程

国际物流是实现全球资源配置必不可少的环节和可靠保证。概括起来，第二次世界大战后国际物流的发展大致可以分为四个阶段。

（一）第一阶段（20 世纪 50 年代至 80 年代初）

第二次世界大战结束后，国际经济交往不断扩展，越来越活跃。尤其在 20 世纪 70 年代的石油危机以后，国际贸易量非常巨大，交易水平和质量要求越来越高，逐步形成了国际大规模物流。系统化物流就在这个时期进入国际领域，标志是国际集装箱及国际集装箱船的快速发展，国际各主要航线的定期班轮都投入了集装箱船，提高了散杂货的物流水平，也使物流服务水平获得了大幅提升。到 20 世纪 70 年代中后期，国际物流的质量要求和速度要求进一步提高。在这一阶段，物流设施和物流技术得到了极大发展，船舶大型化趋势加强，国际物流领域出现了航空物流大幅度增加的新形势，同时还出现了更高水平的国际联运，一些国家还建立了本国的物流标准化体系等。

（二）第二阶段（20 世纪 80 年代初至 90 年代初）

随着科学技术的发展和国际经济往来的日益频繁，该阶段物流的国际化趋势开始成为世界性的问题，国际物流进入全面起步和发展阶段。尤其是正处于成熟经济发展期的日本，更是以贸易立国，实现了与对外贸易相适应的物流国际化，并采取了建立物流信息网络、加强物流全面质量管理等一系列措施，提高其物流国际化的效率。

这一阶段，在物流量基本稳定的情况下出现了精细物流，物流的机械化、自动化水平也显著提高。伴随新时代人们需求观念的变化，国际物流着力于新技术和新方法解决小批量、高频度、多品种的物流运作，极大地拓展了国际物流空间。同时，伴随国际物流的快速发展，信息技术开始应用于国际物流的组织和管理，如国际物流领域出现了电子数据交换（EDI）系统。信息技术的作用是使物流向更低成本、更高服务、更大量化、更精细化的方向发展，可以说，这一阶段的国际物流已进入物流信息时代。

（三）第三阶段（20 世纪 90 年代初至 21 世纪初）

这一阶段，国际物流的概念和重要性已为各国政府和外经贸部门所普遍认识。贸易伙伴遍布全球，物流国际化走向标准化，即物流设施国际化、物流技术国际化、物流服务国际化、货物运输国际化、包装国际化和流通加工国际化等。世界各国都在国际物流的理论和实践方面进行了大胆探索。人们已经达成共识：物流无国界，只有广泛开展国际物流合作，才能促进世界经济繁荣。

这一阶段，网络技术、条码技术以及卫星定位系统（GPS）在物流领域得到了普遍应用，而且越来越受到人们的重视。这些高科技手段在国际物流中的应用，极大地提高了物流的信息化和物流服务水平。各大物流企业纷纷斥巨资于物流信息系统的建设。可以说，21 世纪是国际物流信息化高度发展的时代。

（四）第四阶段（21 世纪初至今）

21 世纪电子商务时代的到来，将国际物流带进“E+”时代，其显著特点是：跨境电商的爆发为国际物流的发展注入了新的活力。

“E+”时代突破了时空限制，使得信息跨境传递和资源共享真正实现。跨境电商作为基于互联网的运营模式，重塑了中小企业国际贸易链条；助力生产企业直接面对全球个体批发商、零售商，甚至是直接的消费者；有效减少了贸易中间环节和商品流转成本，为企业获利能力提升及消费者获得实惠提供了可能。我国通过推动制造型企业上线，促进外贸综合服务企业和现代物流企业转型，从生产、销售端共同发力，成为跨境贸易电子商务发展的主要策略，必将直接促进国际物流的增长。

我国把握这一机遇，大力发展跨境电商物流。2023 年，我国跨境电商进出口总额达 2.38 万亿元，增长 15.6%。跨境电商的进出口结构上，出口 1.83 万亿元，增长 19.6%；进口 5 483 亿元，增长 3.9%。并且产品竞争优势稳固，出口动能丰富活跃。2023 年，我国出口机电产品 13.92 万亿元，增长了 2.9%，占出口总值的 58.6%；同期劳动密集型产品出口 4.11 万亿元，占出口总值的 17.3%。机电产品中，“新三样”——电动载人汽车、锂离子蓄电池和太阳能电池合计出口 1.06 万亿元，首次突破万亿元大关，增长了 29.9%。船舶、家用电器的出口分别增长 35.4%和 9.9%。出口动能体现了从中国制造向中国创造的迈进。

二、国际物流在世界主要国家的发展

（一） 美国

美国是当今世界上现代物流最发达的国家之一，建立了较为完善的现代物流体系，物流管理水平处于世界领先地位。根据美国国家运输安全委员会的数据，美国的物流市场规模已超过万亿美元，并且以每年 5%的速度持续增长。美国物流产业占全国 GDP 的 8.3%。该产业提供了超过 90 万个就业机会，服务范围涉及全球。美国物流业包含多个领域，包括运输、仓储、配送、供应链管理等，拥有联邦快递（FedEx）、联合包裹（UPS）、锐得（Ryder）等一大批世界知名国际物流企业。

巨大、成熟的美国物流市场得益于美国政府的放松管制。20 世纪 80 年代，美国的经济结构经过不断调整，高科技产业广泛兴起。美国市场的开放性使世界各地的商品相继涌入，国际物流业务异常繁忙。同时，美国政府不断完善运输网络，注重物流软环境建设，引导美国企业从全球化角度来发展物流，极大地促进了美国国际物流的发展。此外，美国的科学技术高度发达，物流设备机械化、自动化的程度比较高，智能化的运输工具、自动化无人仓库、包装容器自动生产线的使用，以及不断升级的物流信息管理技术，都对美国国际物流的发展提供了保障。美国还拥有健全的物流研究机构，如具有国际性质的物流研究机构——美国供应链管理专业协会，致力于美国物流理论研究和实际应用，推动了美国物流业走在世界前列。

（二）日本

日本是处于亚太地区的发达国家。日本的社会物流成本占其国内生产总值的6%～7%，物流部门在日本经济中占有重要地位。日本政府重视物流基础设施的建设，制定了一系列有利的政策，为日本的国际物流发展创造了条件。2002年12月，日本国会两院通过了《结构改革特别区域法》，实施国际物流特区是其中的重要内容，有关发展国际物流特区的构想就有12项，致力于打造九州市环黄海全枢纽港、横滨市国际物流特区、川崎市国际航空产业等，以促进国际物流发展。

日本将国内物流的成功经验，如构建发达、完善的配送系统，广泛应用先进的物流信息技术，积极发展第三方物流等应用于国际物流运作，涌现了一大批国际性物流企业，如日本通运株式会社、NYK船公司等，同时，也出现了日本后勤系统协会等研究部门。

（三）中国

在40多年持续稳定的经济发展支持下，产业结构调整、基础设施建设力度加强、加入世界贸易组织、电子商务的广泛应用、各级政府政策支持等都为我国国际物流的发展创造了有利的宏观环境。我国已成为世界最具发展潜力的生产和贸易市场之一，现代物流与国际物流都得到了极大的发展。

1. 国际物流需求量增大、需求层次提高

我国的国际物流量和对外贸易量是同步增长的，二者均超过同期国内生产总值的增长速度。我国对外贸易在世界的排名已由1989年的第15位跃升至2004年的第3位，并持续保持前三名。我国的对外贸易总额于2004年首次突破1万亿美元，2014年达到4.3万亿美元，成为全球第一贸易大国。

2024年4月，世界贸易组织（WTO）发布了2023年全球货物贸易数据报告。数据显示，2023年，中国出口占国际市场份额14.2%、进口占国际市场份额10.6%，均与2022年基本持平。在世界经济艰难复苏的大背景下，中国保持了国际市场份额的总体稳定，显示出较强的发展韧性，连续7年保持货物贸易第一大国地位。

2023年，我国进出口中间品25.53万亿元，占整体进出口总值的61.1%，体现了我国以实际行动深化产业链、供应链国际合作的大国担当。一方面，我国为全球产业链和供应链顺畅运行提供广泛的中间品。2023年，我国出口中间品11.24万亿元，占我国出口总值的47.3%，满足了全球不同地区的产业发展需要，深入参与了国际分工、全球价值链增值过程。另一方面，扩大进口中间品，有力保障了国内的生产供应，并为全球企业提供了市场。2023年，我国进口中间品14.29万亿元，占我国进口总值的79.4%，为满足国内生产需求发挥了积极作用，同时也表明“中国制造”地位稳固。

高新技术产品进出口比重上升，显示我国新质生产力加快发展，为世界经济注入强劲动力。一方面，我国贸易产品结构持续改善，质量不断提高。高端机床、航空航天装备等高附加值产品增长加速，中国品牌走出国门、走向世界。2024年第一季度，我国机电产品出口3.39万亿元，增长6.8%，占出口总值的59.2%。另一方面，面临全球新一轮科技革命历史机遇，我国不断形成新的比较优势。人力资本红利不断释放，跨境电商、小批量和定制型产品、电动汽车、锂电池、光伏产品成为外贸增长亮点。随着新质生产力的发展，我国正向着全球产业链、价值链的高端环节迈进。

2. 国际物流业发展环境大为改善

（1）物流产业发展正在引起各级政府的高度重视。中央政府有关部门包括国家发展改革委、交通运输部、商务部等，从不同角度关注我国物流产业的发展，积极研究制定有关政策，并对其统筹规划。各地政府也在积极筹划本地物流的未来发展。目前，深圳、北京、天津、上海、广州等地政府已开始着手研究和制定地区物流发展规划和有关促进政策。例如，深圳明确将物流产业列为21世纪经济发展的三大支柱产业之一，并初步制定了物流产业发展的策略。

（2）物流基础设施和装备初具规模。当前，我国物流基础设施和装备方面已初具规模，为物流产业的发展奠定了基础。在交通运输方面，我国目前已经建成了由铁路运输、公路运输、水路运输、航空运输和管道运输5个部分组成的综合运输体系，运输路线和场站建设方面以及运输车辆和装备方面也有较大的发展。代表我国国际物流发展规模的海上国际集装箱运输量，在近几年平均以两位数的速度快速增长。作为迅速崛起的贸易大国，2022年我国港口集装箱年吞吐量达到2.96亿TEU（标准箱），以沿海主要港口为中心的国际集装箱多式联运网络初步形成。经过多年的发展，我国在物流基础设施和装备方面，为国际物流的发展奠定了必要的物质基础。

（3）物流标准化建设有所突破。2003年，在中国物流与采购联合会的积极运作和国家标准化管理委员会的大力支持与推动下设立的全国物流信息管理标准化技术委员会，及其设在中国物流与采购联合会与中国物品编码中心的秘书处，共同启动建立了全国统一的物流标准体系，同时在科学技术部的领导下，完成了物流标准化课题的重大研究。这是我国物流标准化建设的重大突破，有利于与国际先进水平的接轨。

（4）国际物流信息技术发展迅速。我国已经基本形成以光缆为主体，以数字微波和卫星通信为辅助手段的大容量数字干线传输网络，包括中国公用分组交换数据网（ChinaPAC）、中国公用数字数据网（ChinaDDN）、中国公用计算机互联网（ChinaNet）和中国公用帧中继宽带业务网（ChinaFRN）在内的四大骨干网络的连通，使条形码（Bar Code）、电子数据交换（EDI）、地理信息系统（GIS）、全球定位系统（GPS）等物流信息技术得以广泛地应用，在一定程度上提高了我国的物流信息管理水平，提升了国际物流的效率，奠定了我国国际物流迅速发展的技术基础。

3. 第三方物流快速发展

发展第三方物流市场是国际物流发展的新方向。目前，我国第三方物流市场形成了四大板块：从传统运输与仓储企业转型的物流企业，如中国远洋海运、中外运、中储、中邮、中铁、招商局物流等；中外合资与外商独资物流企业，如美国总统轮船、联邦快递、联合包裹，丹麦马士基，日本通运等都在中国迅速扩展业务；民营物流企业，如天津大田、广州宝供、北京宅急送等；工业与流通物流企业，如青岛海尔、上海百联、广东安得、北京物美等。这些企业都在不同的货运经营程度上积极开展第三方物流服务。

4. 外资抢滩我国国际物流领域

随着中国加入 WTO，从 2002 年起，争夺中国物流市场的国际大战拉开帷幕。跨国物流企业纷纷进军中国物流市场。它们选择了三种方式：一是跟随沃尔玛、麦当劳等大企业进入中国市场，并为其提供物流服务；二是实施本土化战略，在中国寻找合作伙伴或对中国物流企业进行改造；三是自行进入中国，主动为外资企业与中国企业服务。例如：日本通运株式会社已在大连、上海、深圳成立物流公司，开拓业务，加快向中国物流市场推进；APL（美国总统轮船公司）在中国已拥有多家分支机构和联络处。国外企业雄心勃勃，决心在中国物流市场大显身手。

宏观上，我国政府部门应给予物流业充分的重视，增加有效的物流供给与需求规模，培育国际物流市场，制定国际物流发展的总体规划、相应的法律法规与标准制度，加强基础设施的建设，为国际物流业的发展创造良好的宏观运行环境，促进我国国际物流业的迅速发展。

三、国际物流发展趋势

视频

国际物流发展趋势与前景展望

视频

国际物流未来发展前景

由于现代物流业对一国经济发展、国民生活水平提高和竞争实力增强有着重要的影响，因此，世界各国都十分重视物流业的现代化和国际化，从而使国际物流发展呈现出一系列新的趋势和特点。

（一）系统更加集成化

传统物流一般只是货物运输的起点到终点的流动过程，如产品出厂后从包装、运输、装卸到仓储这样一个流程。而现代物流，从纵向看，它将传统物流向两头延伸并注入新的内涵，即从最早的货物采购物流开始，经过生产物流再进入销售领域，其间要经过包装、运输、装卸仓储、加工配送等过程到最终送达用户手中，甚至最后还有回收物流，整个过程包括产品生命周期的全过程。从横向看，它通过利益输送、股权控制等形式，将社会物流和企业物流、国际物流和国内物流等各种物流系统，有机地组织在一起，即通过统筹协调、合理规划来掌控整个商品的流动过程，以满足各种用户的需求和不断变化的需要，争取做到效益最大化和成本最小化。国际物流的集成化，是将整个物流系统打造成一个高效、通畅、可控制的流通体系，以此来减少流通环节，节约流通费用，达到实现科学的物流管理、提高流通效率和增加效益的目的，以适应在经济全球化背景下“物流无国界”的发展趋势。可以说，过去物流行业单个企业之间的竞争现在已经演变成一群物流企业与另一群物流企业的竞争、一条供应链与另一条供应链的竞争、一个物流体系与另一个物流体系的竞争。物流企业所参与的国际物流系统的规模越大，物流效率就越高，物流成本就越低，物流企业的竞争力就越强，这种竞争是既有竞争又有合作的共赢关系。国际物流的这种集成化趋势，是一个国家为适应国际竞争正在形成的跨部门、跨行业、跨区域的社会系统，是一个国家流通业正在走向现代化的主要标志，也是一个国家综合国力的具体体现。

当前，国际物流的集成化发展主要表现在两个方面：一是大力建设物流园区，二是加快物流企业整合。物流园区建设有利于实现物流企业的专业化和规模化，发挥它们的整体优势和互补优势；物流企业整合，特别是一些大型物流企业跨越国境展开“横联纵合”式的并购，或形成物流企业间的合作并建立战略联盟，有利于拓展国际物流市场，争取更大的市场份额，加速该国物流业深度地向国际化方向发展。

（二）管理更加网络化

在系统工程思想的指导下，以现代信息技术提供的条件，强化资源整合和优化物流过程是当今国际物流发展的最本质特征。信息化与标准化这两大关键技术对当前国际物流的整合与优化起到了革命性的影响。同时，又由于标准化的推行，使信息化的进一步普及获得了广泛的支撑，使国际物流可以实现跨国界、跨区域的信息共享，物流信息的传递更加方便、快捷、准确，加强了整个物流系统的信息连接。现代国际物流就是这样在信息系统和标准化的共同支撑下，借助于储运和运输等系统的参与以及各种物流设施，形成了一个纵横交错、四通八达的物流网络，使国际物流覆盖面不断扩大，规模经济效益更加明显。以法国 KN 公司为例，该公司在没有自己的轮船、汽车等运输工具的情况下，通过自行设计开发的全程物流信息系统，对世界各地的物流资源进行整合，在全球近 100 个国家和地区的 600 多个城市开展物流服务，形成了一个强大的物流网络。

（三）标准更加统一化

国际物流的标准化是以国际物流为一个大系统，制定系统内部设施、机械装备、专用工具等各个分系统的技术标准；制定各系统内分领域的包装、装卸、运输、配送等方面的工作标准；以系统为出发点，研究各分系统与分领域中技术标准与工作标准的配套性；按配套性要求，统一整个国际物流系统的标准；最后研究国际物流系统与其他相关系统的配套问题，谋求国际物流大系统标准的统一。

随着经济全球化的不断深入，世界各国都很重视该国物流与国际物流的相互衔接问题，努力使该国物流在发展的初期，其标准就与国际物流的标准体系相一致。因为现在如果不这样做，以后不仅会加大国际交往的技术难度，更重要的是，在如今关税和运费本来就比较高的基础上，又增加了与国际标准不统一所造成的工作量，将使整个外贸物流成本增加。目前，跨国公司的全球化经营正在极大地影响物流全球性标准化的建设。一些国际物流行业和协会，在国际集装箱和 EDI 技术发展的基础上，开始进一步对物流的交易条件、技术装备规格，特别是单证、法律条件、管理手段等方面推行统一的国际标准，使物流的国际标准更加深入地影响国内标准，使国内物流日益与国际物流融为一体。

（四）配送更加精细化

随着现代经济的发展，各产业、部门、企业之间的交换关系和依赖程度越来越错综复杂，物流是联系这些复杂关系的纽带，它使经济社会的各部分有机地连接起来。在市场需求瞬息万变和竞争环境日益激烈的情况下，物流企业和整个物流系统必须具有更快的响应速度和协同配合的能力。更快的响应速度，要求物流企业及时了解客户的需求信息，全面跟踪和监控需求的过程，及时、准确、优质地将产品和服务递交到客户手中。协同配合的能力，要求物流企业与供应商和客户实现实时的沟通，使供应商对自己的供应能力有预见性，能够提供更好的产品、价格和服务；使客户对自己的需求有清晰的计划性，以满足自己生产和消费的需要。国际物流为了达到零阻力、无时差的协同，需要做到与合作伙伴间业务流程的紧密集成，加强预测、规划和供应，共同分享业务数据、联合进行管理执行以及完成绩效评估等。只有这样，才能使物流作业更好地满足客户的需要。

现代经济专业化分工越来越细，一些企业除了自己生产一部分主要部件外，大部分部件需要外购。国际加工贸易就是这样发展起来的，国际物流企业伴随着国际贸易的分工布局应运而生。为了适应各制造厂商的生产需求，以及多样、少量的生产方式，国际物流的高频度、小批量的配送也随之产生。早在 20 世纪 90 年代，我国台湾电脑业就创建了一种“全球运筹式产销模式”，即采取按客户订单、分散生产形式，将电脑的所有零部件、元器件、芯片外包给世界各地的制造商生产，然后通过国际物流网络将这些零部件、元器件、芯片集中到物流配送中心，再由该配送中心发送给电脑生产厂家。自 20 世纪 80 年代以来，美国、欧洲一些发达国家和地区进行了一场物流革命，其内容是对物流各种功能、要素进行整合，使物流活动系统化、专业化，出现了专门从事物流服务活动的第三方物流企业。随后，各种专业化的物流服务企业在欧美发达国家大量涌现并加速发展，使物流服务功能更强大、服务质量更精细。物流产业已经成为发达国家服务业中的一个重要组成部分。

（五）园区更加便利化

为了适应国际贸易的急剧扩大，许多国家都致力于港口、机场、铁路、高速公路、立体仓库的建设，一些国际物流园区也因此应运而生。

这些园区一般选择靠近大型港口和机场兴建，依托重要港口和机场，形成处理国际贸易的物流中心，并根据国际贸易的发展和要求，提供更多的物流服务。例如：日本政府为了提高中心港口和机场的国际物流功能，重点在横滨港、名古屋港、大阪港、神户港进行超级中枢港口项目建设，对成田国际机场、关西国际机场、东京国际机场进行扩建，并在这些国际中心港口和空港附近设立物流中心，提高国际货物的运输和处理能力。这些国际物流中心一般都具有保税区的功能。此外，港口还实现 24 小时作业，国际空运货物实现 24 小时运营。在通关和其他办证方面，政府部门也提供了许多便利。国际物流和国内物流实际上是货物在两个关税区的转接和跨国界的流动，要实现国内流通体系和国际流通体系的无障碍连接，必须减轻国际物流企业的负担、简化行政手续、提高通关的便利化程度。日本在这方面实行了同一窗口办理方式，简化了进出口以及机场港口办理手续，迅速而准确地进行检疫、安全性和通关检查。因此，国际物流园区的便利化发展，不仅有赖于物流企业本身的努力，而且特别倚重政府的支持。因而各国政府都重视围绕机场、港口建立保税区、保税仓库，提供“点到点”服务、“一站式”服务的国际物流中心规划。

（六） 运输更加现代化

国际物流的支点离不开仓储与运输。而要适应当今国际竞争快节奏的特点，仓储和运输都要求现代化，要求通过实现高度的机械化、自动化、标准化手段来提高物流的速度和效率。国际物流运输的最主要方式是海运，有一部分是空运，还会涉及铁路、公路等运输方式，因此，国际物流要求建立起海路、空运、铁路、公路的立体化运输体系，以实现快速、便捷的“一条龙”服务。

为了提高物流的便捷化，当前世界各国都在采用先进的物流技术，开发新的运输和装卸机械，大力改进运输方式，如应用现代化物流手段和方式，发展集装箱运输、托盘技术等。美国的物流效率之所以高，原因在于美国的物流模式是善于将各种新技术有机融入具体物流运作中，因而能在世界上率先实现高度的物流集成化和便利化。这也使从事物流的企业的利润和投资收益持续增加，企业投入更多的研发资金，形成良性循环。总之，融合了信息技术与交通运输现代化手段的国际物流，对世界经济运行将继续产生积极的影响。

项目三 国际物流系统

一、国际物流系统的概念

国际物流系统由商品的包装、储存、运输、检验、流通加工和与之相应的整理、再包装以及国际配送、国际物流信息等子系统组成。运输和储存子系统是物流系统的主要组成部分。国际物流通过商品的储存和运输，实现其自身的时间和空间效益，满足国际贸易活动和跨国公司经营的要求。

二、国际物流系统的构成

国际物流系统是由物质基础要素、运营要素、功能要素和支撑要素构成的。

（一）物质基础要素

国际物流系统的建立和运营必须建立在坚实的物质基础之上。这些物质基础要素主要包括：物流设施，如物流场站、物流中心、仓库、建筑物、国际物流路线、各种口岸等；物流装备，如仓库货架、进出库设备、加工设备、运输设备、装卸机械等；物流工具，如包装工具、维护保养工具、办公设备等；信息技术与网络，如通信设备及线路、传真设备、计算机及网络设备等。

（二）运营要素

国际物流系统的运营要素主要由劳动者、资金和物资组成。劳动者是物流系统的运作者，是现代物流系统的核心要素。提高劳动者的素质是建立合理化的国际物流系统并使其有效运转的根本。资金要素伴随物流的全过程，离开资金，国际物流服务无法实现，国际物流系统的建设也将成为一句空话。物资要素主要是指国际物流系统的劳动对象，包括劳动工具、劳动手段等。

（三）功能要素

国际物流系统的功能要素是指国际物流系统所具备的基本功能，这些基本功能通过国际物流各子系统的有效运转和相互联系得以体现。国际物流系统是由相互作用、相互依存的若干子系统所构成的，主要包括商品的运输、仓储、商品检验、商品包装、流通加工和物流信息处理等子系统。其中，运输和仓储子系统是国际物流系统的重要组成部分。国际物流通过运输和储存实现商品的空间和时间效益，满足国际贸易活动和跨国公司经营的基本要求。

1. 运输子系统

运输的作用是将商品使用价值进行空间移动，物流系统依靠运输作业克服商品生产地和需要地的空间距离，创造商品的空间效益。国际货物运输是国际物流系统的核心。商品通过国际货物运输作业由卖方转移给买方。国际货物运输具有路线长、环节多、涉及面广、手续繁杂、风险性大、时限要求强等特点。运输费用在国际贸易商品价格中占有很大比重。国际运输主要包括运输方式的选择、运输单据的处理以及投保等方面。

2. 仓储子系统

商品储存、保管使其在流通过程中处于一段或长或短的相对停滞状态，这种停滞是完全必要的，因为商品流通是一个由分散到集中，再由集中到分散的源源不断的流通过程。国际贸易和跨国经营中的商品从生产厂家或者供应部门被集中运送到装运港口，有时须临时存放一段时间再装运出口，这是一个集散的过程。它主要是在各国的保税区和保税仓库进行的，主要涉及各国保税制度和保税仓库建设等方面。从物流角度看，物流企业应尽量减少储存时间、储存数量，加速货物和资金周转，实现国际物流的高效率。

3. 商品检验子系统

国际贸易和跨国经营具有投资大、风险高、周期长等特点，使得商品检验成为国际物流系统中重要的子系统。通过商品检验，确定交货品质、数量和包装条件是否符合合同规定。如发现问题，可分清责任，向有关方提出索赔。在买卖合同中，一般都订有商品检验条款，其主要内容有检验时间与地点、检验机构与检验证明、检验标准与检验方法等。

4. 商品包装子系统

杜邦定律认为：63%的消费者是根据商品的包装来选购商品的。国际市场和消费者是通过商品来认识企业的，而商品的商标和包装就是企业的面孔，它反映了一个国家的综合科技文化水平。智研咨询发布的报告显示，2021 年 1—12 月，中国包装行业完成累计出口额 490.76 亿美元，同比增长 27.33%。其中，塑料包装完成累计出口额占 65.66%，纸包装完成累计出口额占 17.66%，金属包装完成累计出口额占 5.9%，玻璃包装完成累计出口额占 5.18%，包装机械及其他完成累计出口额占 4.59%，竹木包装完成累计出口额占 1.02%。

国际物流中包装通常需要满足较高的标准，由于不同国家和地区的运输条件、销售习惯、生活方式等方面存在差异，出口包装需要考虑到这些因素。具体来说，出口包装应适应长途运输中的各种条件，如不同的气候和装卸设备；应符合进口国的法律、风俗、生活习惯以及消费者的兴趣爱好；应根据不同的运输方式和商品的特性选择合适的包装材料、容器、装潢和包装方法。这样做的目的是确保商品能够安全、完好地到达消费者手中，同时也要考虑到节省材料和运费，以实现经济效益。

5. 流通加工子系统

流通加工业是为了促进销售，提高物流效率和物资利用率以及为维护产品的质量而采取的，能使物资或商品发生一定的物理和化学及形状变化的加工过程，同时可以确保进出口商品质量达到要求。出口商品加工业的重要作用是使商品更好地满足消费者的需要，不断地扩大出口，同时充分利用本国劳动力和部分加工能力，拓宽就业途径。进出口商品流通加工的具体内容有：装袋、贴标签、配装、挑选、混装、刷唛等出口贸易商品加工，以及生产性外延加工，如剪断、平整、套裁、打孔、折弯、拉拔、组装、改装、服装的检验等。这种出口加工或流通加工不仅能最大限度地满足客户的多元化需求，还可以实现商品的增值。

6. 物流信息处理子系统

物流信息处理子系统的主要功能是采集、处理和传递国际物流和商流的信息资料。没有功能完善的信息系统，国际贸易和跨国经营将步履维艰。国际物流信息的主要内容包括进出口单证的作业过程、支付方式信息、客户资料信息、市场行情信息、供求信息等微观信息和国际市场上的政治、经济、地理气候等信息。由于国际物流信息子系统的特点是信息量大、交换频繁，传递量大、时限要求高，环节多、点多、线长，因此企业要建立技术先进的国际物流信息子系统。国际贸易中，EDI 的发展是一个重要趋势。我国应该在国际物流中加强推广 EDI 的应用，建设国际贸易和跨国经营的信息高速公路。

（四）支撑要素

物流系统作为社会经济大系统中的一个子系统，需要体制、制度、法律规章、行政命令和标准化系统的支持。国际物流系统的体制、制度决定了物流系统的结构、组织、领导和管理方式，是国际物流系统的重要保障。国际物流相关的法律规章是用来限制和规范物流系统的活动，以及维护合同的执行、权益的划分、责任的确定。国际物流中应遵循的主要法律法规、国际惯例与国际公约有：与签订国际商务契约有关的各国民法典以及《联合国国际货物销售合同公约》；与国际贸易术语相关的《国际贸易术语解释通则 2020》《1941 年美国对外贸易定义修订本》和《1932 年华沙—牛津规则》等国际惯例；国际结算方面的《跟单信用证统一惯例》（UCP 600）和《托收统一规则》；与货物进出关境有关的各国海关法；关于国际海上货物运输方面的《海牙规则》《维斯比规则》《汉堡规则》等国际公约和各国的海上货物运输法或海商法；关于国际铁路货物运输方面的《国际铁路货物运输公约》和《国际铁路货物联运协定》等国际公约；关于国际公路货物运输方面的《国际公路货物运输合同公约》等国际公约；关于国际航空货物运输的《华沙公约》《海牙议定书》等八项国际公约所构成的“华沙体系”；与集装箱运输相关的《1972 年集装箱关务公约》和《国际集装箱安全公约》等；关于国际多式联运的《联合国国际货物多式联运公约》等。此外，国际物流系统关系到国家军事、经济命脉，行政命令等也往往是保证国际物流系统正常运转的重要手段。

标准化系统是保证国际物流各环节运行，以及国际物流系统与其他系统在技术上实现连接的重要支撑条件。

项目四
国际物流节点及网络

一、国际物流节点的含义与功能

（一）国际物流节点的含义

国际物流节点是指那些从事与国际物流相关活动的物流节点，如口岸、港口、国内外中转站仓库以及流通加工配送中心和保税区仓库等。国际贸易商品就是通过这些仓库的入库、储存保管和出库，实现国际物流系统的时间效益，克服生产时间和消费时间上的分离，促进国际贸易系统的顺利运转。

（二）国际物流节点的功能

1. 衔接功能

物流节点将各个物流路线连接成一个系统，使各个路线通过节点变得更为贯通而不是互不相干，这种作用称为衔接作用。

在物流未成系统化之前，不同路线的衔接有很大困难。例如：轮船的大量输送线和短途汽车的小量输送线，两者的输送形态、输送装备都不相同，再加上运量的巨大差异，所以往往只能在两者之间有长时间的中断后再逐渐实现转换，这就使两者不能有效衔接。物流节点利用各种技术、管理方法可以有效地起到衔接作用，使物流路线更加通畅。

物流节点的衔接作用可以通过多种方法实现，主要有：

（1）通过转换运输方式衔接不同运输手段；

（2）通过加工衔接干线物流及配送物流；

（3）通过储存衔接不同时间的供应物流和需求物流；

（4）通过集装箱、托盘等集装处理衔接整个“门到门”运输，使之成为一体。

2. 信息功能

物流节点是整个物流系统或与节点相连接的信息传递、收集、处理、发送的集中地，在现代物流系统中起着非常重要的作用，是复杂物流储运单元能连接成为有机整体的重要保证。

在现代物流系统中，每一个节点都是物流信息的一个点，若干这种类型的信息点和物流系统的信息中心结合起来，便成了指挥、管理、调度整个物流系统的信息网络，这是物流系统建立的前提条件之一。

3. 管理功能

物流系统的管理设施和指挥机构往往集中设置于物流节点之中，实际上，物流节点大都是集管理、指挥、调度、信息、衔接及货物处理为一体的物流综合设施。整个物流系统运转的有序化和正常化、整个物流系统的效率和水平，均取决于物流节点的管理功能实现的情况。

二、国际物流节点的构成

（一）口岸

1. 口岸的概念、地位与作用

口岸是国家对外往来的门户，是由国家指定对外经贸、政治、外资、科技、文化、旅游、移民等往来，并供往来人员、货物和交通工具出入国（边）境的港口、机场、车站和跨境通道等。口岸的地位与作用表现在以下几个方面：

（1）口岸象征一个国家的主权。任何国家都会对出入境进行管理。为维护主权尊严和国家安全，同时也为了方便与邻国或地区的经济、文化交往，国家会有选择地在沿海、沿边、内河、内地城市的港口、车站、机场等地设置口岸，作为出入境的通道，并对这些对外开放的口岸进行管理。国家拥有对这些口岸进行开放、关闭等管理的权力。

（2）口岸是对外开放的门户。对外开放表现为政府间或民间在政治、外交、经济、军事、科技、文化、艺术、体育、教育、医疗、环境保护、资源保护、移民、制止国际犯罪、世界和平以及共同抗击自然灾害等广泛领域的合作与交流。国际合作与交流是通过口岸实现的。

（3）口岸是国际货物运输的枢纽。口岸是国际物流系统中的一个子系统，是国际货物运输的枢纽。它应与交通运输发展规划相配套，与外经贸的发展规划相协调。

2. 口岸的分类

口岸可以从不同的角度进行分类。常用的分类方法有：

（1）按批准开放的权限划分，可将口岸分为一类口岸和二类口岸。以我国为例：

一类口岸是指由国务院批准开放的口岸（包括中央管理的口岸和由省、自治区、直辖市管理的部分口岸）。

二类口岸是指由省级人民政府批准开放并管理的口岸。

（2）按出入国境的交通运输方式划分，可将口岸分为港口口岸、陆地口岸、航空口岸。

港口口岸是指国家在江、河、湖、海沿岸开设的供人员和货物出入国境及船舶往来停靠的通道，包括海港港口口岸和内河港口口岸。内河港口是建造在河流（包括运河）、湖泊和水库内的港口，为内河船舶及其客货运输服务。

陆地口岸是指国家在陆地上开设的供人员及货物出入国境及陆上交通运输工具停靠

的通道。陆地口岸包括国（边）境以及国家批准内地可以直接办理对外进出口经济贸易业务往来和人员出入境的铁路口岸和公路口岸。

航空口岸，又称空港口岸，是指国家在开辟有国际航线的机场上开设的供人员和货物出入国境及航空器起降的通道。世界各大洲主要国家的首都和重要城市都设有航空口岸。主要的国际物流航空口岸有：美国芝加哥奥黑尔国际机场、英国希思罗机场、法国戴高乐机场、德国法兰克福机场、荷兰阿姆斯特丹国际机场、日本成田国际机场、中国香港国际机场和上海浦东国际机场、新加坡樟宜机场等，这些都是现代化、专业化程度较高的大型国际货运空中枢纽。

我国已形成全方位、多层次、立体化口岸开放格局。截至 2023 年 12 月 31 日，我国共有经国家批准的对外开放口岸 315 个，水运口岸 129 个（其中河港口岸 53 个、海港口岸 76 个），陆路口岸 103 个（其中公路口岸 82 个、铁路口岸 21 个），空运口岸 83 个。

（二）港口

1. 港口的含义和功能

港口是内地的货物、旅客运往海外，或船舶靠岸后起卸客货运送至本地或内陆各地的交汇地。港口的主要功能是：

（1）货物装卸和转运。这是港口最基本的功能，即货物通过各种运输工具转运到船舶上或从船舶转运到其他各种运输工具上，实现货物在空间位置上的转移，开始或完成水路运输的全过程。

（2）商业功能。商业功能即在商品流通过程中，货物的集散、转运和一部分储存都发生在港口。港口介于远洋运输业与本港腹地客货的运输机构之间，便利客货的运送和交接。

2. 主要国际港口

世界上的国际贸易海港有 2 500 多个，其中吞吐量超过 1 000 万吨的有 100 多个、5 000 万吨以上的有 20 多个。比较著名的有：

视频

欧洲超级货运港口鹿特丹港

（1）鹿特丹港（Rotterdam）。鹿特丹港位于莱茵河和马斯河入海的三角洲，濒临世界海运最繁忙的多佛尔海峡，是西欧水陆交通的要冲；是荷兰和欧盟其他国家的货物集散中心，运往西欧各国的原油、石油制品、谷物、煤炭、矿石等都经过这里，素有“欧洲门户”之称。它是国际水陆空交通的重要枢纽，现在有 300 多条远洋航线连接世界各地，每年约有 3.5 万艘次远洋货轮在这里挂靠，是世界上最大的商品集散中心之一。

（2）纽约港（New York）。纽约港常被用作表示“纽约及新泽西的港口”，是世界上最大的天然深水港之一，位于纽约州东南的哈德逊河河口，濒临大西洋。其包括哈得逊河下游 48 千米长的水岸线、长岛海峡沿岸 30 多千米的海岸线，以及斯塔滕岛西边 32 千米的水面，这里海岸曲折，港宽水深，潮差小，仅 1.2～1.5 米。港区面积有 3 800 多平方千米，有水深为 9～14.6 米的深水泊位 400 多个、集装箱码头

30 多个，是世界上港区面积最大的港口。整个港区有 140 多条货、客运输线通往世界各地，外贸进出口年货运量超 6 000 万吨。

(3) 神户港（Kobe）。神户港是日本第一大港。港口共分六个区域，第一、二区域和其他区域之间被五个防波堤隔开。神户港面积为 5 668 万平方米，现有 231 个泊位、货棚 29 栋、驳船 959 艘、港口作业船 46 艘、集装箱装卸塔桥 21 台。

(4) 汉堡港（Hamburg）。汉堡港航道水深 11 米以上，大型海轮通过无阻。汉堡港有 300 多条国际海运航线与世界各主要港口联系，素有“德国通向世界的门户”之称。在全长 320 千米的河岸上，所建码头长达 65 千米，每年约有 18 500 艘船只停靠。汉堡港设有转运站、仓库、巨型吊车、装卸桥和专用铁路货运站。

(5) 安特卫普港（Antwerp）。安特卫普港在比利时北部、斯凯尔特河下游，吞吐量在 9 000 万～10 000 万吨，可容纳 10 万吨级的船舶停靠装卸货物。整个港区包括工厂区、室内仓库、露天仓库等，港区内还有设备完善的储油仓。

(6) 横滨港（Yokohama）。横滨港是日本天然良港之一。港口被两个半岛所包围，航道水深 10 米以上，码头边的铁路装卸能力达每天 1 600 车皮。

(7) 新奥尔良港（New Orleans）。新奥尔良港既是深水远洋港口，又是内河航运集散地。港口南通墨西哥湾，内与密西西比河、密苏里河、俄亥俄河等相连，腹地广阔，是美国河、海、陆联运中心。该港口码头共有 200 多个泊位，全是深水泊位。

(8) 马赛港（Marseilles）。马赛港位于法国南部地中海利翁湾东岸，背山面海，港深水阔，既无泥沙淤塞，又不为潮汐涨落所限，是地中海沿岸的天然良港。马赛港有优良的导航设备，进港船只可通过无线电导航设备安全航行。港内设有灯塔，夜间航行也很便利。

(9) 伦敦港（London）。伦敦港是西北欧最大的集装箱港，年装卸货物量超过 6 000 万吨，经由伦敦港进口的货物占英国进口额的 80%。伦敦港有三个码头区。

3. 我国主要港口

我国海域总面积约 473 万平方千米，在辽阔的海面上，分布着大小岛屿 7 600 多个，大陆海岸线长度约 1.8 万千米。其中，北起中朝交界的鸭绿江口，南至北仑河口。我国沿海有许多终年不冻的天然良港，为我国海上运输事业的发展提供了优越的条件。这些港口包括上海港、天津港、深圳港、宁波港、大连港、青岛港、秦皇岛港、烟台港、日照港、连云港港、温州港、福州港、厦门港、汕头港、广州港、蛇口港、湛江港、北海港、防城港港、海口港、八所港、三亚港、高雄港、基隆港、香港港等。此外，我国还陆续对外开放了一批内河港口，主要有南通港、张家港港、南京港、镇江港、江阴港、扬州港、太平港、江门港、肇庆港、佛山港、新会港、梧州港、重庆港、高港、常熟港、太仓港、芜湖港、铜陵港、安庆港、马鞍山港、武汉港、九江港等。我国进出口货物可以从这些内河港口直接出海运往国外或反方向运输。

（三）保税区和保税仓库

在我国，保税区是经国务院批准的开展国际贸易和保税业务的区域，类似于国际自由贸易区。区内允许外商投资经营国际贸易，发展保税仓储、加工出口等业务。我国目前设有 167 个综合保税区。

保税区具有两个基本特点：一是关税豁免，即对从境外进口到保税区的货物，以及从保税区出口到境外的货物，均免征进出口关税。二是进出自由，即保税区与境外的进出口货物，海关不作“惯常监管”。这里所说的惯常监管，是指国家对进出口货物的管理规定和进出口货物的正常海关手续。

保税仓库是保税制度中应用最广泛的一种形式，是指经海关核准的专门存放未办理关税手续而入境或过境的货物的专用仓库。保税仓库由海关统一进行监督和管理。海关允许存放于保税仓库的货物有三类：

一是供加工贸易（进、来料加工）加工成品复出口的进口料件；

二是外经贸主管部门批准开展外国商品寄售业务、外国商品维修业务、外汇免税商品业务及保税生产资料业务的进口货物；

三是转口贸易货物以及外商寄存货物以及国际航行船舶所需的燃料、物料、零配件等。

保税仓库有公用型和自用型两类。公用型保税仓库是根据公众需要设立的，可供任何人存放货物。自用型保税仓库是指只有仓库经营人才能存放货物的保税仓库，但所存放货物并非必须属仓库经营人员所有。

（四）自由经济区

1. 自由经济区的概念

1973 年《关于简化和协调海关业务制度的国际公约》（简称《京都公约》）中明确，“境内关外”是指：一国的部分领土，在这部分领土内运入的任何货物就进口税及其他各税而言，被认为在关境之外，免予实施惯常的海关监管制度。

1975 年，联合国贸易和发展会议对自由经济区的定义是：本国海关关境中，一般设在口岸或国际机场附近的一片地域，进入该地域的外国生产资料、原材料可以不办理任何海关手续，进口产品可以在该地区内进行加工后复出口，海关对此不加以任何干预。

2. 自由经济区的分类

（1）按地理位置分类，自由经济区可以分为：

1）港口型自由经济区。港口型自由经济区，即在港口内划出一个封闭式隔离区开辟为自由经济区。它或直接与专用码头连为一体，或通过专用通道与码头相连。此类型的自由经济区数量最多，国际上许多成功的自由经济区都紧靠国际运输港。

2）机场型自由经济区。国际上有一些自由经济区是以邻近的国际机场为依托的，著名的有爱尔兰香农自由贸易区、美国肯尼迪国际机场对外贸易区等。

3）内陆边缘口岸型自由经济区。这类自由经济区利用其地处两国或多国边境的特殊地理位置发展边境贸易、转口贸易和出口加工。

（2）按功能分类，自由经济区可以分为：

1）自由港。这是世界上最早出现的自由经济区，是自由资本主义发展的结果。自由港是指划在本国边境以外的，不属于任何一国海关管辖的港口或海港地区。在自由港内，外国商品可以免税进口，可以在此装卸、储存、加工、包装、再出口，也能供自由港内的居民消费。

2）自由贸易区。自由贸易区，又称免税贸易区、自由关税区、对外贸易区，这种类型的自由经济区已有近300年的历史，数量多、分布广，以国际贸易为主要职能。外国商品可以免税进入，在该区内自由存放、分类、包装和简单再加工，然后免税出口。目前，自由贸易区内也准许经营出口加工、房地产、金融、商务、信息咨询等各项业务。2020年，美国已经批准以及在有效期内的对外贸易区已超过260个。

2013年9月29日，中国（不含港澳台）境内第一个自由贸易区——上海自由贸易试验区正式挂牌成立。随后，天津、广东、福建、江苏、海南等22个自由贸易试验区相继揭牌。我国自由贸易试验区建设是国家战略，主要任务是要探索中国对外开放的新路径和新模式，培育中国面向全球的竞争新优势，构建与各国合作发展的新平台，拓展经济增长的新空间，打造中国经济“升级版”。

3）出口加工区。出口加工区，又称工业型自由贸易区，是指一个国家或地区划出某一区域，准许外国厂商在区内办企业，享受关税优惠待遇，外资企业可以免税进口原材料、机械设备及其他零部件，制成品出口也享受免税待遇。

4）科技工业园区。科技工业园区是指在科研机构和名牌大学比较集中、居住环境和教育环境比较优越的大城市或城市近郊辟出一块地方，研究和开发尖端技术产品，促进科技和经济发展，将智力、资金高度积聚的特定区域。科技工业园区是从事高科技研究，并对其成果进行测试、生产的新型开发区。

三、国际物流网络

（一）国际物流网络的概念

国际物流网络是指由多个收发货节点和它们之间的连线所构成的物流实体网络以及与之相伴随的物流信息网络的集合，即由国际物流实体网络和信息网络所组成的有机整体。实体网络在信息网络的支撑下，借助运输和储运等作业的参与，在进出口中间商、国际货代、承运人的通力协助下，借助国际物流的设施，共同形成一个遍布全球、纵横交错、四通八达的国际物流网络。

其中，收发货节点是指进出口过程中所涉及的国内外的各层储货仓库、站场，如制造厂仓库、中间商仓库、货运代理人仓库、口岸仓库、保税区仓库等。节点内商品的收发、储运是依靠运输连线和物流信息的沟通、协调来完成的。在节点中，除可以实现收发和储存保管功能外，还可以实现包装、流通加工、装卸等功能。

实体网络是由多个收发货的节点及其之间的连线所构成的，国际物流过程的包装、装卸、保管、分拣、配货、流通加工、仓储等机能，都是在这些物流节点上完成的。国际物流节点通过转换运输方式、衔接不同的运输方式；通过加工，衔接干线物流和配送物流；通过储存，衔接不同时间的供应物流与需求物流；通过集装箱、托盘等集装处理，衔接整个“门到门”运输，使其成为一个有机统一体。国际商品或物资，就是通过这些仓库的收进和发出，并在其中存放、保管，实现国际物流系统的时间效益，克服生产时间和消费时间上的背离，促进国际贸易的顺利进行。

连线是指连接上述国内众多收发货节点的运输连线，如各条海运航线、铁路线、飞机航线以及海陆空联合运输路线。这些网络连线代表库存货物的移动，即运输的路线与过程。每一对节点有许多连线以表示不同路线、不同产品的各种运输服务；各节点表示存货流动的暂时停滞，其目的是更有效地移动（收或发）。

信息网络是指在国际物流范畴内建立的信息收集、整理、加工、储存、服务工作系统。如果在国际物流范畴中建立若干从事信息工作的网点并以一定形式连接，则构成国际物流信息网络。因此，国际物流信息网络也是由节点和连线构成的。信息网络的节点是指各种物流信息汇集及处理之点，在信息网络节点上，外贸人员处理国际订单，货代编制和传输订舱单证、船代编制提单、仓库电脑记录最新库存量等。国际物流信息网络的连线是信息流动的载体，通常包括国内外邮件、某些电子媒介等。

物流信息网络在国际物流系统网络中的作用不容忽视，它是沟通、主导物流活动的重要子网络，因为物流的每一项活动都必须有信息支撑，物流质量的高低取决于信息。信息流的双向反馈作用使得国际物流系统易于控制和协调，使其能合理、高效运转，充分调动人力、物力、财力、设备及资源，以最大限度地降低国际物流总成本，提高经济效益。

物流信息网络与物流实体网络的差别主要是：商品在国际物流实体网络中总是朝着国外最终消费者的方向移动，而物流信息网络中的信息流方向大多与商品进出口分配通路方向相反，朝商品货源的方向移动，即实施信息反馈功能。

国际物流实体网络与信息网络并非独立存在，它们之间是相互依存的关系。国际物流网络构成见图 1－1。

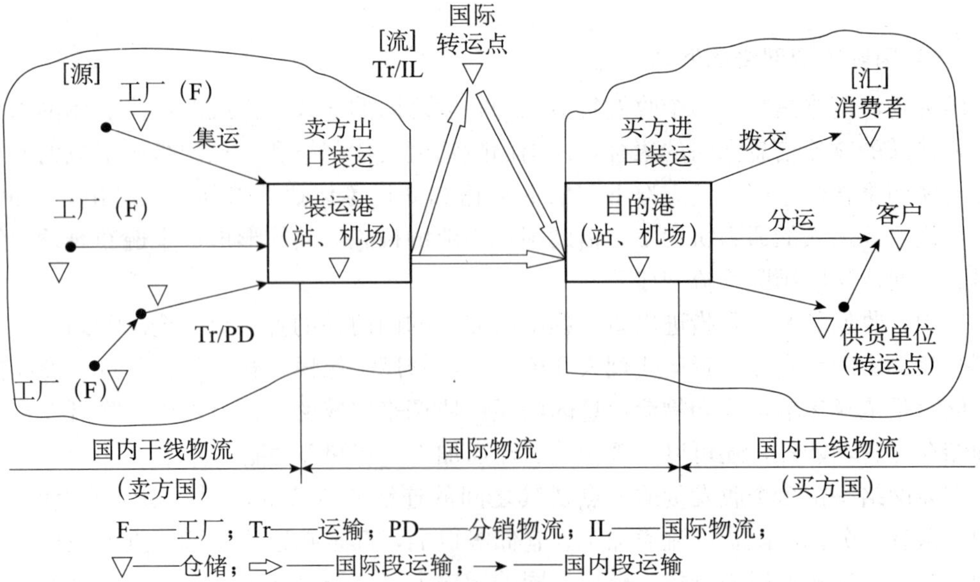

图 1－1　国际物流网络构成

（二）国际物流网络的作用

国际物流网络在国际贸易以及国际生产中起着至关重要的作用。主要有以下几点：

（1）国际物流网络决定了进出口货源点（或货源基地）和消费者的位置、各层级仓库及中间商批发点（零售点）的位置、规模和数量。这一中心问题将决定国际物流系统的布局是否合理化。

（2）国际物流网络的合理布局决定了国际物流流动的方向、结构和规模，即国际物流网络确定了，就意味着国际贸易的贸易量、贸易过程（流程）的重大战略，进出口货物的卖出和买进的流程、流向、物流费用、国际贸易经营效益等都基本确定了。

（3）合理布局国际物流网络，对扩大国际贸易、占领国际市场、加速商品的国际流通提供了有效和切实的途径。可以说，离开了国际物流网络的合理规划和设置，国际贸易活动与国际物资交流将寸步难行，国际直接投资与国际生产也深受影响。

模块小结

本模块主要介绍了国际物流的含义、内涵、特点，回顾了国际物流不同发展阶段的特点，分析了国际物流发展方向，归纳了国际物流与国际贸易的区别与联系，并介绍了国际物流系统构成要素以及国际物流网络构成。

知识巩固

一、单项选择题

1. FedEx 和 UPS 是(　　)知名的国际物流企业。

A. 德国　　B. 澳大利亚　　C. 英国　　D. 美国

2. (　　)被称为“欧洲门户”。它是国际水陆空交通的重要枢纽，现在有 300 多条远洋航线连接世界各地，每年约有 3.5 万艘次远洋货轮在这里挂靠，是世界上最大的商品集散中心之一。

A. 汉堡港　　B. 鹿特丹港　　C. 安特卫普港　　D. 马赛港

3. 按批准开放的权限划分，我国由国务院批准开放的口岸称为(　　)。

A. 一类口岸　　B. 二类口岸　　C. 特许口岸　　D. 国家口岸

4. 本国海关关境中，一般设在口岸或国际机场附近的一片地域，进入该地域的外国生产资料、原材料可以不办理任何海关手续，进口产品可以在该地区内进行加工后复出口，海关对此不加以任何干预。这是联合国贸易和发展会议对(　　)的定义。

A. 自由经济区　　B. 自由交易区　　C. 自由生产区　　D. 自由贸易区

5. 中国（不含港澳台）境内第一个自由贸易区是(　　)

A. 广东自由贸易试验区　　B. 海南自由贸易试验区

C. 天津自由贸易试验区　　D. 上海自由贸易试验区

二、多项选择题

1. 以下(　　)属于广义的国际物流研究范围。

A. 国际贸易物流　　B. 非贸易国际物流

C. 国际物流合作　　D. 国际物流投资

2. 与国内物流相比，国际物流的复杂性可用 4D 概括，即(　　)。

A. Distance　　B. Documentation

C. Diversity in Culture　　D. Demands of Customer

3. 国际物流节点的功能主要包括(　　)。

A. 衔接功能　　B. 信息功能　　C. 管理功能　　D. 投资功能

4. 保税区的基本特点是(　　)。

A. 关税豁免　　B. 进出自由　　C. 贸易自由　　D. 政府补贴

5. 自由经济区按功能分类，可以分为(　　)。

A. 自由港　　B. 自由贸易区

C. 出口加工区　　　　　　　　　　D. 科技工业园区

三、判断题

1. 国际物流是国内物流的延伸和进一步扩展，是跨越国界的、流通范围扩大了的流通。(　　)

2. 国际物流已成为影响和制约国际贸易进一步发展的重要因素。(　　)

3. 保税仓库由海关统一进行监督和管理，保税仓库允许存放一切货物。(　　)

四、简答题

1. 简述国际物流发展趋势。

2. 国际贸易的发展对国际物流提出的新要求主要表现在哪些方面?

五、综合题

1. 以金额为统计指标，查询我国上年主要的国际贸易伙伴。

2. 上网查询我国一类口岸、二类口岸各5个。

模块二
国际物流中国际贸易基础知识

知识导图

- 国际物流中国际贸易基础知识
  - 国际物流进出口流程
    - 国际物流出口流程
    - 国际物流进口流程
  - 常用国际贸易术语
    - 国际贸易术语简介
    - 《国际贸易术语解释通则》
    - Incoterms®2020详解
    - 国际贸易术语的选用技巧
  - 国际物流货运保险
    - 海上货物运输保险的承保范围
    - 我国保险条款
    - 协会货物条款
    - 国际货物运输保险的业务流程
    - 国际货物运输保险的单据
    - 办理国际货物运输保险的策略

学习目标

※知识目标	※技能目标	※素质目标
1. 熟悉常用国际贸易术语内涵，明确各术语的区别与关系； 2. 了解国际物流进出口一般流程； 3. 熟悉常用的国际货运保险条款，包括中国保险条款和英国伦敦协会货物条款。	1. 能够依据不同的货运情况选择合适的术语； 2. 能够灵活运用货运保险知识，结合案例进行分析及规避风险。	1. 树立严谨的职业道德观，自觉维护国家和企业利益； 2. 加强逻辑思维、批判思维和创造性思维的高阶思维能力的培养。

导读案例

把握国际贸易发展大势 加快贸易强国建设

党的二十大报告指出："推动货物贸易优化升级，创新服务贸易发展机制，发展数字贸易，加快建设贸易强国。"随着全球经济一体化发展、数字技术对贸易的渗透、发展中国家群体性崛起、高标准国际经贸规则的普及，国际贸易出现了普惠化、数字化、绿色化、融合化、服务化、再全球化、安全化的发展新趋势。

站在数字时代人类社会发展的新起点，面向全面建成社会主义现代化强国新目标，贸易强国建设应充分认识和把握国际贸易发展大势，在国际贸易竞争的新赛道上精准施策。把握国际贸易主体普惠化发展大势，优化企业营商环境，建立大中小企业合作平台；把握国际贸易对象数字化、绿色化发展大势，深化国际贸易创新，推动贸易数字化和绿色化转型；把握国际贸易结构服务化发展大势，推动产业融合发展，以数字化赋能和高水平对外开放提升国际竞争力；把握国际贸易市场结构再全球化发展大势，高质量共建"一带一路"，构建全球发展共同体；把握高标准国际经贸规则普适化发展大势，对标高标准国际经贸规则，全面深化改革和扩大开放；把握国际贸易环境安全化发展大势，加强国际合作，建立健全国际贸易安全体系，从而着力提升我国贸易的创新力、竞争力、辐射力、影响力和安全力。

资料来源：赵瑾．把握国际贸易发展大势 加快贸易强国建设［J］．红旗文稿，2023（20）．

案例资料

链接中非的
新"空中丝路"

微课

快速了解完整的
进出口流程

项目一
国际物流进出口流程

国际物流业务的顺利开展是由进出口双方共同合作完成的，出口和进口是不可分割的两个方面。国际物流进出口业务流程如图 2－1 所示。

一、国际物流出口流程

（一）准备阶段

国际物流出口准备包括出口交易洽商之前所进行的国际市场调查，以及在此基础上对所经营的出口商品选择经营策略、制定经营方案、拟定洽商方案和组织谈判班子等系列工作的总称，是出口交易的前期工作。对这个阶段进行细分，主要包括三项具体工作：

1. 国际市场调查

在对外洽商出口交易之前，企业首先应当有计划、有目的、有步骤地收集、整理、分析与研究国际市场环境及其信息，以便从中寻找出口商品进入国际目标市场的机会，也就是进行国际市场调查。具体而言，国际市场调查包括以下几方面的内容：

（1）调查目标市场经济发展信息。

目标市场经济发展信息主要包括相关进口国家（或地区）的国民生产总值、国民收入、税率、外国投资情况、资源、进出口贸易、贸易信用与保险等。这有助于出口商对国别或地区市场的经济发展、贸易前景等有基本的掌握。

（2）调查目标市场政治及法律环境。

政治环境调查是指调查进口国（地区）的政治情况对市场的影响，如政治制度及友好情况、政党情况、外交政策、该国对外来投资和外国商品的友好情况，以及与其他国家有无政治联盟等都会对目标市场产生深远影响。法律环境调查是指通过调查了解进口国或地区的各种立法、司法及其程序，以法律为准绳，来妥善处理出口贸易和遇到的各种争议和索赔的法律问题，维护我方的正当权益。

（3）调查目标市场条件信息。

目标市场条件信息主要包括有关商品在国际市场的生产与消费的供求情况，摸清有利的市场位置，调查市场容量、市场价格、消费者对商品各种特征的偏好等。

（4）调查当地进口商的情况。

当地进口商的情况主要包括国外有关进口商的资金信用、经营范围与能力、销售渠道、商业习惯等，以便对客户有区别地加以选择。

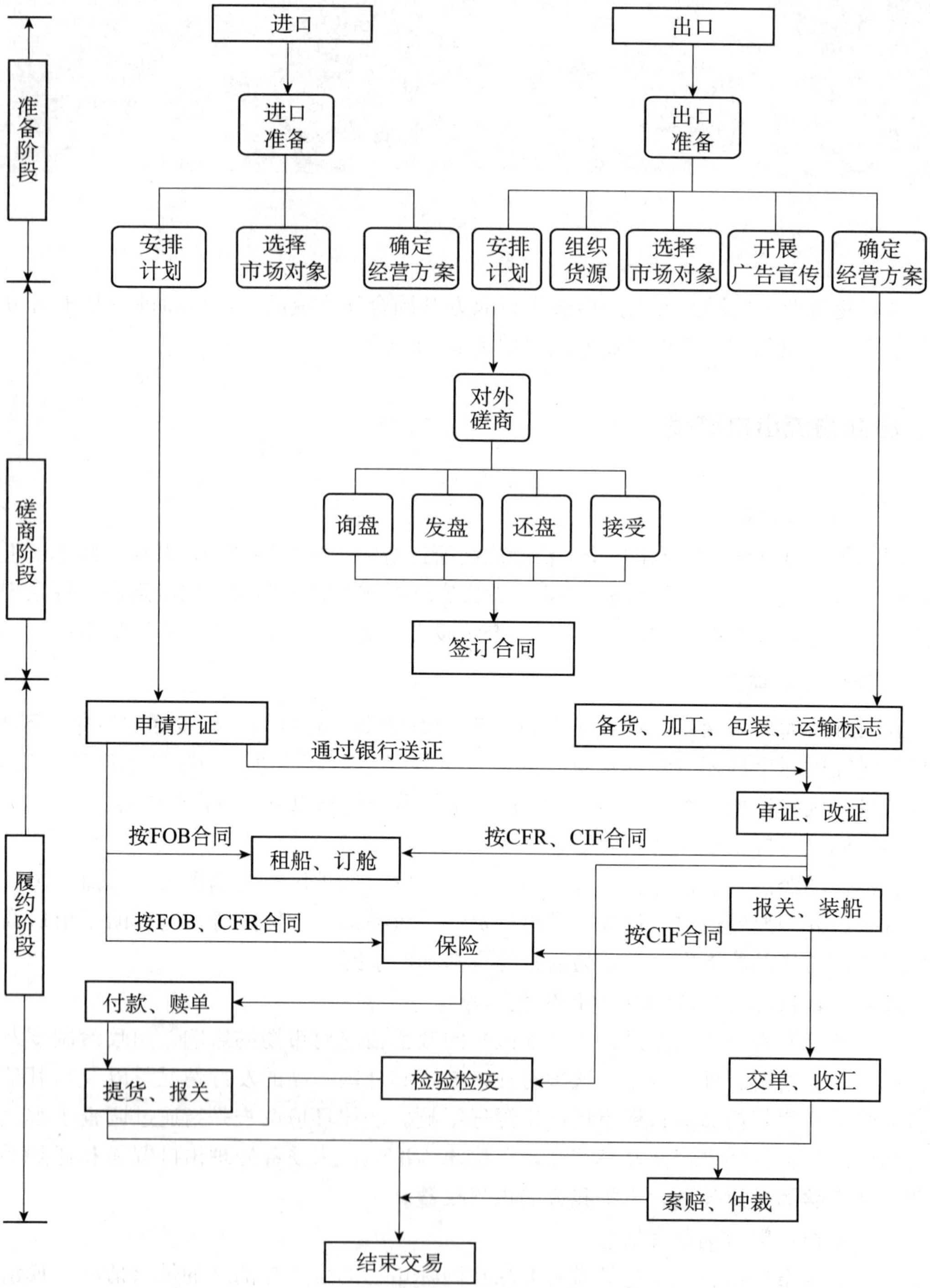

图 2-1　国际物流进出口业务流程

国际市场调查资料的来源是多渠道的，包括联合国各经济组织收集和发布的各种经济信息，各种国际性的商业组织或各国的商业团体的有关资料，如国外代理理商的日常营业报告等。企业既可以通过驻外机构如大使馆、领事馆的商务机构以及各国的银行在国外的分支机构、外贸部门驻外机构等收集资料，也可以委托国外市场调查机构、咨询公司来获取有关国际市场的专项资料。要注意的是，企业应对资料去粗取精、去伪存真，力求从中得出较为准确的判断。

2. 选择经营策略及制定经营方案

在选定目标市场的基础上，企业要选择出口贸易的经营策略，制定出口商品的经营方案。有时在一个出口经营方案中，可以有几套计划安排，力争使方案达到最佳的经济效益，这是出口交易的关键。国际市场调查为出口商品进入国际市场提供了客观依据。出口商品的经营策略包括产品的功能、外观、包装等策略，新产品开发策略、定价策略、销售渠道策略以及广告宣传策略等。企业要对所经营的出口商品制定经营方案，对该出口商品在一定时期内做出全面的业务安排。经营方案的内容一般包括国内货源情况、国外目标市场情况、过去情况、出口目标计划安排和实现措施等。

3. 拟定洽商方案，组织谈判班子

企业在拟定洽商方案时要侧重以下几个方面：

（1）拟定谈判、洽商要达到的最高目标和最低目标以及所采取的相应措施，选择好谈判洽商的最佳时机。

（2）从政策、法律、经济效益等方面认真衡量和比较需要洽商的主要交易条件，并预先研究哪些应坚持、哪些可争取、哪些可放宽，切实做到有备而来。

（3）洽商价格既是交易洽商的中心问题和矛盾焦点，又是影响出口贸易经济效益的关键因素。在制定方案时，企业要依据国际市场调查、预测结果，结合自身的出口意图确定最高价和最低价，并尽可能收集有利于我方的各种资料，以利于加强我方洽商谈判的地位。

在洽商过程中，口头谈判人员和函电洽商人员必须具备熟悉对外贸易的方针政策以及政府颁布的涉外法律法规，熟悉各种有关业务知识和国际贸易惯例、法律，能较熟练地使用外语与对方谈判、起草和阅读往来洽商函电等基本素质。由于外贸洽商是一项政策性、策略性、技术性都很强的工作，因此选好谈判人员、组织好谈判班子也是很重要的工作。

（二）磋商阶段

交易磋商是指买卖双方就某项商品的交易条件进行协商以取得一致意见并达成交易的全过程。磋商的交易条件包括商品的品质、规格、数量、包装、价格、装运、保险、支付、商检、异议索赔、仲裁、不可抗力等内容。磋商的形式可分为口头和书面两种。口头磋商主要是当面交谈，也可以是双方通过长途电话进行磋商。书面磋商是指通过信件、电传等单一方式或者两种方式交叉使用进行磋商。双方在磋商交易内容时，不仅应明确双方基本的合同义务，还应考虑履行合同时可能会发生的纠纷与问题，并将预防和处理的办法提出来，在合同中加以规定，以防患于未然。合同一定要符合法律和国际贸易惯例的规定和要求，这是交易磋商中的基本原则。

1. 交易磋商的基本环节

在出口业务中，交易洽商的整个过程一般要经过询盘、发盘、还盘和接受四个基本环节。其中，发盘与接受是达成交易不可缺少的环节。

（1）询盘（Inquiry）。

询盘是指买方或卖方拟定或销售某种商品，向对方发出有关交易条件的询问及要求对方发盘的行为。询盘的内容，除价格、品名外，有时还包括规格、数量和交货期等。在出口业务中，一般由进口方主动发出询盘的情况较多。询盘只是询问情况，表示愿望，从法律上讲，买方并不一定要承担购买的义务，卖方也不一定要负出售的责任。例如：

Please offer Chinese rosin AA grade 200 M/T August shipment CIF Antwerp.

We can supply Chinese rosin AA grade Aug. /Sept. Please firm bid.

（2）发盘（Offer）。

发盘，又称发价、报盘、报价，有书面和口头两种方式。发盘是指交易的一方为出售或购买某项商品，向交易的另一方提出的买卖该项商品的交易条件，并愿意按所提条件与对方达成交易、订立合同的意思表示。其中，书面发盘包括使用信件、电报、电传和传真等。发盘的当事人称为发盘人和受盘人。发盘大多由卖方发出，习惯上称为卖方售货发盘；也可由买方发出，习惯上称为买方出盘或递盘。发盘一经对方在有效期内表示接受，发盘人将受其约束，并承担相应的法律责任。例如：

Offer Chinese rosin AA grade iron drum 200 M/T USD 195 per M/T CIF Antwerp August shipment irrevocable sight L/C reply here 20th.

（3）还盘（Counter-offer）。

还盘，又称还价，是指交易一方（受盘人）接到发盘后，对发盘内容不完全同意而提出修改。其内容不一定是不同意价格，也可以是就支付方式、装运期等其他交易条件提出不同意见。在交易磋商中，还盘既是受盘人对发盘的拒绝，也是受盘人以发盘人的地位所提出的新发盘。因此，发盘人经对方还盘后即失去效力，除非得到原发盘人同意，受盘人不得在还盘后反悔，再接受原发盘。还盘并不是每笔交易磋商的必经步骤。例如：

Your 14th cables counter-offer USD 185 per M/T CIF Antwerp till 26th our time.

（4）接受（Acceptance）。

接受是指受盘人接到对方的发盘或还盘后，同意对方提出的条件，愿意与对方达成交易，并且及时以声明或行为表示出来。发盘和接受是达成交易的两个必不可少的环节，一方的发盘经另一方接受，交易即告成立，合同亦即成立，双方就应分别履行各自所承担的合同义务。接受在法律上称为“承诺”。例如：

Your cables 18th we accept. Chinese rosin AA grade iron drum 200 M/T USD 185 per M/T CIF Antwerp August shipment irrevocable sight L/C.

2. 书面合同的签订

在交易磋商过程中，一方发盘经另一方接受后，交易即告成立，交易双方就构成了合同关系。但依据国际惯例，买卖双方还需要签订一定格式的书面合同或成交确认书，以进一步明确双方的权利和义务。书面合同非常重要，它是合同成立的证据，也是合同生效的条件，同时还是履行的依据。只有双方正式签订的合同，才能在世界各国中取得一致的法律认可的效应。

（1）书面合同的形式。

我国目前采用的书面合同主要有销售合同和销售确认书两种。在法律上，销售合同和销售确认书具有同等的效力。销售合同使用的是第三人称语气，内容比较全面、详细，包括基本交易条件、异议索赔、仲裁、不可抗力等条款，有利于双方明确责任、避免争议，适合于大宗商品或成交金额较大的交易。销售确认书是合同的简化形式，使用第一人称语气，一般不列入异议索赔、仲裁、不可抗力等条款，适用于成交金额较小的交易。

（2）书面合同的内容。

书面合同通常包括约首、正文和约尾三部分。约首一般包括合同名称、合同编号、签订日期和地点、双方名称和地址等。正文是合同的主体，包括品名、品质、规格、数量、重量、包装、价格、交货条件、运输、保险、支付、检验、索赔、不可抗力和仲裁等内容。约尾是合同的结尾部分，包括合同适用的法律惯例、合同的有效期、使用的文字及其效力、合同的份数、附件的效力及双方签字等。

书面合同一式两份拟订完毕后，起草合同方先在合同上签章后寄给对方，对方签章后留下一份，另一份寄回。合同会签后还应再仔细核对，查看条款有无改动，以免造成合同执行的被动。一份典型的书面合同如表 2－1 所示（中英文对照）：

表 2－1　合同

CONTRACT

No. :
Signing place:
Date:

The Buyer: BEIJING TEPUKANG SCIENCE AND TECHNOLOGY CO. , LTD.
买方：北京特谱康科技有限公司
Add: No. 6, XINGHUO Street, ZHONGGUANCUN SCIENCE AND TECHNOLOGY PARK, CHANGPING
地址：北京中关村科技园昌平园星火街 6 号
Post Code: 102200　　邮政编码：102200
Tel: 8610－81788006　　Fax: 8610－81787112

The Seller: Brilliantech (CHINA) Co. , Ltd.
Address: Flat/RM 805, Bank Centre, 636 Nathan Road, Mongkok, HK
Tel: 852－34263738　　Fax: 852－27837978

The Buyer agrees to buy and the Seller agrees to sell the undermentioned commodity according to the terms and conditions stipulated below:
此合同依据下述条款规定由买卖双方签订，买方同意购买且卖方同意出售下述商品：

1.

Item	Commodity Specification	Stock No.	Quantity	Unit Price	Total Price
1	SMR40 SIGNAL GENERATOR 1 TO 40 GHZ FREQUENCY RESOLUTION 1KHZ PULSE MODULATION/SWEEP SMR40 信号发生器	1104.0002.40	2 sets	EUR 33,654	EUR 67,308
1.01	SMR-B14 SOFTWARE OPTION：PULSE GENERATOR 脉冲源选件	1104.3982.02	2 pieces		
1.02	SMR-B17 OPTION：RF ATTENNUATOR 40 GHZ FOR SMR30/40 射频衰减器	1104.5233.02	2 pieces		
1.03	N-FEMALE ADAPTER FOR SMR40 转接头	1036.4770.00	2 pieces		
Total Value：CIP BEIJING AIRPORT EUR 67,308.00 SAY EURO SIXTY SEVEN THOUSAND AND THREE HUNDRED AND EIGHT ONLY.					

2. COUNTRY OF ORIGIN AND MANUFACTURERS：Rohde & Schwarz GmbH. & Co. KG / Germany
商品制造商及原产地国：罗德与施瓦茨 / 德国
3. PACKING：
To be packed in strong wooden cases or in cartons or in container(s), suitable for long distance air freight transportation and change of climate, well protected against moisture and shocks. The Seller shall be liable for any damage of the commodity and expenses incurred on account of improper packing and for any rust. One full set of service and operation instructions concerned shall be enclosed in the case (s).
包装：
商品应用牢固的适于长途空运的纸箱、木箱或集装箱包装，以防止气候变化，避免潮湿和震荡。卖方应对所有因不适当的包装而引起的锈蚀及损坏负责。箱内应附有整套的维修保养、操作使用说明书。
4. SHIPPING MARK：
The Seller shall mark on each package with fadeless paint the package number, gross weight, net weight, measurement and the wordings: "KEEP AWAY FROM MOISTURE" "HANDLE WITH CARE" "THIS SIDE UP" etc. and the shipping mark:

03ZHSYLY/034-HK
BEIJING, CHINA

运输标志：
卖方应在每个货箱上用不褪色油漆标明箱号、毛重、净重、长、宽、高并书以"防潮""小心轻放""此面向上"等字样，并注明运输标志：

03ZHSYLY/034-HK
BEIJING, CHINA

5. TIME OF SHIPMENT：Within 8 weeks after receipt payment
装运期限：收到货款后 8 周内

6. PORT OF SHIPMENT：Main Airport in Germany
装运港口：德国主要机场
7. PORT OF DESTINATION：Beijing Airport
目的港口：北京机场
8. INSURANCE：
For FCA and CFR Terms to be covered by the Buyer from the shipments，for CIF Terms，to be covered by the Seller from shipment，110% of the invoice value covering All Risks and War Risks.
保险：
对 FCA 和 CFR 条款，由买方投保，对 CIF 条款，由卖方投保，金额为发票金额的 110%，投保一切险和战争险。
9. PAYMENT：
T/T in advance
付款：
预付货款
10. DOCUMENTS：
单据：
(1) One original and Photostatted copy Airway Bill marked "Freight Prepaid"，contract number and shipping marks，and consigned to the Buyer notifying the Buyer. The Airway Bill issued by Airlines (Aviation Co.) or the House Airway Bill (HAWB) issued by the agent named by the Buyer for air transportation shall be acceptable.
注明"运费预付"、合同号和标记，收货人为买方，通知买方的空运提单正副本各一份。航空公司签发的运单或买方的运输代理签发的分运单可以接受。
(2) Commercial Invoice in 5 (five) originals indicating contract number and container numbers made out in details as per the relative contract.
一式五份标明合同号和集装箱号并详列与附件一致的发票正本原件（如有两个以上集装箱应分别列明）。
(3) Packing list in 5 (five) originals issued by the Beneficiary.
一式五份由受益人开出的与发票相符的装箱单正本原件。
(4) Certificate of quality and quantity in 5 (five) originals issued by the Manufacturer.
一式五份由生产厂家开出的品质/数量证书正本原件。
(5) One copy of fax/cable to the Buyer advising the particulars of shipment immediately after shipment is made.
一份装运后传真/电报通知买方发货的发货通知。
(6) For CIP terms，one original and one copy of Insurance Policy for 110% of the invoice value，showing claims payable in China，in currency of the draft，blank，covering air transportation All Risks and War Risks.
在 CIP 术语条件下，提交一份正本和一份副本保险单，保险金额是发票金额的 110%，标明赔偿地点在中国，投保币别和汇票币别一致，空白背书，投保航空一切险和战争险。
(7) If the package is wooden materials，a certificate of treatment in original version is necessarily attached to the shipment，and two copies of the certificate should be provided to the negotiable bank with other documents；or a certificate of non-wooden material package should be attached to the shipment.
如果包装是木质材料，请必须将包装熏蒸证明的原件随货发出，该证明的复印件两份随其他文件交至议付行；否则，随货发出非木质包装证明。
(8) One Photostatted copy of effective Export License issued by the Government，if necessary.
如有必要，提交一份政府出具的出口许可证。
In addition，the Seller shall，within 7 days after shipment，send by airmail one set of aforesaid documents (except item 5) one set directly to the Buyer and one set to the Buyer by Fax within 48 hours after shipment.

另外，卖方应在交货后的七天内空邮上述一套单据（不含第五项）给买方，并在发货后 48 小时内传真一套给买方。
The number of the document and their contents shall be complete and correct, if the Buyer fails to pass the Customs and take-over the goods in time due to the Seller not having provided the documents specified as above, all losses shall be borne by the Seller.
单据的数量和内容应完整、正确。如果是由于卖方没能提供上述单据而导致买方不能及时通关并接收货物，一切损失由卖方承担。
11. SHIPMENT:
The Seller shall, within 3 days after the date of shipment stipulated in the Clause 5 of the contract, advise the Buyer by fax of the contract No., commodities, quantity, and value, number of package, gross weight, measurement and date of readiness at the port of shipment.
The Seller shall pay any taxes, custom duties and fees as well as charges levied in respect of the exportation of the goods contracted, and bear risks of the goods before the goods have been delivered to the above-mentioned air carrier at the port of shipment specified in the contract.
装运：
卖方应在本合同第 5 条所述的装运日期后 3 天内以传真通知买方合同号、商品名称、数量、总价、装箱数量、重量、体积及在启运港的备货日期。
卖方应自负与出口货物有关的各种税赋、关税及费用，并承担货物的全部风险直到货物被交付前述的启运港空运承运人掌握。
(1) In case of FCA:
The Seller shall deliver the goods within the time of delivery into the charge of the air carrier or his agent named by the Buyer at the port of shipment specified in the contract.
在 FCA 情况下：
卖方负责在装运期内将货物运输到合同规定的交货港交付由买方指定的空运承运人或其代理掌握。
(2) In case of CFR:
The Seller shall deliver the goods within the time of delivery from the port of delivery to port of destination. The Seller shall, immediately after dispatch of the goods, advise the Buyer by fax of the contract No., commodity, invoice value and the date of dispatch for the Buyer to arrange insurance in time.
Should the port of destination marked on the airway bill be found not in conformity with the stipulations of this contract, the Buyer shall have the right to refuse to effect the payment.
在 CFR 情况下：
卖方负责在装运期内将货物从装运港运输到目的港。卖方应在货物起运后立刻用传真通知买方合同号、商品名称、发票金额、装运日期以便买方及时安排保险。
如果空运单据上标明的目的港与合同规定不符，买方有权拒付货款。
(3) In case of CIP:
The Seller shall ship the goods within the time of shipment from the port of shipment to the port of destination. The air freight, insurance premium in respect of the exportation of goods contracted shall be borne by the Seller.
在 CIP 情况下：
卖方负责在装运期内将货物从装运港运输到目的港。与出口货物有关的合同货物的运费、保险费由卖方承担。
12. SHIPPING ADVICE:
The Seller shall, immediately upon the completion of the loading of the goods, advice by fax / cable the Buyer of the Contract No., commodity, quantity, invoiced value, gross weight, flight No. and date of shipment etc. In case the Buyer fails to arrange insurance in time due to the insufficient notice given by the Seller, all losses resulting therefrom shall be borne by the Seller.

装运通知：
卖方应该在货物装船完毕后，以传真/电报立刻通知买方合同号、货物、数量、发票金额、毛重、航班号及起航时间。若因卖方通知不及时致使买方不能及时投保，卖方承担全部损失。
13. GUARANTEE OF QUALITY：
The Seller guarantees that the commodity hereof is made of the best material with first-class workmanship，brand new and unused，and complies in all respects with the quality and specification stipulated in this Contract and conforms to the data sheets or technical manuals of the commodities contracted. The guarantee period shall be 36 months counting from the date of the final acceptance of the goods.
品质保证：
卖方保证此货物是用最好的材料、一流的工艺、原厂、原包装，符合合同的规定的品质和级别的新产品，质保期自双方签署验收报告之日起 36 个月。
14. CLAIMS：
Within 90 days after the arrival of the goods at destination，should the quality，specifications or quantity be found not in conformity with the stipulations of the Contract except those claims for which the insurance company or the carrier are liable，the Buyer，on the strength of Inspection Certificate issued by the local inspection branch of General Administration of Customs of the People's Republic of China (hereinafter referred as "Inspection Authorities")，may require the Seller to remedy the lack of conformity by repairing，replacement or compensation，and all the expenses（such as inspection and repairing charges，freight for replacement，insurance premium，storage or loading and unloading charges，etc.）shall be borne by the Seller.
As regards quality，the Seller guarantees if，within 12 months from the date of the arrival of the goods at destination，damages occur in the course of operation by reason of inferior quality，poor workmanship or the use of inferior materials，the Buyer shall immediately notify the Seller in writing and put forward a claim supported by Inspection Authorities. The Certificate issued shall be accepted as the base of the claim. The Seller，in accordance with the Buyer's claim shall be responsible for the immediate elimination of the defects，complete or partial replacement of the goods or shall devaluate the goods according to the state of the defects. Where necessary，the Buyer shall be at liberty to eliminate the defects himself at the Seller's expenses. If the Seller fails to answer the Buyer within two weeks after receipt of the aforesaid claim，the claim shall be deemed as having been accepted by the Seller.
索赔：
自货到目的港起 90 天内，经发现货物质量、规格或数量与合同规定不符者，除那些应由保险公司或船方承担的部分外，买方可凭中华人民共和国海关总署在各地的检验机构（后简称检验机构）出具的商检证书，有权维修、更换或索赔，所有费用（如检验和维修费、更换运费、保险费、储存或装卸费等）由卖方承担。
卖方担保货到目的港起 12 个月内，使用过程中由于质量低劣、工艺不佳或材料低劣而出现的损坏，买方立即以书面形式通知卖方并出具检验机构开列的检验证书，提出索赔。商检证书乃索赔之依据。按照索赔要求，卖方有责任立即排除货物之缺陷，全部或部分更换货物或依据缺陷情况将货物作降价处理。如果需要，买方可以自行排除缺陷，费用由卖方承担。若卖方在收到上述索赔的两周内没有回复买方，可被视为卖方接受索赔条件。
15. FORCE MAJEURE：
The Seller shall not be held responsible for the delay in shipment or non-delivery of the goods due to Force Majeure，such as war，serious fire，flood，typhoon and earthquake，or other events agreed upon between both parties，which might occur during the process of manufacturing or in the course of loading or transit. The Seller shall advise the Buyer immediately of the occurrence mentioned above and within 10 days thereafter，the Seller shall send by airmail to the Buyer for their acceptance a certificate of the accident issued by the Competent Government Authorities where the accident occurs as evidence thereof.

Under such circumstances, the Seller, however, is still under the obligation to take all necessary measures to hasten the delivery of the goods. In case the accident lasts for more than 3 weeks, the Buyer shall have the right to cancel the Contract.
不可抗力：
若由以下不可抗力原因造成，卖方不对下延迟交货和未交货物负有责任：战争、严重火灾、洪水、台风、地震或双方同意的其他事件，卖方应立刻通知买方上述事件的发生，并在 10 天内空邮买方一份由相应政府部门签署的事件发生证明。
在上述情况下，卖方仍有责任采取所有措施来加快货物的交付工作。若上述事件持续超过 3 个星期，买方有权力取消上述合同。
16. LATE DELIVERY AND PENALTY：
Should the Seller fail to make delivery on time as stipulated in the Contract, in exception of Force Majeure, the Seller shall pay penalty at the rate of 0.5% per every seven days, which shall be deducted by the paying bank from the payment. The penalty, however, shall not exceed 5% of the total value of the goods involved in the late delivery. The odd days less than seven days should be counted as seven days. Provided that the Seller does not make delivery ten weeks later than the time of shipment stipulated in the Contract, the Buyer shall have the right to cancel the Contract and the Seller, in spite of the cancellation, shall pay the aforesaid penalty to the Buyer without delay.
延期交货和罚款：
除不可抗力原因，卖方若不能按合同规定如期交货，卖方按照每 7 天缴纳货物总值的 0.5%的罚款率缴纳罚金，由付款银行从付款中扣除。但罚金总额不能超过货物总值的 5%。不足 7 天的天数应以 7 天计算。卖方若在本合同规定的装运时间内逾期 10 星期仍不能交货，则买方有权取消合同。尽管合同已取消，但卖方仍应如期支付上述罚金。
17. ARBITRATION：
All disputes in connection with this Contract or the execution thereof shall be settled friendly through negotiations. In case no settlement can be reached, the case shall be submitted for arbitration to China International Economic and Trade Arbitration Commission (CIETAC), in Beijing, in accordance with its Rules of Arbitration. The arbitration shall take place in Beijing and the decision of the Arbitration Committee shall be final and binding upon both parties; neither party shall seek recourse to a law court nor other authorities to appeal for revision of the decision. Arbitration fee shall be borne by the losing party. Or the Arbitration may be settled in the third country mutually agreed upon by both parties.
仲裁：
所有与此合同有关的争议应通过友好协商解决。如果协商不能解决，则可提交中国国际经济贸易仲裁委员会（CIETAC）根据有关仲裁法则进行仲裁。仲裁应在北京进行而且其结果对双方均有约束力，任何一方均不应向法院或其他政府部门申请以改变仲裁结果。仲裁费由败诉方负担。仲裁也可在经双方同意的第三国进行。
18. Taxes and Duties：
税赋：
All taxes in connection with the execution of this Contract levied by the Chinese Government on the Buyer in accordance with the tax laws in effect shall be borne by the Buyer.
由中国政府依现行法律向买方征收的与本合同及执行有关的全部税赋由买方缴纳。
All taxes in connection with the execution of this Contract levied by the Chinese Government on the Seller in accordance with the tax laws in effect shall be borne by the Seller.
由中国政府依现行法律向卖方征收的与本合同及执行有关的全部税赋由卖方缴纳。
All taxes arising outside of China in connection with the execution of this contract shall be borne by the Seller.
在中国境外征收的所有与本合同及执行有关的税赋应由卖方缴纳。
19. The appendix of the Contract shall form an integral part of the Contract and have the same effectiveness as the Contract. The trade terms of this Contract shall be governed by Incoterms® 2020.

本合同的附录是合同不可分割的一部分且具有与合同其他条款相同的法律效力。本合同中的贸易术语源于 Incoterms®2020。
20. SPECIAL PROVISIONS:
In witness thereof, this Contract is made in English and Chinese signed by both parties in two original copies; each party holds one copy. If any disputes happened during the execution of the Contract, the English version of the Contract will be regarded as the basic proof.
附加条款：
此合同一式两份，由中英文写成，双方签字并各持有一份，执行中如有异议，以英文为准。

THE BUYER：买方 BEIJING TEPUKANG SCIENCE AND TECHNOLOGY CO., LTD.	THE SELLER：卖方 Brilliantech (CHINA) Co., Ltd.

（三）履约阶段

合同履行是指合同当事人按照合同规定履行各自义务的行为。在进行对外贸易时，合同当事人要坚持重合同、守信用等基本准则。以 CIF 或 CFR 条件成交，用信用证方式支付的出口合同的履行包括备货、报检、催证、审证、改证、租船订舱、报关、投保、制单结汇等环节。

1. 备货

按合同规定交付货物是卖方的最基本义务。做好备货工作，就是根据出口合同的规定，按时、按质、按量准备好应交货物。按照合同规定，交付货物、移交一切与货物有关的单据和转移货物所有权，是卖方三项基本义务。具体要注意：（1）按时是指备货时间必须严格按合同和信用证规定的交货时间和期限要求，结合船期进行安排，以利船货衔接，防止交货脱期。（2）按质是指所交货物的品质规格与出口合同和信用证规定一致。（3）按量是指货物的数量必须符合出口合同规定，如有可能数量应适当留有余地，以备装运时可能发生调换。

2. 报检

在货物备齐后，凡属法定检验的出口商品，及合同或信用证中规定必须由检验检疫机构出具检验证书的商品，在货物备齐后应向检验检疫机构申请检验。报检时，应填写“出口报检申请单”，并连同合同和信用证副本等相关凭证送交检验检疫机构办理检验。只有取得检验检疫机构发给的合格证书，海关才准放行。货物检验合格，出口方应在检验证书规定的有效期内将货物运出。

3. 催证、审证和改证

（1）催证。

在国际物流中，信用证是最常用的结算方式。催证就是指出口方利用电传、电子邮件等通信方式催促进口方办理开立信用证手续。既然在出口合同中买卖双方约定采用信用证方式，买方就应严格按照合同规定按时开立信用证，这是买方必须履行的义务，也是卖方履行合同的前提。在实际业务中，买方由于资金短缺或市场发生变化等原因，故意拖延开证或付款的情况时有发生。卖方应在对方接近或已超过合同规定期限仍未开立信用证时，催促对方及时办理开证手续；需要提前交货时，也可洽请对方提前开证。

（2）审证。

信用证的开立以合同为依据，信用证的内容应该与合同条款一致。但在国际业务中，由于国外客户或开证银行的疏忽、差错，或由于某些国家对开立信用证的特殊规定，或由于客户对我国政策不了解，或有个别商人为谋取不正当利益，在申请开证时故意设置陷阱等原因，往往会出现信用证内容与合同规定不相符。因此，为确保及时交货和安全收汇，避免不必要的损失，必须认真对来证进行审核。信用证的审核由银行和外贸企业共同承担。银行着重审核有关开证银行方面的条款和问题，企业侧重审核信用证的内容与合同是否相符。

（3）改证。

外贸企业对信用证进行了认真审查后，对信用证中不能接受、不能执行或不能按期执行的条款，应及时要求国外客户通过开证行进行修改或延展。“修改通知”应由开证行通知通知行，再由通知行转交出口企业（受益人），而不能由开证行直接通知进口人及受益人。在同一信用证上，如有多次需要修改的，原则上应一次性提出修改要求。由于修改信用证条款涉及有关当事人权利、义务的改变，因此对不可撤销信用证的修改，必须得到有关当事人的同意方能办理。在出口方出口业务中，对来证有关条款的修改，首先由出口方向进口人（开证人）提出，征得对方同意后，由对方通过开证行办理修改手续。

4. 租船订舱

在以 CIF、CFR 价格术语达成的合同中，出口方办理租船手续时，应先填写托运单，列明出口货物的名称、数量、毛重、尺码、目的港、最后装运期等内容，在收单截止期前交外运公司作为订舱的依据，外运公司收到托运单后，会同有关的代理公司安排船只和舱位，并签发装货单，作为通知船方收货装运的凭证，轮船到达后由出口企业将货物从仓库提出，送至码头，以备海关查验。

5. 报关

报关是指货物装运出口前，向海关办理申报手续。海关对货物和有关单证查验无误后，在装货单上盖章放行。根据我国海关规定，凡是出境的货物，必须申报并缴验出口许可证、出口货物报关单等必要证件和单据。属于法定检验的商品，外贸企业还要提供商品检验机构签发的检验证书。

6. 投保

在货物装船前，凡按 CIF、CIP 条件成交的出口货物，出口方须按合同和信用证规定的保险条款，逐笔向保险公司办理投保手续，取得约定的保险单据。

7. 制单结汇

出口货物发运后，出口方应立即按照信用证的要求，正确无误地编制各种单据，且在信用证规定的交单有效期内将单据送交银行议付和结汇。各种单据必须正确、及时、完备、简明、整洁，做到单证一致、单单一致。因为在信用证支付方式下，国外银行只有在审核单据与信用证完全符合之后，才承担付款的责任，并不过问货物如何，即使所交货物本身同信用证及合同的要求相符，如果单据与信用证规定不一致，银行仍可拒绝付款。我国出口议付结汇一般的做法是：由银行接受出口方交来的信用证项下出口单据，经审查无误后寄往国外开证行或指定付款银行索取货款。待其收到货款后，按当日外汇牌价折算成人民币记入账户，并通知出口方。通常要提供的主要单据有：汇票、发票（包括商业发票、厂商发票、海关发票和领事发票）、提单、保险单、装箱单、重量单、检验证书、产地证明书、普惠制产地证等。

二、国际物流进口流程

进口业务的一般原理、交易条件、习惯做法和惯例等与出口业务基本相同。只是当事人所处的地位不同，在具体问题上的掌握和处理上有所区别。进口中交易洽商、签约的程序和内容与出口基本一致，这里仅就进口前的准备阶段和履约阶段做一些介绍。

（一）准备阶段

1. 市场和客户资信调研

首先要了解的是，在进口贸易前，进口企业必须对采购商品的市场进行调研和比较研究，弄清供应商和生产者的供应状况及产品的价格趋势，尽量选择向产品对路、货源充足、价格较低的地区采购。在选择供货具体对象时，进口企业要充分了解对方的资信、作风、经营能力和以往履行合同的情况等，务必使订购的商品在品质、规格用途等方面切实符合国内的实际需要，并尽可能直接向生产商订购，以减少中间环节，节约外汇支出。在选好市场和供货对象的基础上，再制定进口商品的经营方案。

2. 报批进口商品

根据我国现行的外贸管理体制规定，进口货物一般须经相关的主管部门审批。为此，进口企业要先向有关主管部门提出申请，在获准并落实相应的用汇后，方可进口，办理进口业务。

3. 申领进口许可证

我国对部分商品实行进口许可证管理。对国家规定必须申请领取进口许可证的商品，用货单位必须在办妥进口商品审批手续后申请领取进口许可证。此后，用货单位需填写进口订货卡片与许可证，一并交外贸公司委托代理进口。

4. 委托代理进口

需要进口但没有进口经营权或进口商品超出其经营范围的企业，必须委托有经营权的外贸公司代理进口。在委托代理进口时，企业必须提交经批准进口的各种文件、使用外汇的有效证明及进口许可证，并与外贸公司签订委托代理进口合同。

（二）履约阶段

进口合同依法成立后，对买卖双方都有法律约束力，双方都应信守合同，履行合同规定的义务。进口企业多采用海运方式，使用信用证支付。企业在履约阶段需完成以下工作：

1. 申请开立信用证

进口合同签订后，进口方应按合同填写开证申请书，向银行办理开证手续。开证申请书对商品的名称、规格、数量、包装、价格、交货期限、装运条件、付款期限等内容均以合同为依据，详细列明；对出口商品应提交的单据种类、文字内容及出具单据的机构等做出相应的规定。买卖双方应按合同规定办理信用证的种类和开证时间，如合同规定在卖方确定交货期后开证或规定在卖方领到出口许可证或支付履行保险金后开证，则买方应在接到卖方交货期通知后开证，或收到对方已领到许可证的通知后开证，或收到保证金后开证。信用证开出后，开证人应认真核对，如发现内容与开证申请书不符，应立即通知开证银行更正。如对方收到信用证后要求对某些条款进行修改，则应区别对待。若同意，应由进口方及时通知开证行办理修改手续；若不同意，则应通知出口方，并敦促其按原证条款履行。

2. 租船订舱与催装

在 FOB 条件下，一般由进口方负责租船或订舱工作。进口方可委托外贸运输公司办理，也可直接向中国远洋运输公司或其他外贸运输机构办理。租船订舱时间应按合同规定，即在进口方接到卖方按合同规定有关交货前的一定时期内预计装运日期的通知后，及时办理租船订舱手续。在办妥租船订舱手续后，进口方应随时了解和掌握对方备货和装船前的准备工作情况，必要时需电催对方按时装运；还应按规定的期限通知对方船名及船期，以便对方备货装船。

3. 投保

我国大部分外贸企业和中国人民保险公司签订了海运、空运和邮运货物预约保险合同，凡有预保合同的进口企业只要按规定根据卖方发来的装运通知，及时编制进口货物装船通知，提交保险公司，就算办理了投保。海运货物一经装船，保险就开始生效，直到卸货港转运单据载明的国内目的地收货人仓库时终止。在没有预保合同的情况下，外贸企业需对进口货物逐笔投保。

4. 审单

出口方将货物装运之后，将全套的票据经过出口方银行交给进口方开证银行收取货款。进口方开证银行在收到国外寄来的汇票和单据后，根据单证一致和单单一致的原则，对照信用证的条款，审查和核对单据的种类、份数、内容，如相符，交申请开证的进口公司复核，无异议后即可对汇票付汇或承兑。

5. 报关接货

进口方买汇赎单后，就着手准备接货。货物到达卸货口岸后，进口方或委托代理公司根据进口单据填写进口货物报关单，连同发票、提单、保险单、装运单、商检证书向海关查验货证无误后放行。港务部门卸货时，如发现短装，要填制短装报告交船方验证，同时要提交短卸报告给船方鉴定。如发现货物残损，进口方应会同保险公司、检验检疫机构进行检验，明确残损程度和原因，并由检验检疫机构出证，以向责任方索赔。

6. 商品检验

我国规定，一切进口商品都必须在合同规定的有效期限内进行检验。只有检验合格方可安装投产、销售和使用。如自行检验发现问题，进口方应迅速向检验检疫机构申请复检出证，以此作为对外索赔的依据和凭证。以下情况下进口方必须在卸货港口向检验检疫机构报验：法定检验的进口商品；合同中规定的索赔期限较短的商品；合同规定货到检验后付款的货物；合同中指明在卸货港检验的货物；货物卸离海轮时已经发现残损、异状或提不到货的。

7. 索赔

进口方要注意索赔期限、索赔通知、索赔证据、索赔金额等问题。进口业务中由于装运过程中货物的品质、数量、包装受损的，进口方应及时向有关责任方索赔。出于承运人的过失造成货物残损、遗失的，进口方应向承运人索赔；若承运人不愿赔偿或赔偿金额不足抵补损失的，如属于保险公司承保范围内，进口方则应向保险公司索赔；属于自然灾害、意外事故等使货物受损的，且在承保范围内，进口方应向保险公司索赔；由于出口方违约造成损失的，进口方应向出口方索赔。

8. 拨交

如果用货单位在卸货港口，由外运公司就地办理拨交，并由外贸公司向用货单位进行结算；如用货单位在内地，则可委托外运机构代为转运目的地。

项目二
常用国际贸易术语

一、国际贸易术语简介

国际贸易术语（Terms of International Trade），又称价格术语。在长期的国际贸易实践中，买卖双方将某些和价格密切相关的贸易条件与价格直接联系在一起，形成了若干种报价的模式，每一种模式都规定了买卖双方各自所承担的义务和责任。这种用来说明义务和责任的术语，称为贸易术语。

贸易术语所表示的贸易条件，主要分两个方面：

（1）说明商品的价格构成，是否包括成本以外的主要从属费用，即运费和保险费；

（2）确定交货条件，即明确买卖双方在交接货物方面所承担的责任、费用和风险的划分。

二、《国际贸易术语解释通则》

贸易术语是国际贸易中表示价格必不可少的内容，简化了交易磋商的手续，缩短了成交时间。由于规定贸易术语的国际惯例《国际贸易术语解释通则》（International Rules for the Interpretation of Trade Terms）对买卖双方应该承担的责任和义务作了完整且确切的解释，因而避免了买卖双方由于对合同条款理解的不一致，在履约中可能产生的争议。在销售合同中参引《国际贸易术语解释通则》可清晰界定各方义务并降低法律纠纷的风险。

《国际贸易术语解释通则》是国际商会为统一各种贸易术语的不同解释于 1936 年制定的。随后，为适应国际贸易实践发展的需要，国际商会先后于 1953 年、1967 年、1976 年、1980 年、1990 年、2000 年、2010 年和 2020 年对其进行了修订和补充。

与之前的版本相比，Incoterms® 2020 的变化主要有：

（1）DPU（Delivered at Place Unloaded）取代了旧版的 DAT（Delivered at Terminal），并增加了卖方在目的地卸载货物的要求；

（2）为每个术语提供了更清晰的指导，帮助买卖双方理解各自的责任；

（3）考虑到电子通信在现代贸易中的普及，对此进行了相应的调整。

三、Incoterms® 2020 详解

《国际贸易术语解释通则 2020》将 11 个贸易术语归为两组，即适用于任何运输方式的术语和仅适用于海运及内河运输的术语。

（一）EXW——工厂交货（……指定地点）

“工厂交货（……指定地点）”是指当卖方在其所在地或其他指定的地点［如工场（强调生产制造场所）、工厂（制造场所）或仓库等］将货物交给买方处置时，即完成交货。卖方不需要将货物装上任何运输工具，在需要办理出口清关手续时，卖方亦不必为货物办理出口清关手续。

双方都应该尽可能明确地指定货物交付地点，因为此时（交付前的）费用与风险由卖方承担。买方必须承担在双方约定的地点或在指定地点受领货物的全部费用和风险。

EXW 是卖方承担责任最小的术语。买卖双方应遵守以下使用规则：

（1）卖方没有义务为买方装载货物，即使在实际中由卖方装载货物可能更方便。若由卖方装载货物，相关风险和费用亦由买方承担。如果卖方在装载货物中处于优势地位，则使用由卖方承担装载费用与风险的 FCA 术语通常更合适。

（2）买方在与卖方使用 EXW 术语时应知晓，卖方仅在买方要求（更符合术语特质）办理出口手续时负有协助的义务，但是卖方并无义务主动（更强调最小义务）办理出口清关手续。因此，如果买方不能直接或间接地办理出口清关手续，建议买方不要使用 EXW 术语。

（3）买方承担向卖方提供关于货物出口之信息的有限义务。但是，卖方可能需要这些用作诸如纳税（申报税款）、报关等目的的信息。

EXW 与当事人所选择的运输模式无关，即便当事人选择多种运输模式，亦可适用该规则。本规则较适用于国内交易，对于国际交易，则选择 FCA“货交承运人（……指定地点）”规则为佳。

（二）FCA——货交承运人（……指定地点）

FCA 既可以适用于各种运输方式（单独使用的情况），也可以适用于多种运输方式同时使用的情况。

“货交承运人（……指定地点）”是指卖方于其所在地或其他指定地点将货物交付给承运人或买方指定人。当事人最好尽可能清楚地明确说明指定交货的具体地点，风险将在此地点转移至买方。

若当事人意图在卖方所在地交付货物，则应当确定该所在地的地址，即指定交货地点。若当事人意图在其他地点交付货物，则应当明确确定一个不同的具体交货地点。

FCA 要求卖方在需要时办理出口清关手续。但是，卖方没有办理进口清关手续的义务，也无须缴纳任何进口关税或者办理其他进口海关手续。

（三）CPT——运费付至（……指定目的港）

CPT 术语适用于所选择的任何一种运输方式以及运用多种运输方式的情况。

“运费付至（……指定目的港）”是指卖方在指定交货地向承运人或由其（卖方）指定的其他人交货并且其（卖方）须与承运人订立运输合同，载明并实际承担将货物运送至指定目的地所产生的必要费用。

在 CPT、CIP、CFR 或者 CIF 适用的情形下，卖方的交货义务在将货物交付承运人，而非货物到达指定目的地时，即告完全履行。

由于风险和成本在不同的地方发生转移，因此此规则有两个关键点。买卖双方当事人应在买卖合同中尽可能准确地确定以下两个点：（1）发生转移至买方的交货地点；（2）在其须订立的运输合同中载明的指定目的地。如果使用多个承运人将货物运至指定目的地，且买卖双方并未对具体交货地点有所约定，则合同默认风险自货物由买方交给第一承运人时转移，卖方对这一交货地点的选取具有排除买方控制的绝对选择权。如果当事方希望风险转移推迟至稍后的地点发生（如某海港或机场），那么他们需要在买卖合同中明确约定这一点。

由于将货物运至指定目的地的费用由卖方承担，因此当事人应尽可能准确地确定目的地中的具体地点，而且卖方须在运输合同中载明这一具体的交货地点。卖方基于其运输合同约定在指定目的地卸货时，如果产生了相关费用，卖方无权向买方索要，除非双方有其他约定。

CPT 贸易术语要求卖方在需要办理这些手续时办理货物出口清关手续。但是，卖方没有义务办理货物进口清关手续、缴纳进口关税以及办理任何进口所需的任何海关手续。

（四）CIP——运费和保险费付至（……指定目的地）

CIP 术语可适用于各种运输方式，包括使用两种以上的运输方式。

“运费和保险费付至（……指定目的地）”是指在约定的地方（如果该地点双方已达成一致）卖方向承运人或是卖方指定的另一个人发货，以及卖方必须签订合同和支付将货物运至目的地的运费。

卖方还必须订立保险合同以防买方货物在运输途中的灭失或损坏风险。买方应注意到 CIP 术语只要求卖方投保最低限度的保险险别。如买方需要更多的保险保障，则需要与卖方明确地达成协议，或者自行做出额外的保险安排。

在 CPT、CIP、CFR 和 CIF 术语下，当卖方将货物交付与承运人时而不是货物到达目的地时，卖方已经完成其交货义务。

由于风险和费用因地点之不同而转移，因此本规则有两个关键点。买卖双方最好在合同中尽可能精确地确认交货地点、风险转移至买方所在地，以及卖方必须订立运输合同所到达的指定目的地。若将货物运输至约定目的地需要经由若干承运人而买卖双方未就具体交货地点达成一致，则默认为风险自货物于某一交货地点被交付至第一承运人时转移，该交货地点完全由卖方选择而买方无权控制。如果买卖双方希望风险在之后的某一阶段转移（如在一个海港或一个机场），则他们需要在买卖合同中明确。

由于将货物运输至具体交货地点的费用由卖方承担，因此双方最好尽可能明确约定目的地的具体交货地点。卖方最好拟订与此次交易精确匹配的运输合同。如果卖方按照运输合同在指定的目的地卸货而支付费用，除非双方另有约定，卖方无权向买方追讨费用。

CIP 术语要求卖方在必要时办理货物出口清关手续。但是，卖方不承担办理货物进口清关手续、缴纳任何进口关税，或者履行任何进口报关手续的义务。

（五）DPU——卸货地交货（……指定卸货港或卸货地）

DPU 是 Incoterms® 2020 版本中的重大变化，它取代了之前的 DAT（Delivered at Terminal）术语。DPU 的中文意思是“卸货地交货”，适用于包括铁路、公路、空运、海运、内河航运或多式联运在内的任何运输方式。

在 DPU 术语下，卖方承担将货物运至指定目的地并卸货的运输风险和费用（除了进口费用）。这意味着卖方负责将货物运输到买方指定的地点，并在那里卸货，完成交货。一旦货物在指定地点被卸下，风险就转移到买方。

DPU 术语的使用规则包括以下几个方面：

（1）交货地点：卖方必须在合同指定的目的地卸货，这个地点可以是任何地方，不局限于运输终端。

（2）风险转移：货物在指定地点卸货后，风险即从卖方转移到买方。

（3）费用承担：卖方承担运输到指定地点并卸货的所有费用，除非合同中另有规定。

（4）保险：卖方负责货物运输过程中的保险。

（5）单据：卖方需要提供符合合同要求的货物、商业发票以及可能要求的其他单据。

（6）目的地：卖方应确保其打算交付货物的地点是能够卸货的地点。

DPU 术语的引入，强调了目的地可以是任何地方，而不仅仅是运输终端，这为买卖双方提供了更大的灵活性。同时，DPU 术语也适应了现代物流实践的发展，尤其是在多式联运和集装箱运输中更为常见的情况下。

（六）DAP——目的地交货（……指定目的地）

DAP 的适用不考虑所选用的运输方式的种类，同时在选用的运输方式不止一种的情形下也能适用。

目的地交货（……指定目的地）是指卖方在指定的交货地点，将仍处于交货的运输工具上尚未卸下的货物交给买方处置即完成交货，卖方须承担货物运至指定目的地的一切风险。

尽管卖方承担货物到达目的地前的风险，该术语仍建议尽量详细描述双方交货目的地，建议卖方签订恰好匹配该种选择的运输合同。如果卖方按照运输合同承受了货物在目的地的卸货费用，那么除非双方达成一致，卖方无权向买方追讨该笔费用。

在需要办理海关手续时（在必要时/适当时），DAP 术语要求应由卖方办理货物的出口清关手续，但卖方没有义务办理货物的进口清关手续，支付任何进口关税或者办理任何进口海关手续，如果当事人希望卖方办理货物的进口清关手续，缴纳任何进口关税或办理进口海关手续，则应适用 DDP 术语。

（七）DDP——完税后交货（……指定目的地）

DDP 术语可以适用于任何一种运输方式，包括同时采用多种运输方式的情况。

"完税后交货（……指定目的地）"是指卖方在指定的目的地，将货物交给买方处置，并办理进口清关手续，准备好将交货运输工具上的货物卸下交予买方，完成交货。卖方承担将货物运至指定的目的地的一切风险和费用，并有义务办理出口清关手续与进口清关手续，对进出口活动负责，以及办理一切海关手续。

DDP 术语下卖方承担最大责任。由于到达指定地点过程中的费用和风险都由卖方承担，因此买卖双方应尽可能明确地指定目的地。如果卖方在目的地卸载货物的成本低于运输合同的约定，则卖方无权收回成本，当事人之间另有约定的除外。

如果卖方不能直接或间接地取得进口许可，不建议当事人使用 DDP 术语。

如果卖方希望买方承担进口的所有风险和费用，应使用 DAP 术语。

任何增值税或其他进口时需要缴纳的税项由卖方承担，合同另有约定的除外。

（八）FAS——船边交货（……指定装运港）

FAS 术语仅适用于海运和内河运输。

"船边交货（……指定装运港）"是指卖方在指定装运港将货物交到买方指定的船边（如码头上或驳船上），即完成交货。从那时起，货物灭失或损坏的风险发生转移，并且由买方承担所有费用。买卖双方应当尽可能明确地在指定装运港指定装货地点，这是因为到这一地点的费用与风险由卖方承担，并且根据港口交付惯例，这些费用及相关的手续费可能会发生变化。卖方在船边交付货物或者获得已经交付装运的货物。这里所谓的"获得"迎合了链式销售，在商品贸易中十分普遍。当货物通过集装箱运输时，卖方通常在终点站将货物交给承运人，而不是在船边。在这种情况下，船边交货规则不适用，而应当适用货交承运人规则。船边交货规则要求卖方在需要时办理货物出口清关手续。但是，卖方没有任何义务办理货物进口清关、缴纳任何进口关税或者办理任何进口海关手续。

（九）FOB——船上交货（……指定装运港）

FOB 术语只适用于海运或内河运输。

FOB（Free On Board）是国际贸易中进口常用的价格术语之一。FOB 的中文意思是"船上交货（……指定装运港）"。

FOB 术语的使用规划包括以下几个方面：

（1）交货地点：卖方必须在合同规定的日期或期限内，将货物运到合同规定的装运港口，并交到买方指派的船只上。

（2）风险转移：当货物在装运港装船完毕，风险即从卖方转移到买方。也就是说，一旦货物装船完毕，卖方就完成了交货义务，之后的风险由买方承担。

（3）费用划分：在FOB条件下，卖方负责将货物装上船之前的所有费用和风险，包括办理出口手续、领取出口许可证等。而货物装上船后的费用和风险由买方承担。

（4）运输安排：由买方负责派船接运货物。卖方应在合同规定的装运港和规定的期限内，将货物装上买方指定的船只，并及时通知买方。

（5）单证：卖方需要自费提供证明其已按规定完成交货义务的证件。如果该证件并非运输单据，在买方要求下，并由买方承担风险和费用的情况下，卖方可以协助取得提单或其他运输单据。

（6）保险：在FOB条件下，卖方通常不负责为货物投保。买方需要自行安排货物的保险。

（7）出口/进口手续：卖方负责办理出口手续并承担相关费用，而买方负责办理进口手续并承担相关费用。

FOB术语广泛用于海运和内河运输，由于在FOB条件下，卖方只需负责将货物装上船，之后的风险和费用都由买方承担，因此对卖方来说风险相对较小。但同时，买方需要承担从装运港到目的地的运输风险和费用，因此在实际操作中需要谨慎选择可靠的运输公司，并及时为货物投保。

（十）CFR——成本加运费付至（……指定目的港）

CFR术语只适用于海运和内河水运。

“成本加运费付至（……指定目的港）”是指卖方交付货物于船舶之上或采购已如此交付的货物，而货物损毁或灭失之风险从货物转移至船舶之上起转移，卖方应当承担并支付必要的成本加运费以使货物运送至目的港。当使用CPT、CIP、CFR或CIF术语时，卖方在将货物交至已选定运输方式的运送者时，其义务即已履行，而非货物抵达目的地时方才履行。

由于风险转移地和运输成本的转移地是不同的，因此本术语有两个关键点。如果装运港关乎买方的特殊利益（特别感兴趣），建议双方就此在合同中尽可能精确地加以确认。建议双方对于目的港的问题尽可能准确确认，因为以此产生的成本加运费由卖方承担，订立与目的港选择精确相符的运输合同。成本加运费对于货物在装到船舶之上前即已交给承运人的情形可能不适用，例如通常在终点站（即抵达港、卸货点，区别于port of destination）交付的集装箱货物。在这种情况下，宜使用CPT术语。CFR术语要求卖方办理出口清关手续，卖方无义务为货物办理进口清关、缴纳进口关税或者办理任何进口地海关的报关手续。

（十一）CIF——成本、保险费加运费付至（……指定目的港）

CIF术语仅适用于海运和内河运输。

CIF（Cost Insurance and Freight）是国际贸易中出口常用的价格术语之一。CIF 的中文意思是“成本、保险费加运费付至（……指定目的港）”。

CIF 术语的使用规则包括以下几个方面：

（1）责任和费用：卖方负责将货物装上船，并支付运输到指定目的港的运费和费用。此外，卖方还必须为货物投保，并支付保险费用，直到货物交付给买方。

（2）风险转移：在 CIF 术语下，货物灭失或损坏的风险从货物在装运港装船完毕时起转移给买方。这意味着，一旦货物装船完毕，即使货物尚未到达目的地，所有与货物灭失或损坏相关的风险都由买方承担。

（3）保险：卖方必须按照合同规定，自付费用取得货物保险，并向买方提供保险单或其他保险证据。CIF 术语要求卖方投保最低限度的保险险别，如果买方需要更高的保险险别，则需要与卖方明确地达成协议，或者自行做出额外的保险安排。

（4）运输合同：卖方必须自付费用，按照通常条件订立运输合同，经由惯常航线，将货物用通常可供运输合同所指货物类型的海轮（或依情况适合内河运输的船只）装运至指定的目的港。

（5）出口和进口手续：卖方负责办理货物出口所需的一切海关手续，而买方则负责办理货物进口及从他国过境的一切海关手续。

（6）单据：卖方必须提供商业发票、提单和保险单等单据，以便买方能够在目的港提取货物。

（7）费用划分：卖方必须支付与货物有关的费用，直至已经按照规定交货为止；按照规定所发生的运费和其他一切费用，包括货物的装船费；按照规定所发生的保险费用。

（8）通知：卖方必须给予买方说明货物已交货的充分通知，以及要求的任何其他通知，以便买方能够为受领货物采取通常必要的措施。

（9）其他义务：卖方还可能需要提供其他协助，以帮助买方取得由装运地国和/或原产地国所签发或传送的、为买方进口货物可能要求的任何单据或有同等作用的电子讯息。

表 2－2 为《国际贸易术语解释通则 2020》（Incoterms® 2020）中 11 种贸易术语的主要区别与联系简要归纳。

表 2－2　《国际贸易术语解释通则 2020》的 11 种贸易术语

组别	术语	术语译名	交货地点（即风险转移点）
适用于任何运输方式（包括多式联运）的贸易术语	EXW	工厂交货（……指定地点）	商品产地或所在地
	FCA	货交承运人（……指定地点）	出口国指定地点或港口
	CPT	运费付至（……指定目的港）	出口国指定地点或港口
	CIP	运费和保险费付至（……指定目的地）	出口国指定地点或港口
	DPU	卸货地交货（……指定卸货港或卸货地）	进口国指定卸货地点
	DAP	目的地交货（……指定目的地）	进口国指定地点或港口
	DDP	完税后交货（……指定目的地）	进口国指定地点或港口

续表

组别	术语	术语译名	交货地点（即风险转移点）
仅适用于水上运输的贸易术语	FAS	船边交货（……指定装运港）	装运港
	FOB	船上交货（……指定装运港）	装运港
	CFR	成本加运费付至（……指定目的港）	装运港
	CIF	成本、保险费加运费付至（……指定目的港）	装运港

四、国际贸易术语的选用技巧

在实际操作中，企业需要根据风险、船源、货源、运费等因素来选用恰当的贸易术语。

（一）适合任何运输方式的贸易术语的选择

如果卖方仅想使其责任限于在其所在地或另一指定地点将货物置于买方处置之下，而不承担任何其他义务包括不承担出口清关手续，可考虑选择 EXW。

如果卖方愿意自己办理出口清关手续，且在承运人指定地点将货物交付于买方处置之下，可考虑选择 FCA。

如果卖方除承担 FCA 所必须履行的义务外，还愿意签订到目的地的运输合同，可考虑选择 CPT。

如果卖方除承担 CPT 所必须履行的义务外，还愿意承担到目的地的最低保险，可考虑选择 CIP。

如果卖方欲在目的地指定地点交货，且愿意承担货物运送到该地点的费用（卸货费除外）和风险，可考虑选择 DAP。

如果卖方除承担 DAP 所必须履行的义务外，还愿意承担货物运送到该地点从运输工具上卸货产生的费用，可考虑选择 DPU。

如果卖方除承担 DPU 所必须履行的义务外，还愿意承担货物的进口报关税费，可考虑选择 DDP。

（二）适合水上运输方式的贸易术语的选择

如果卖方愿意在装运港船边交货或者获得所要交付的货物，可考虑选择 FAS。

如果卖方愿意在装运港船上交货或者获得所要交付的货物，可考虑选择 FOB。

如果卖方除承担 FOB 所必须履行的义务外，还愿意承担费用提供到指定目的港的运输，可考虑选择 CFR。

如果卖方除承担 CFR 所必须履行的义务外，还愿意承担到指定目的港的最低保险费，可考虑选择 CIF。

项目三
国际物流货运保险

认知

正确填写被保险人的重要性

微课

货物运输保险怎么买

国际货物运输保险是以运输途中的货物作为保险标的的保险，属于财产险的范畴。保险人对被保险货物遭遇承保责任范围内的损失给予赔偿。无论海运、陆运、空运、邮包或多式联运，都有可能遇到各种不同的风险，从而造成货损、货差。通常而言，企业会以向保险公司为货物运输投保的方法规避长途运输的风险。在国际物流中，80%左右的货物通过海洋运输，下面我们以海上货物运输保险为例进行讲解。

一、海上货物运输保险的承保范围

在国际海运保险业务中，海上货物运输保险的承保范围包括海上风险、海上损失与费用，以及海上风险以外的其他外来原因所造成的风险与损失。

（一）风险

风险是由自然灾害、意外事故和外来风险组成的。其中，自然灾害、意外事故统称为海上风险。

1. 海上风险

（1）自然灾害。

自然灾害是指不以人们意志为转移的自然界力量所引起的灾害。在海上保险业务中，自然灾害并不是泛指一切由于自然力量所引起的灾害，而是仅指恶劣气候、雷电、海啸、地震、洪水、流冰或火山爆发等自然力量所造成的灾害。

（2）意外事故。

意外事故是指由于偶然的非意料中的原因所造成的事故。在海上保险业务中，意外事故仅指运输工具遭受搁浅、触礁、沉没、船舶与流冰或其他物体相撞以及失踪、失火、爆炸等。

2. 外来风险

外来风险是指除海上风险以外的其他外来原因所造成的风险。外来风险可分为一般外来风险和特殊外来风险两种。

一般外来风险是指被保障货物在运输途中由于偷窃、短量、雨淋、沾污、渗漏、破碎、钩损、锈损、受热受潮、串味等外来原因所造成的风险。

特殊外来风险是指由于军事、政治、国家政策法令以及行政措施等特殊外来原因所造成的风险。例如：因战争、罢工船舶在中途被扣留而导致交货不到，以及货物被有关当局拒绝进口或没收等风险。

（二）海上损失

海上损失是指保险货物在海洋运输中，因遭受海上风险而造成的损失。海上损失按其损失程度的不同，可分为全部损失和部分损失。

1. 全部损失

全部损失（Total Loss）是指货物遇到海上风险后完全灭失或完全失去本身的价值，不值得修复。全部损失按其损失的情况不同，可分为实际全损和推定全损两种。

（1）实际全损。

实际全损是指被保险货物完全灭失或完全变质，或者货物实际上已不可能归还保险人。

（2）推定全损。

推定全损是指货物发生保险事故后，认为实际全损已经不可避免，或者为避免发生实际全损所需支付的费用与继续将货物运抵目的地的费用之和超过保险价值的，称为推定全损。

2. 部分损失

部分损失（Partial Loss）是指被保险货物的损失没有达到全部损失的程度。部分损失分为共同海损和单独海损两种情况。

（1）共同海损。

共同海损（General Average，GA）是指载货的船舶在海上遭到灾害、事故，威胁到船、货等各方的共同安全，为了解除这种威胁，维护船、货的安全，或者使航程得以继续完成，由船方有意识地、合理地采取措施，所做出的某些特殊牺牲或支出某些额外费用。这些损失和费用叫共同海损。

构成共同海损必须具备以下条件：

1）必须确实遭遇危险；

2）必须是自动地有意识地采取的合理措施；

3）必须是为船、货共同安全而采取的措施；

4）必须是属于非常性质的损失。

（2）单独海损。

单独海损（Particular Average，PA）是指不属于共同海损的货物损失，是由承保范围内的风险所直接导致的船舶或货物的部分损失。该损失由受损者单独负担。

共同海损与单独海损的区别有以下两点：

第一，造成海损的原因不同。

第二，损失的承担责任不同。单独海损由受损方自行承担，而共同海损则由各受益方按照受益大小的比例分摊。

（三）海上费用

海上费用是指由于海上风险所造成的损失和引起的费用。保险公司所赔偿的海上费用包括施救费用和救助费用两种。

施救费用是指被保险货物在遭受保险责任范围内的灾害事故时，被保险人、船方或其他有关人员为避免和减少损失，采取各种措施而支付的合理费用。这种费用属于自救支出。按照保险惯例，货物受到损失后，能够掌管货物的有关人员采取各项合理的措施抢救、保护货物，这是保险人的责任。

救助费用是指当被保险货物在遭遇承保范围内的灾害事故时，由被保险人以外的第三者采取救助措施，被保险人向其支付的费用。

二、我国保险条款

我国进出口货物运输主要通过中国人民保险公司进行保险。中国人民保险公司所使用的保险规则称“中国保险条款”（China Insurance Clauses，CIC）。其中，关于海洋货物运输保险的规则是《海洋货物运输保险条款》。

海洋货物运输保险分为三种基本险和两种附加险。基本险是保险业务的主要内容，投保人应从基本险中选择一种进行投保。附加险是投保人在选择一种基本险之后根据具体情况加保的一种险别，不能单独投保。

（一）基本险

基本险包括平安险、水渍险和一切险三种。

1. 平安险

平安险（Free from Particular Average，FPA）的责任范围包括：

（1）被保险货物在运输过程中，由于恶劣气候、雷电、海啸、地震、洪水等自然灾害造成整批货物的全部损失；由于海上意外事故给货物造成的全部损失或部分损失。

（2）被保险货物遭遇海上意外事故后，又受到自然灾害的袭击所致的部分损失。

（3）货物在装、卸或转运时一件或数件落海所造成的全部损失或部分损失。

（4）共同海损的牺牲、分摊和救助费用。

（5）不超过保险金额、对被保险货物进行施救的费用。

（6）船舶遭遇海难以后，在避难港卸货造成的损失和有关费用。

（7）运输契约订有“船舶互撞责任”条款，根据该条款规定应由货方偿还船方的损失。

2. 水渍险

水渍险（With Particular Average，WPA）的责任范围除包括“平安险”的各项责任外，还负责被保险货物由于自然灾害所造成的部分损失。

3. 一切险

一切险（All Risks）的责任范围包括：

（1）平安险和水渍险包括的各项责任。

（2）被保险货物在运输过程中由于一般外来风险造成的全部损失和部分损失。

三种基本险别的承保责任的起讫均采用“仓至仓条款”（Warehouse to Warehouse，W/W），即保险责任是从被保险货物的保险单所载明的启运港（地）发货人仓库开始，一直至货物到达保险单所载明的目的港（地）收货人的仓库时为止。但是，按惯例当货物从目的港卸离海轮时起算满 60 天，不论保险货物有没有进入收货人的仓库，保险责任均告终止。

（二）附加险

附加险也是保险人的一种赔偿责任，包括一般附加险和特殊附加险两种。

1. 一般附加险

一般附加险是指保险人对由于一般外来风险引起的被保险货物受损负赔偿责任。我国保险业中的一般附加险具体包括以下几种：

（1）偷窃提货不着险（Theft，Pilferage and Non-delivery，TPND）；

（2）淡水雨淋险（Fresh Water Rain Damage，FWRD）；

（3）短量险（Risk of Shortage）；

（4）混杂、沾污险（Risk of Intermixture & Contamination）；

（5）渗漏险（Risk of Leakage）；

（6）碰损破碎险（Risk of Clash & Breakage）；

（7）串味险（Risk of Odor）；

（8）受潮受热险（Damage Caused by Heating & Sweating）；

（9）钩损险（Hook Damage）；

（10）包装破裂险（Loss or Damage Caused by Breakage of Packing）；

（11）锈损险（Risk of Rust）。

上述 11 种附加险不能独立投保，只能在投平安险或水渍险的基础上加保。

2. 特殊附加险

特殊附加险是指进出口货物途中由于特殊外来原因所引起的风险与损失，保险人负赔偿责任。我国保险业中的特殊附加险主要有以下几种：

（1）海运战争险（Ocean Marine Cargo War Risk）；

（2）拒收险（Rejection Risk）；

（3）交货不到险（Failure to Delivery Risk）；

（4）进口关税险（Import Duty Risk）；

（5）黄曲霉毒素险（Aflatoxin Risk）；

（6）罢工险（Strikes Risk）；

（7）舱面险（On Deck Risk）；

（8）货物出口到香港（包括九龙）或澳门存仓火险责任扩展条款（FREC）。

三、协会货物条款

在世界保险业务中，英国伦敦保险协会制定的协会货物条款（Institute Cargo Clause，ICC），对世界各国有着广泛的影响。协会货物条款最早制定于1912年，后经多次修订，新修订条款于2009年1月1日起生效。

（一）保险险别

协会货物条款主要有以下6种：

（1）协会货物条款（A）[Institute Cargo Clause A，ICC（A）]；

（2）协会货物条款（B）[Institute Cargo Clause B，ICC（B）]；

（3）协会货物条款（C）[Institute Cargo Clause C，ICC（C）]；

（4）协会战争险条款（货物）（Institute War Clause—Cargo）；

（5）协会罢工险条款（货物）（Institute Strikes Clause—Cargo）；

（6）恶意损坏条款（Malicious Damage Clause）。

在以上6种保险条款中，ICC（A）、ICC（B）、ICC（C）三种险别可以独立投保。

（二）险别比较

英国伦敦保险协会的险别与中国人民保险公司现行的保险险别之间既有相同之处，又有一些区别。

相同之处主要表现为两种险别的内容有相似之处。以三种主要险别为例：ICC（A）险与“一切险”相似，ICC（B）险与“水渍险”相似，ICC（C）险与“平安险”相似。区别主要有两个方面：一是两种险别的名称不同；二是两种险别虽有相似之处，但各自承保的风险范围不是完全一致，如ICC（C）险与“平安险”虽相接近，但比“平安险”的责任范围要小一些。

四、国际货物运输保险的业务流程

国际货物运输保险的主要业务流程是投保、索赔、理赔。

（一）投保

保险过程中由哪一方负责办理投保，要根据买卖双方在进出口合同中约定的价格条件确定。按FOB、CFR条件成交，保险由买方办理；按CIF条件成交，保险由卖方办理。由价格条件所确定的投保人在向保险公司办理进出口货运保险时，一般要经过以下程序：

（1）选择险别。保险人承担的保险责任是以险别为依据，不同的险别，保险人承担的责任范围不同，其保险费也不相同。投保人要综合考虑运输货物的性质与特点、运输路线等具体情况来选择险别。

(2) 填写投保单。投保单是投保人向保险人提出投保的书面申请，其主要内容包括被保险人的名称、被保险货物的品名、标记、数量、包装、保险金额、运输工具名称、开航日期及起讫地点、投保险别、投保日期及签章等。

(3) 确定保险金额与保险费。保险金额是被保险人对保险标的的实际投保金额，是保险人承担保险责任的标准和计收保险费的基础。根据国际市场的习惯，出口货物保险金额一般按 CIF 货价另加成 10%计算。增加的 10%为保险加成，即买方进行这笔交易所付的费用和预期利润。

保险金额的计算公式为：

保险金额=CIF 价×（1+投保加成率）

保险费是保险公司根据保险合同，按保险金额与保险费率向投保人计收的费用，投保人按约定方式缴纳保险费是保险合同生效的条件。保险费率是由保险公司根据一定时期、不同种类的货物的赔付率、不同险别和目的地确定的。

保险费的计算公式为：

保险费=保险金额×保险费率

[例 2-1]

我国某外贸公司进口成交一批价值为 CFR 12 000 美元的货物，现投保一切险和战争险，加一成投保。

解析：(1) 查保险费率表得出一切险和战争险的费率分别为 0.5%和 0.04%，则总费率为 0.54%。

(2) 将 CFR 价转化成 CIF 价，即 CIF=12 000/（1−0.54%×1.1）=12 071.71（美元）。

(3) 保险费=12 071.71×（1+10%）×0.54%=71.71（美元）。

(二) 索赔

当被保险货物发生属于保险责任范围内的损失时，投保人可以向保险人提出赔偿要求。我国按 FOB 或 CFR 条件出口的货物，由国外买方负责办理索赔。按 CIF 条件出口的货物，买方可凭保险单行使被保险人的权利，向保险人索赔。索赔阶段的主要事项是：

(1) 损失通知。被保险人获悉货损后，立即通知保险公司或保险单上确定的代理人。后者接到损失通知后应立即采取相应措施，如检验损失、提出施救意见、确定保险责任和签发检验报告等。

(2) 申请检验。当被保险人发现被保险货物遭受任何损失时，应立即向保险单上所载明的检验、理赔代理人申请检验。

(3) 提出索赔。被保险人根据保险合同、单证向相关机构以书面形式提出索赔。

(4) 出具单据。单据主要有正式的索赔函、保险单证、运输单据、发票以及检验报告、货损货差证明等。

（三）理赔

保险人根据保险单据，按照不同损失情况承担赔偿责任，包括保险货物的全部损失、部分损失及由此引起的有关费用分别进行计算赔付。

五、国际货物运输保险的单据

国际货物运输保险的单据既是保险人对被保险人的承保证明，又是规定双方权利、义务的契约。被保险货物遭受损失时，它是被保险人向保险人索赔的主要依据，也是保险人进行理赔的主要依据。进出口业务中应用的保险单据很多，其中主要有：

（一）保险单

保险单（Insurance Policy），又称大保单，是一种正规的保险合同。它除载明被保险人名称、被保险货物名称、数量或重量、唛头、运输工具、保险赔付地点、承保险别、保险金额和期限等项目外，还有保险人的责任范围、保险人与被保险人各自的权利和义务等方面的详细条款。保险单经由被保险人背书后随同物权的转移而转让，按照CIF 条件订立出口合同时，买方通常要求卖方提供保险单。

（二）保险凭证

保险凭证（Insurance Certificate），又称小保单，是一种简化的保险合同。它除在凭证上不印详细条款外，其他内容与保险单相同，且与保险单有同样效力。若信用证要求提供保险单，一般不能用保险凭证代替。

（三）联合凭证

联合凭证（Combined Certificate）是一种将发票和保险单相结合的比保险凭证更为简化的保险单据。保险公司将承保险别、保险期限及保险编号加注在投保人的商业发票上，其他项目均以发票上列明内容为准。在我国，保险机构在外资企业的商业发票上加注保险编号、险别、金额，并加盖保险机构印戳，即作为承保凭证。其余项目以发票所列为准。目前，联合凭证仅适用于我国香港地区一些中资银行由华商开来的信用证。

（四）保险通知书

保险通知书（Insurance Declaration），又称保险证明书，在 FOB、FCA、CFR 等条件的出口交易中，由买方自费办理保险。但有些进口商与国外保险公司订有预保合同，因此它们常在信用合同中要求卖方在发运货物时，向进口商指定的外国保险公司发出保险通知书，列明所运货物的名称、数量或重量、金额、运输工具、运输日期、进口商名称、预保合同号码等。此通知书是卖方为买方提供的装运后服务，其副本被列为议付单据之一，必须在装运前备妥。近年来，为简化手续，出口人征得银行同意，以商业发票代替上述通知书，但须在该发票上加注保险通知书字样和信用证规定的内容。

一份典型的保险单如表 2－3 所示：

表 2-3　保险单

中　国　人　民　保　险　公　司
THE PEOPLE'S INSURANCE COMPANY OF CHINA
总公司设于北京　　　　一九四九年创立
Head Office: BEIJING　　　Established in 1949
保　险　单
INSURANCE POLICY

发票号码　　　　　　　　　　　　　　　　　　保险单号次
Invoice No.: JPT-20240122-SHJC　　　　　　　POLICY NO. PC010-037650
中国人民保险公司（以下简称本公司）
This Police of Insurance witnesses that The People's Insurance Company of China (hereinafter called "The Company")
根据
At the request of SHENZHEN IMPORT AND EXPORT CO., LTD.
（以下简称被保险人）的要求，由被保险人向本公司缴付约定的保险费，
(Hereinafter called the "Insured") and in consideration of the agreed premium Paying to the Company by the Insured,
按照本保险单承保险别和背面所载条款与下列条款
Undertakes to insure the undermentioned Goods in transportation subject to the conditions of this Policy as per Clauses
承保下述货物运输保险，特立本保险单。
Printed overleaf and other special clauses attached hereon.

标记 Marks & Nos.	数量 Quantity	保险货物项目 Description of Goods	保险金额 Amount Insured
N/M	130 CARTONS	THERMAL PROCESSED IRON	USD59345.00

总保险金额
Total Amount Insured: SAY US DOLLARS FIFTY-NINE THOUSAND THREE HUNDRED AND FORTY-FIVE ONLY

保险　　　　　　　　　费率　　　　　　　　　装载运输工具
Premium as arranged　　Rate as arranged　　PER conveyance S. SAS PER B/L
开航日期　　　　　　　自　　　　　　　　　　至
Sig on or abt as per Bill of Lading　　From Shanghai　　To Los Angeles
承保险别：投保一切险和战争险，以中国人民保险公司 1981 年 1 月 1 日生效的有关海洋货物运输条款为准。
Conditions: all risks and war risks as per and subject to the relevant ocean marine cargo clauses of the People's Insurance Company of China dated 1/1, 1981.
所保货物，如遇出险，本公司凭本保险单及其他有关证件给付赔款。
Claims, if any, payable on surrender of this Policy together with other relevant documents.
所保货物，如发生本保险单项下负责赔偿的损失或事故，应立即通知本公司下述代理人查勘。
In the event of accident whereby loss or damage may result in a claim under this policy immediate notice applying for survey must be given to the company's Agent as mentioned hereunder.

中 国 人 民 保 险 公 司
THE PEOPLE'S INSURANCE CO. OF CHINA

赔款偿付地点
Claim payable at Los Angeles

×××

GENERAL MANAGER

日　期
DATE Feb. 2, 2024

六、办理国际货物运输保险的策略

办理国际货物运输保险，几乎是每一单进出口业务都要做的工作，由于实际工作中情况千差万别，如何灵活运用保险，规避进出口货物运输中的风险，是一项技巧性很强的专业工作。因此，办理国际货物运输保险时，投保人要注意运用策略，合理选择主险和附加险。

（一）正确选择险别

在投保时，投保人要在保险范围和保险费之间找到平衡点。首先要对国际运输货物所面临的风险做出评估，判断哪种风险最大、最可能发生，并结合不同险种的保险费率来加以权衡。

多投险种会增强安全感，但保费的支出肯定也要增加。出口商投保时，通常要对以下几个因素进行综合考虑：

（1）货物的种类、性质和特点。

（2）货物的包装情况。

（3）货物的运输情况（包括运输方式、运输工具和运输路线）。

（4）发生在港口和装卸过程中的损耗情况等。

（5）目的地的政治局势。如果进口国是战乱不断的国家，出口商应投保战争险，避免由于战争、类似战争行为和其他敌对行为、武装冲突所造成的损失。

企业只有综合考虑进出口货物的各种情况，才能既节省保费，又全面地提高风险保障程度。

（二）何时选用一切险

一切险是最常用的一个险种，买家开立的信用证也多是要求出口方投保一切险。投保一切险最方便，因为它的责任范围包括平安险、水渍险和 11 种一般附加险，投保人不用花费心思去考虑选择何种附加险。但是，往往最方便的服务需要付出的代价也最大，因此，是否选择一切险作为主险要视实际情况而定。例如：毛、棉、麻、丝、绸服装类和化学纤维类商品，遭受损失的可能性较大，如沾污、钩损、偷窃、短少、雨淋等，有必要投保一切险；低值、裸装的大宗货物如矿砂、钢材、铸铁制品，主险投保平安险即可。此外，投保人可以根据实际情况投保舱面险作为附加险；对于不大可能发生碰损、破碎或容易生锈但不影响使用的货物，如铁钉、铁丝、螺丝等小五金类商品以及旧汽车、旧机床等二手货，可以投保水渍险作为主险。

有的货物投保了一切险作为主险可能还不够，还需要投保特别附加险。某些含有黄曲霉毒素的食物，如花生、油菜籽、大米等会因超过进口国对该毒素的限制标准而被拒绝进口，没收或强制改变用途，从而造成损失。出口商在出口这类货物的时候，就应将黄曲霉毒素险作为特别附加险予以承保。

（三）灵活使用主险与附加险

保险公司在理赔的时候，首先要确认导致损失的原因，只有在投保险种的责任范围内导致的损失才会被赔偿。例如：玻璃制品、陶瓷类的日用品或工艺品等产品，会因破碎造成损失，投保时可在平安险或水渍险的基础上加保碰损破碎险；麻类商品受潮后会发热，引起霉变、自燃等而导致损失，应在平安险或水渍险的基础上加保受潮受热险；石棉瓦（板）、水泥板、大理石等建筑材料类商品，主要损失因破碎导致，应该在平安险的基础上加保碰损破碎险。表 2－4 为常见商品的投保险别。

表 2－4　常见商品的投保险别

商品种类	主要商品	投保险别
粮谷类	粮食、豆类、花生仁、饲料	一切险或在水渍险的基础上加保短量险、受潮受热险
食品类	铁皮罐头、玻璃罐头、坛装食品	一切险或在平安险、水渍险的基础上加保碰损破碎险、锈损险
冻品类	冻猪肉、冻牛羊肉、冻鸡鸭、冻鱼虾	冷藏货物险
家用电器类	电视机、电冰箱、电扇等	平安险或水渍险加保碰损破碎险、偷窃提货不着险
五金类	铸铁制品	平安险加保碰损破碎险

目标市场不同，保险费率亦不同，出口商在核算保险成本时，不能一刀切。举例来讲，如果投保一切险，欧美发达国家的费率可能是 0.5%，亚洲国家是 1.5%，非洲国家则会高达 3.5%。在选择险种时，出口商要根据市场情况选择附加险，如到菲律宾、印度尼西亚、印度的货物，因为当地码头情况混乱、风险比较大，应该选择偷窃提货不着险和短量险作为附加险，或者直接投保一切险。

（四）积极预防风险

保险是转移和分散风险的工具。虽然保险公司会赔偿因风险造成的损失，但货主在索赔的过程中费时费力，需要付出不小的代价。所以，预防风险的意识和在投保的基础上做一些预防措施非常必要。

目前，因集装箱的破漏而导致货物受损的案例越来越多。为防止该类风险：一是尽量选择实力强、信誉好的运输公司，因为这些公司的硬件设备相对好一些。二是在装货前要仔细检查空柜，查看有无破漏，柜门的封条是否完好，是否有异味，推测前一时期可能装过什么货物等。如果现在要装的货物是食品或药品，而以前装的是气味浓烈的货物甚至是危险性大的化工品，就可能导致串味，甚至使货物根本不能再使用。三是为了方便日后办理索赔，最好选择船东提单，而不是货代提单，因为船东提单是严格按照装运实际情况出具给发货人的，而货代提单可能存在倒签装船日期、提单上船名与实际船名不符等情况，这会给将来的索赔取证工作带来麻烦。

模块小结

国际物流中国际贸易基础知识模块涉及贸易术语、外贸合同、货物运输保险等方面。贸易术语是国际贸易中用于明确交易双方责任和义务的标准定义，了解和正确应用贸易术语对于避免贸易争端和确保交易顺利进行至关重要。国际贸易合同通常包含商品描述、价格条款、交货时间、支付方式、质量保证、争端解决机制等内容，详细、准确的合同条款可以保护双方利益，减少交易风险。货物运输保险为货物运输提供了重要保障，保险条款、责任免除、保险金额的确定、保险期间、投保人和被保险人的义务以及赔偿处理流程对于确保货物得到充分保护至关重要，交易双方应根据具体情况选择合适的保险产品，确保在货物运输过程中的风险得到妥善管理。

知识巩固

一、单项选择题

1. 按照《国际贸易术语解释通则 2020》的解释，CIF 与 CFR 的主要区别在于（　　）。

A. 办理租船订舱的责任方不同　　B. 办理货运保险的责任方不同

C. 风险划分的界限不同　　D. 办理出口手续的责任方不同

2. 根据《国际贸易术语解释通则 2020》的解释，进口方负责办理出口清关手续的贸易术语是（　　）。

A. FAS　　B. EXW　　C. FCA　　D. DDP

3. 根据《国际贸易术语解释通则 2020》的规定，CFR 术语仅适用于水上运输，若卖方先将货物交到货运站或使用集装箱运输，应采用（　　）为宜。

A. FCA　　B. CPT　　C. CIP　　D. DAP

4. 有一批出口服装，在海上运输途中，因船体触礁导致服装严重受浸，如果将这批服装漂洗后再运至原定目的港所花费的费用已超过服装的保险价值，这批服装应属于（　　）。

A. 共同海损　　B. 实际全损　　C. 推定全损　　D. 单独海损

5. 我方按 CIF 条件成交出口一批罐头食品，卖方投保时，按下列（　　）投保是正确的。

A. 平安险加水渍险　　B. 一切险加偷窃提货不着险

C. 水渍险加偷窃提货不着险　　D. 平安险加一切险

二、多项选择题

1. 根据《国际贸易术语解释通则 2020》的解释，FOB 条件和 CFR 条件下卖方均应负责（　　）。

A. 提交商业发票及海运提单　　B. 租船订舱并支付运费

C. 货物于装运港装船完毕以前的一切风险

D. 办理出口通关手续

2. 按照《国际贸易术语解释通则 2020》的解释，FOB、CFR 与 CIF 的共同之处表现在（　　）。

A. 均适合水上运输方式　　B. 风险转移均为装运港船上

C. 买卖双方责任划分基本相同　　D. 交货地点均为装运港

3. 共同海损的构成条件有(　　)。

A. 必须确有共同危险

B. 采取的措施是有意的、合理的

C. 牺牲和费用支出是非常理性的

D. 构成共同海损的牺牲和费用的开支最终必须是有效的

4. 根据《中国保险条款》，下列属于海洋运输货物保险中一般附加险的是(　　)。

A. 水渍险　　B. 渗漏险　　C. 钩损险　　D. 舱面险

5. 我国某公司按 FOB 价格条件从意大利进口一批玻璃器皿，担心货物在运输途中因装卸搬运而破碎，我国公司应投保哪些险种？(　　)

A. 平安险　　B. 一切险　　C. 破碎险　　D. 水渍险加破碎险

三、判断题

1. 根据 Incoterms® 2020，出口货物以 CIF 条件成交时，如果合同没有相反的明示协议，卖方只需要按照最低的保险险别进行投保。(　　)

2. 以 CFR 条件成交，如合同与信用证中均未规定卖方需要发送装船通知，卖方将货物在规定时间内装上海轮后，可以不必向买方发送装船通知。(　　)

3. 当进出口双方采用 CFR 或 CIF 条件成交时，外销合同的保险条款应写“INSURANCE：TO BE COVERED BY THE BUYER”。(　　)

4. 如果信用证要求保险金额不计免赔率，则保险单据不得含有表明保险责任受免赔率或免赔额约束的条款。(　　)

5. 出口茶叶时，为防止茶叶在运输途中串味，外贸公司在投保一切险后，还应加保串味险。(　　)

四、简答题

1. 我国北方 A 化工进出口公司与美国加利福尼亚 B 化学制品公司按照 FOB 大连条件签订了一笔化工原料的买卖合同。A 公司在规定的装运期届满前 3 天将货物装上 B 公司指派的某新加坡轮船公司的海轮上，且装船前检验时，货物的品质良好，符合合同的规定。货到目的港旧金山，B 公司提货后经目的港商检机构检验发现部分货物结块，品质发生变化。经调查确认原因是货物包装不良，在运输途中吸收空气中的水分导致原颗粒状的原料结成硬块。于是，B 公司向 A 公司提起索赔。但 A 公司认为，货物装船前经检验是合格的，品质变化是在运输途中发生的，也就是货物装上船舶之后才发生的，按照国际贸易惯例，其后果应由买方承担，因此，A 公司拒绝赔偿。A 公司的申辩是否有理？此争议应如何处理？请说明理由。

2. 有一批货物按发票总值 110%投保了平安险，载运该批货物的海轮 5 月 3 日在海面上遇到暴风雨的袭击，该批货物受到了部分水渍，损失价值为 1 000 美元，该海轮在继续航行中又于 5 月 8 日发生触礁事故，在处理过程中，又遭到暴风雨袭击，货物损失价值为 2 000 美元。保险公司对两次损失是否都应该赔偿吗？为什么？

3．“明西奥”轮装载着散装亚麻子，驶向美国的纽约港，在南美飓风的冷风区内搁浅被迫抛锚。当时，船长发现船板有断裂危险，一旦船体裂缝漏水，亚麻子受膨胀有可能把船板胀裂，所以船长决定迅速脱浅。于是，该船先后 4 次动用主机，超负荷全速开船后退，终于脱浅成功。抵达纽约港后，船公司对船体进行全面检修，发现主机和舵机受损严重。经过理算，船公司要求货方承担 6 451 英镑的费用。货主对该项费用发生异议，拒绝付款。货主的做法是否合理？请说明理由。

五、综合题

1．案例分析

我国 A 公司与某国 B 公司于 2023 年 10 月 20 日签订购买 52 500 吨化肥的 CFR 合同。A 公司开出信用证规定，装船期限为 2024 年 1 月 1 日至 1 月 10 日，由于 B 公司租来运货的“顺风号”轮在开往某外国港口途中遇到飓风，结果至 2024 年 1 月 20 日才装船完成。承运人在取得 B 公司出具的保函的情况下签发了与信用证条款一致的提单。“顺风号”轮于 1 月 21 日驶离装运港。A 公司为这批货物投保了水渍险。2024 年 1 月 30 日，“顺风号”轮途经巴拿马运河时起火，造成部分化肥烧毁。船长在命令救火过程中又造成部分化肥湿毁。船在装货港口的延迟，使该船到达目的地时正遇上了化肥价格下跌。A 公司在出售余下的化肥时不得不大幅度下调价格，造成很大损失。

问题：

（1）途中烧毁的化肥损失属于什么损失，应由谁承担？为什么？

（2）途中湿毁的化肥损失属于什么损失，应由谁承担？为什么？

（3）A 公司可否向承运人追偿由于化肥价格下跌造成的损失？为什么？

2．贸易合同填写

（1）阅读贸易合同（见表 2－5）。

表 2－5　贸易合同

SALES CONTRACT

SELLER：DESUN TRADING CO.，LTD.
29TH FLOOR KING STAR MANSION，623 JINLING RD.，
SHANGHAI CHINA

NO.：SHDS09027
DATE：APR. 03，2024
SIGNED IN：SHANGHAI

BUYER：NEO GENERAL TRADING CO.
#362 JALAN STREET，TORONTO，CANADA

This contract is made by and agreed between the BUYER and SELLER，in accordance with the terms and conditions stipulated below.

1. Commodity & Specification	2. Quantity	3. Unit Price	4. Amount
CHINESE CERAMIC DINNERWARE		CIFC5 TORONTO	
DS1511 30-Piece Dinnerware and Tea Set	542 SETS	USD23.50	USD12 737.00
DS2201 20-Piece Dinnerware Set	800 SETS	USD20.40	USD16 320.00
DS4504 45-Piece Dinnerware Set	443 SETS	USD23.20	USD10 277.60
DS5120 95-Piece Dinnerware Set	254 SETS	USD30.10	USD7 645.40
Total：	2 039 SETS		USD46 980.00

With 10% more or less of shipment allowed at the SELLER's option.

5. Total Value　SAY US DOLLARS FORTY SIX THOUSAND NINE HUNDRED AND EIGHTY ONLY.

6. Packing　DS2201 IN CARTONS OF 2 SETS EACH AND DS1511, DS4504 AND DS5120 TO BE PACKED IN CARTONS OF 1 SET EACH ONLY.
TOTAL: 1 639 CARTONS.

7. Shipping Marks AT THE BUYER'S OPTION.

8. Time of Shipment & Means of Transportation　TO BE EFFECTED BEFORE THE END OF APRIL 2024 WITH PARTIAL SHIPMENTS ALLOWED AND TRANSSHIPMENT ALLOWED.

9. Port of Loading & Destination　FROM: SHANGHAI　TO: TORONTO

10. Insurance　THE SELLER SHALL COVER INSURANCE AGAINST WPA AND CLASH & BREAKAGE & WAR RISKS FOR 110% OF THE TOTAL INVOICE VALUE AS PER THE RELEVANT OCEAN MARINE CARGO OF P. I. C. C. DATED 1/1/1981.

11. Terms of Payment　THE BUYER SHALL OPEN THROUGH A BANK ACCEPTABLE TO THE SELLER AN IRREVOCABLE L/C AT 30 DAYS AFTER SIGHT TO REACH THE SELLER BEFORE APRIL 10, 2024 VALID FOR NEGOTIATION IN CHINA UNTIL THE 15TH DAY AFTER THE DATE OF SHIPMENT.

The BUYER
NEO GENERAL TRADING CO.
(signature)

The SELLER
DESUN TRADING CO., LTD.
(signature)

（2）将合同的重要信息填入表 2－6。

表 2－6　合同信息表

商品信息		重要条款	
品名		支付条款	
规格		包装条款	
数量		装运条款	
单价		保险条款	
贸易术语		总额	

模块三
国际物流海关实务

知识导图

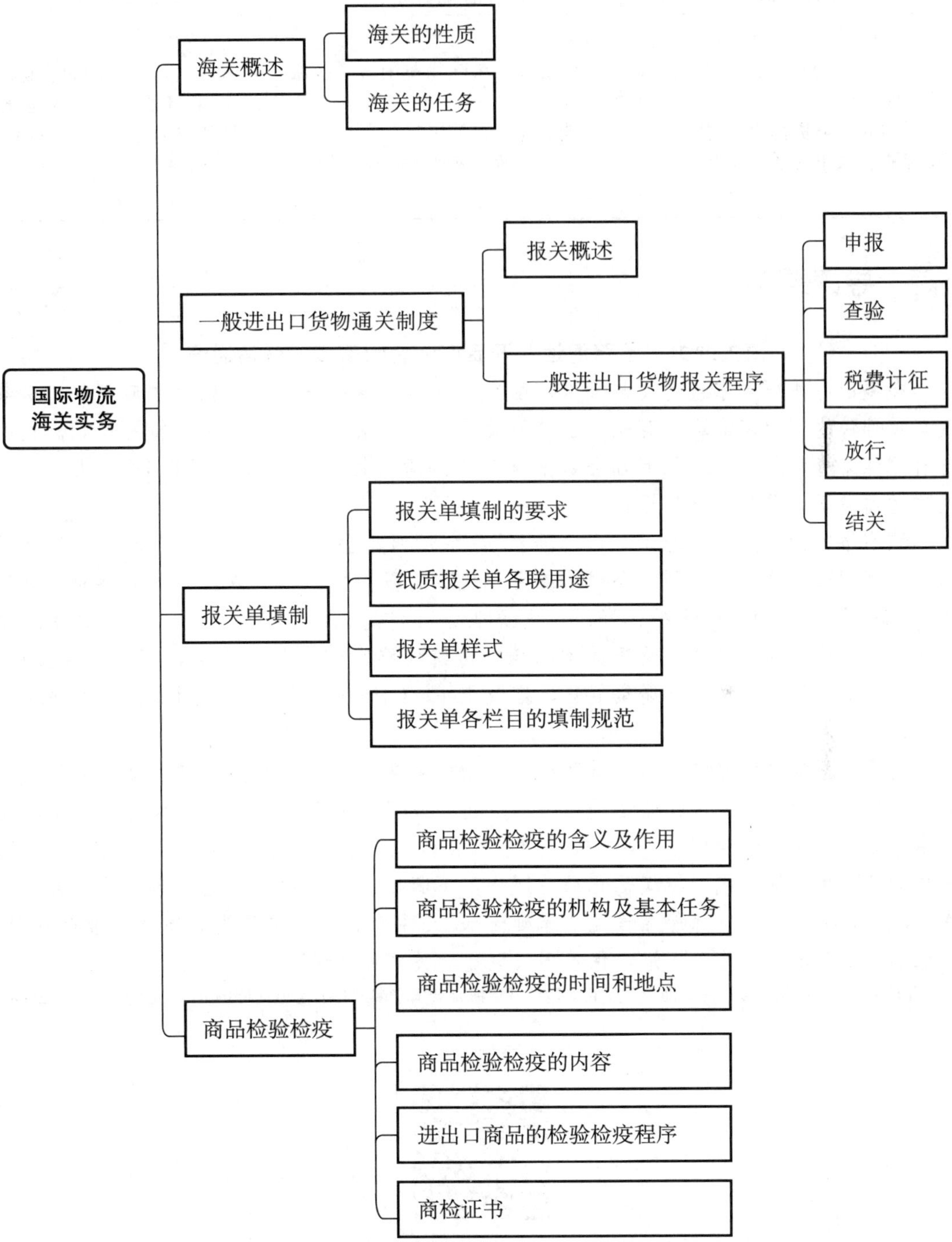
国际物流
海关实务
海关概述
海关的性质
海关的任务
一般进出口货物通关制度
报关概述
一般进出口货物报关程序
申报
查验
税费计征
放行
结关
报关单填制
报关单填制的要求
纸质报关单各联用途
报关单样式
报关单各栏目的填制规范
商品检验检疫
商品检验检疫的含义及作用
商品检验检疫的机构及基本任务
商品检验检疫的时间和地点
商品检验检疫的内容
进出口商品的检验检疫程序
商检证书

学习目标

※知识目标	※技能目标	※素质目标
1. 了解海关的性质、任务及通关的一般流程； 2. 熟悉进出境货物通关制度； 3. 掌握报关单的缮制要点。	1. 能够理解国际物流中涉及的海关实务； 2. 能够完成报关作业； 3. 能够正确、快速地缮制报关单。	1. 树立遵纪守法的职业观； 2. 善于将数字化、智能化工具和技术运用于业务操作中，具备数字素养。

导读案例

海关助力“丝路海运”开启海合会国家多式联运通道

在厦门海关所属东渡海关监管下，由达飞轮船承运的集装箱班轮靠泊厦门港。满载汽车零部件的“丝路海运”智能集装箱被装载上船，从厦门出发驶向沙特阿拉伯。这标志着“丝路海运”首条通往海合会（全称为“海湾阿拉伯国家合作委员会”）国家的多式联运通道正式开启常态化运行。

该线路的特点是以“海丝”牵“陆丝”，由江西南昌始发，途经厦门前往沙特阿拉伯，采用“海铁联运一单制+全程物流可视化”的服务模式。一方面，该线路充分利用“丝路海运”闽赣海铁联运平台资源，发挥业务流程优化、铁路运价下浮、通关手续简化等多重优势，降低了企业物流成本，相较传统线路可缩短约7天的时间；另一方面，该线路使用“丝路海运”智能集装箱，搭载北斗、GPS双系统，可实时跟踪了解集装箱物流动态。

海合会国家区位优势突出，是联通亚非欧的重要枢纽，也是共建“一带一路”的重要合作伙伴。为保障该多式联运通道稳定运行，厦门海关多措并举，积极推广进出境船舶申报全流程无纸化管理、“全天候保障、即靠即检”船舶登临检疫作业、“直装直提、卡口分流”物流等模式，持续优化通关流程，不断提高现场物流作业效率，简化装卸流程，减免过卡环节，确保船舶作业“零延时”，大幅缩短货物在码头的周转和堆存时间，确保船舶不滞港、货物不压港，保障多式联运通关“零延误”。

资料来源：康程皓．厦门海关助力“丝路海运”开启海合会国家多式联运通道［EB/OL］．厦门广电网，2024-05-29.

案例资料

“微服务”赋能重型
机械远航“一带一路”

项目一
海关概述

国家以立法的形式明确规定了中国海关的性质与任务。《中华人民共和国海关法》（以下简称《海关法》）规定："中华人民共和国海关是国家的进出关境监督管理机关。海关依照本法和其他有关法律、行政法规，监管进出境的运输工具、货物、行李物品、邮递物品和其他物品，征收关税和其他税、费，查缉走私，并编制海关统计和办理其他海关业务。"

一、海关的性质

（一）海关是国家行政机关

我国的国家机关包括享有立法权的立法机关、享有司法权的司法机关和享有行政管理权的行政机关。国务院是我国最高行政机关，海关总署是国务院直属机构。

（二）海关是国家进出境监督管理机关

海关实施监督管理的范围是进出境及与之有关的活动，监督管理的对象是所有进出境的运输工具、货物、物品。

这里所指进出境即关境。关境是指适用于同一海关法或同一关税制度的领域。目前我国的单独关境有香港特别行政区、澳门特别行政区和中国台北单独关税区。因此，我国关境小于国境。

在一般情况下，关境的范围等于国境，但对于关税同盟的签署国来说，其成员国之间货物进出国境不征收关税，只对来自和运往非同盟国的货物在进出共同关境时征收关税，因而对于每个成员国来说，其关境大于国境。

（三）海关的监督管理是国家行政执法活动

海关事务属于中央立法事权，立法者为全国人大及其常务委员会和国务院。海关总署也可以根据法律和国务院的法规、决定、命令，制定规章，作为执法依据的补充。省、自治区、直辖市人民代表大会和人民政府不得制定海关法律规范，地方法规、地方规章不是海关执法的依据。

二、海关的任务

《海关法》明确规定海关有四项基本任务，即监管进出境的运输工具、货物、行李物品、邮递物品和其他物品（以下简称监管），征收关税和其他税、费（以下简称征税），查缉走私（以下简称缉私）和编制海关统计（以下简称统计）。

（一）监管

海关应监管进出境的运输工具、货物、行李物品、邮递物品和其他物品。这是海关的基本任务，其他任务都是由此派生出来的。

（二）征税

关税是指由海关代表国家，按照《海关法》和进出口税则，对准许进出口的货物、进出境的物品征收的一种间接税。其他税、费是指海关在货物进出口环节，按照关税征收程序征收的有关国内税、费，目前主要有增值税、消费税及船舶吨税等。

（三）缉私

走私是伴随进出关境活动的发展和国家管理上的限制而产生的一种非法行为。由于社会、经济、文化、道德等方面的原因，走私形势日益严峻，查缉走私成为当前海关的主要任务之一。

（四）统计

海关统计是国家进出口贸易统计，是国民经济统计的组成部分。海关通过对进出中华人民共和国关境的货物以及与之有关的贸易事项进行统计调查和统计分析，不仅科学、准确地反映了国家对外贸易运行态势，而且对国家经济生活起到了决策辅助和监测、监督作用。

这四项任务相互联系、相辅相成。另外，在四项列名的任务之外，《海关法》还规定海关要“办理其他海关业务”，这为海关监督管理的含义进一步拓展创造了条件。

项目二
一般进出口货物通关制度

案例资料

抢订单 寻商机 拓市场——广州海关助广交会参展客商“卖全球”“买全球”

一、报关概述

（一）基本概念

1. 报关

报关是与进出境运输工具、货物和物品的进出境密切相关的职业服务行为。进出口货物报关是指进出口货物的收发货人或其代理人（或称受委托的报关企业），在货物进出境时，依法办理有关手续的行为及其过程，包括向海关申报、交验单据证件，并接受海关的监管和检查等。向海关办理进出口货物的报关手续，依法缴纳关税和其他税费，是国家对进出口货物进行监督管理的基本要求，也是进出口货物收发货人及其代理人必须履行的基本义务。

2. 通关

通关是指进出境运输工具负责人、进出口货物的收发货人、物品的所有人或其代理人向海关申请办理货物、物品的进出境手续，海关对其提交的单证和实际进出口货物、物品依法进行审核、查验、征收税费、放行的全部过程。

（二）报关的分类

表 3－1 为我国报关的主要分类。

表 3－1　报关的分类

分类方法	报关分类	特点
按照报关对象分	运输工具报关	向海关直接交验运输工具合法进出境证件及其所承担货物、物品情况的证件、清单和其他运输单证
	货物报关	海关根据进出境货物的监管要求，制定了一系列报关管理规范，并由报关员办理
	物品报关	限于自用、合理数量，属于非贸易性质的报关

续表

分类方法	报关分类	特点
按照报关目的分	进境报关	包括海关对货物、物品和运输工具在进境阶段的报关和办理一设关地到另一设关地进境转关报关
	出境报关	包括海关对货物、物品和运输工具在出境阶段的报关和办理一设关地到另一设关地出境转关报关
按照报关行为分	自理报关	进出口货物收发货人自行办理报关业务
	代理报关	报关企业接受进出口收发货人的委托，代理其办理报关业务

（三）报关服务作业规范

随着近年来海关业务改革的不断深入，一系列新的管理规定颁布实施，使得原《报关服务作业规范》和《报关服务质量要求》的部分内容已不适用于现行的通关模式和规定。为进一步规范报关服务作业流程和提高报关质量，实现报关行业的标准化管理，《代理报关服务规范》（GB/T 37518—2019）国家标准于2020年1月1日起实施。图3-1所示的进出口货物报关作业总流程将报关作业流程与海关管理作业流程进行了对应。

二、一般进出口货物报关程序

从海关对进出境货物进行监管的全过程来看，报关程序按时间先后可分为三个阶段：前期阶段、进出境阶段和后续阶段。

国际物流中一般进出口货物报关程序，从报关员的视角分为申报、配合查验、缴纳税费和提取或装运货物；从海关的视角分为审单、查验、征税和放行。下面以一般进出口货物为例，介绍其现场报关阶段程序。

（一）申报

根据《海关法》第24条的规定，进口货物的收货人、出口货物的发货人应当向海关如实申报，交验进出口许可证件和有关单证。这是区别报关单位的报关行为是走私与非走私、违规与非违规的重要因素之一。

1. 申报期限

（1）进口货物的申报时间与期限。

根据我国《海关法》规定，进口货物的报关期限为自运输工具申报进境之日起14日（遇法定节假日的，顺延至法定节假日后的第一个工作日）。进口货物的收货人或其代理人超过14日期限未向海关报关，由海关征收滞报金，滞报金的日征收金额为进口货物到岸价格的0.5‰。进口货物滞报金期限的起算日期为运输工具申报进境之日第15日。邮运进口货物的滞报金起收日期为收件人接到邮局通知之日起第15日。转关运输

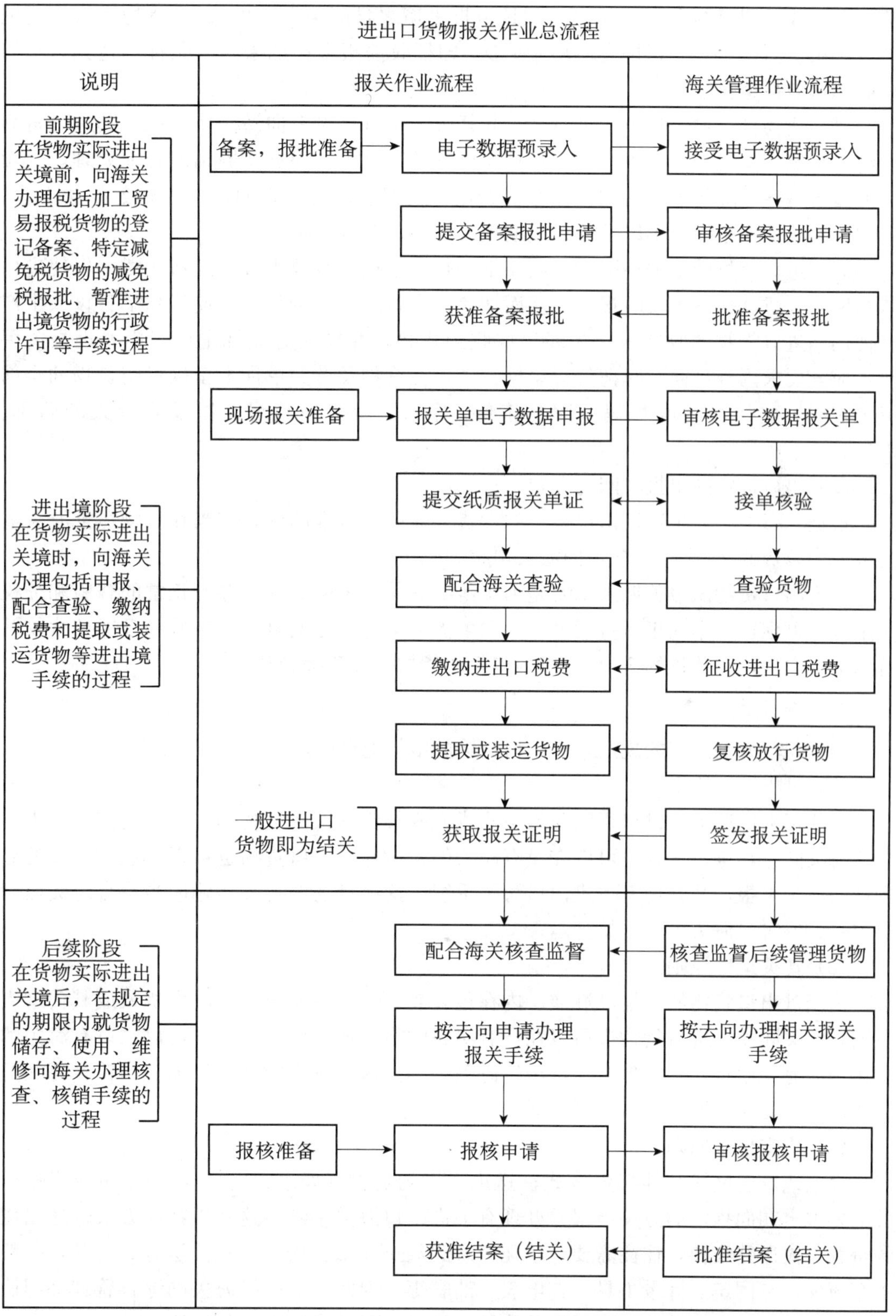

图 3－1　进出口货物报关作业总流程

滞报金起收日期有两个：一是运输工具申报进境之日起第 15 日；二是货物运抵指运地之日起第 15 日。两个条件只要达到一个，即征收滞报金；如果两个条件均达到，则要征收两次滞报金。

进口货物自运输工具申报进境之日起超过 3 个月还没有向海关申报的，其进口货物由海关提取变卖处理。如果属于不宜长期保存的，海关可根据实际情况提前处理。变卖后所得价款在扣除运输、装卸、储存等费用和税费后尚有余款的，自货物变卖之日起 1 年内，经收货人申请，予以发还；逾期无人申领，上缴国库。

规定进口货物的报关期限和征收滞报金是为了运用行政手段和经济手段，促使进口货物所有人或其代理人及时报关，从而加速口岸货运，减少积压，使货物早日投入生产和使用。进口货物的收货人，为能尽快收到货物，并且在海关规定期限内办理报关手续，应该要求国外厂商及时把货运单据寄来，在货物及有关单证上正确标明货物的全部标记唛码，包括合约的号码、详细年份、字头、编号及代号，以及收货人的名称、地址。

（2）出口货物的申报时间与期限。

根据《海关法》规定，出口货物的发货人除海关特准的外，应当在货物运抵海关监管区后、装货的 24 小时以前，向海关申报。

规定出口货物的报关期限主要是为了留给海关一定的时间，办理正常的查验和征税等手续，以维护口岸的正常货运秩序。除了需要紧急发运的鲜活、维修和赶船期货物等特殊情况之外，在装货的 24 小时以内申报的货物一般暂缓受理。

2. 申报地点

根据现行海关法规的规定，进出口货物的申报地点应遵循以下三个原则。

（1）进出境地原则。

一般正常情况下，进口货物应当由收货人或其代理人在货物的进境地向其代理人申请，海关同意，进口货物也可以在设有海关的指运地、出口货物也可以在设有海关的启运地向海关申报，并办理有关进出口海关手续。这些货物的转关运输应当符合海关监管要求，必要时，海关可以派员押运。

（2）转关运输原则。

由于进出口货物的批量、性质、内在包装或其他一些原因，经收发货人或其代理人申请，海关同意，进口货物也可以在设有海关的指运地、出口货物也可以在设有海关的启运地向海关申报，并办理有关进出口海关手续。这些货物的转关运输应当符合海关监管要求，必要时，海关可以派员押运。

（3）指定地点原则。

经电缆、管网或其他特殊方式输送进出境的货物（如水、电），经营单位应当按海关的要求定期向指定的海关申报并办理有关进出口海关手续。这些以特殊方式输送出境的货物，输送路线长，往往需要跨越几个海关甚至几个省份，而且输送方式特殊，一般不会流失，有固定的计量工具，如电表、油表等。因此，上一级海关的综合管理部门协商指定由其中一个海关管理，经营单位或其代理人可直接与这一海关联系报关。

3. 申报单证

表 3－2 和表 3－3 分别为常见的出口报关单证和进口报关单证。

表 3－2 常见的出口报关单证

报关单	随附单证			
	基本单证	运输单证	官方单证	备用单证
出口货物报关单	商业发票	装货单	出口许可证	贸易合同
	装箱单	航空货运单	出境货物通关单	知识产权申报单
	代理报关委托书	邮件清单	原产地证明	运输条件鉴定书
	加工贸易登记手册	汽车载货清单	特定减免税证明	货物保险单
				退运证明

表 3－3 常见的进口报关单证

报关单	随附单证			
	基本单证	运输单证	官方单证	备用单证
进口货物报关单	商业发票	进口提货单	进口许可证	贸易合同
	装箱单	航空货运单	入境货物通关单	货物保险单
	代理报关委托书	邮件清单	原产地证明	入境货物调离通知单
	加工贸易登记手册	司机纸	特定减免税证明	退运证明
		提单、海运单	自动进口许可证	

4. 申报程序

（1）接到进口提货通知或备齐出口货物。

进口货物的收货人或代理人接到运输或邮递公司寄交的提货通知单，即表示该进口的货物已经到达港口、机场、车站或邮局，收货人应当立即准备向海关办理报关手续。

出口货物的发货人根据出口合同的规定，按时、按质、按量备齐出口货物后，应向运输公司办理租船订舱手续，准备向海关办理报关手续。

（2）办理（接受）报关委托。

报关企业可分为自理报关企业、专业报关企业和代理报关企业三种，没有报关资格的进出口货主需在货物进出口之前，在进出口口岸就近委托专业或代理报关企业办理报关手续，并出具报关委托书。委托书应载明委托人和被委托人双方的企业名称、海关注册登记编码、地址、法定代理人姓名以及代理事项、权限、期限、双方责任等内容，并加盖双方单位的公章。

（3）准备报关单证。

在向海关办理报关手续前，进出口企业应准备好海关必备的单证。

进口货物报关需提供的单证：由报关员自行填写或由自动化报关预录入人员录入后打印的报关单；进口货物属于国家限制或控制进口的，应交验对外经济贸易管理部门签发的进口货物许可证或其他批准文件；进口货物的发票、装箱单（装箱清单）；进口货物的提货单（或运单）；减税、免税或免验的证明文件；对应实施商品检验、文物鉴定、动植物检疫、食品卫生检验或其他管制的进口货物还应交验有关主管部门签发的证明；海关认为必要时，可以调阅贸易合同、原产地证明和其他有关单证、账册等其他有关文件。

出口货物报关时需提供的单证：由报关员自行填写或由自动化报关录入人员录入打印的报关单一式多份，其所需份数根据各部门需要而定，出口退税时加填一份黄色出口退税专用报关单；出口货物属于国家限制出口或配额出口的应提供许可证件或其他证明文件；货物的发票、装箱清单、合同等；商检证明等；对方要求的产地证明；出口收汇核销单；其他有关文件。

（4）报关单预录入。

预录入报关单是指预录入公司录入、打印，并联网将录入数据传送到海关，由申报单位向海关申报的报关单。操作员进入“一次申报”界面后点击“报关单”即可进入报关单预录入操作。

（5）递单。

报关单位在完成报关单的预录入后，应将准备好的报关随附单证及按规定填制好的进出口货物报关单正式向进出口口岸海关递交申报。报关员向海关递交报关单，就意味着通关工作的正式开始，报关单位及其报关员必须承担相应的法律和经济责任。

（6）海关审单。

海关审单是指海关工作人员通过审核报关员递交的报关单及其随附有关单证，检查判断进出口货物是否符合《海关法》和国家的有关政策、法令。海关在接受报关后，首先要对各项单证予以签收，对报关单进行编号登记，并批注接受申报的日期；其次对交割的单证认真、细致地审核，如发现问题，应通知申报单位及时补充和更正。

（二）查验

进出口货物在通过申报环节后，即进入查验环节。查验是海关对进出口货物实施监管的一种具体行为，即通过对进出口货物进行实际的核查，确定单货、证货是否相符，有无瞒报、伪报和申报不实等走私违规行为，并为征税、统计和后续管理等提供可靠的监管依据。

1. 查验地点

海关查验货物一般在海关监管区内进行。为了加速验放，方便外贸运输，根据货物性质，海关对海运进出口的散装货物（如矿砂、粮食、原油、原木等）、大宗货物（如化肥、水泥、食糖、钢材等）、危险品和鲜活商品等，结合装卸环节，在作业现场予以验放。对于成套设备、精密仪器、贵重物资、急需急用的物资和“门对门”运输的集装箱货物等，在海关规定地点进行查验有困难的，经进出口货物收发货人的申请，海关核准，海关可以派员到监管区域以外的地点进行查验，就地查验放行货物。但申请单位应按规定缴纳规费，并提供往返交通工具、住宿等方便条件。

2. 查验方法

（1）彻底检查，即对货物逐件开箱（包）查验，对货物品种、规格、数量、重量、原产地和货物状况等逐一与货物申报单详细核对。

（2）抽查，即按一定比例对货物有选择地开箱（包）查验。对集装箱抽查，必须卸货。卸货程度和开箱（包）比例以能够确定货物的品名、规格、数量、重量等查验指令的要求为准。

（3）外形查验，对货物的包装、标记唛头等进行验核。外形查验只能适用于对大型机器、大宗原材料等不易搬运、移动的货物。

3. 海关查验的操作程序

（1）海关确定查验后，由现场接单关员打印查验通知单，必要时制作查验关封交报关员。

（2）安排查验计划。由现场海关查验受理岗位安排查验的具体时间，一般当天安排第二天的查验计划。

（3）海关查验货物时，进口货物的收货人、出口货物的发货人或其授权报关员应当到场，并负责协助搬移货物，开拆和重封货物的包装。海关认为必要时，可以径行开验、复验或者提取货样。

（4）查验结束后，由陪同人员在查验记录单上签名、确认。一般海关查验部门自受理查验起，到实施查验结束、反馈查验结果最多不得超过 48 小时，出口货物应于查验完毕后半个工作日内予以放行。

（三）税费计征

税费计征是指海关根据国家有关的政策、法规对进出口货物征收关税及进口环节的税费。根据《海关法》和《中华人民共和国关税法》（以下简称《关税法》）的有关规定，中华人民共和国准许进出口的货物、进境物品，由海关依照本法和有关法律、行政法规的规定征收关税。

关税由海关依照《中华人民共和国进出口税则》（以下简称《进出口税则》）征收。在中国境内进口货物的收货人、出口货物的发货人，是关税的纳税义务人。中国对进口货物除征收关税外，还要征收进口环节增值税，少数商品要征收消费税。在中国境内销售货物或者提供加工、修理、修配劳务以及进口货物的单位和个人，是增值税的纳税义务人。在中国境内生产、委托加工和进口《中华人民共和国消费税暂行条例》规定的消费品的单位和个人，是消费税的纳税义务人。

1. 海关税费计算

（1）关税。

从价税应征进口关税＝货物的完税价格×从价税税率

从量税应征进口关税＝货物计量单位数额×从量税税率

出口关税＝关税完税价格×出口关税税率

（2）进口消费税。

从价消费税额＝（关税完税价格＋关税税额）÷（1－消费税税率）×消费税税率

从量消费税额＝应税消费品数量×消费税单位税额

（3）增值税。

进口增值税＝（完税价格＋关税税额＋消费税税额）×增值税税率

报关时，报关员要在报关单申请表上填上申报的货物名称和税号；海关审核后，根据税号对应的税率计算应收的进口关税和代征增值税。

［例 3－1］

某公司进口了一台价值 1 万美元的机器，该机器根据海关税则，税号是 84131100，进口关税税率是 12％，增值税税率是 13％，那么进口这台机器需要缴纳多少税款呢？

首先，海关根据填发海关专用缴款书的日期的当天的汇率，把申报的外汇换算为人民币。

假设 2024 年 4 月 22 日的汇率是 1USD＝7.2437CNY，所以这台 1 万美元的机器的进口价格是 72 437 元人民币，这也是计算进口关税的“完税价格”。

进口关税的税款金额＝进口关税的完税价格×进口关税税率

＝72 437×12％＝8 692.44（元）

在征收进口关税的同时，海关还要代征增值税，这台机器的增值税税率是 13％。请注意，要缴纳的增值税不是 72 437×13％，因为代征增值税的完税价格不是进口关税的完税价格。

代征增值税的完税价格＝进口关税的完税价格＋进口关税的税款金额

＝72 437＋8 692.44＝81 129.44（元）

代征增值税的税款金额＝代征增值税的完税价格×增值税税率

＝81 129.44×13％＝10 546.83（元）

所以，进口这台机器要一共要缴纳税款＝8 692.44＋10 546.83＝19 239.27（元）。

2. 税则归类

税则归类是将进出口货物按照《进出口税则》的归类总规则归入适当的税目，以便按照该税目所使用的税率计征关税。由于进出口商品种类繁多、变化日新月异，因此，要将每一种进出口商品准确地归入税则中适合的税目，是一项专业性、技术性很强的工作，要在税则中找到进出口商品准确的税号，需要具有较丰富的商品知识，同时也必须熟悉税则，熟悉归类总规则。

3. 税率运用

《关税法》第 10 条规定：进口关税设置最惠国税率、协定税率、特惠税率、普通税率。出口关税设置出口税率。关税税率的适用应当符合相应的原产地规则。

《关税法》第 12 条规定：原产于共同适用最惠国待遇条款的世界贸易组织成员的进

口货物，原产于与中华人民共和国缔结或者共同参加含有相互给予最惠国待遇条款的国际条约、协定的国家或者地区的进口货物，以及原产于中华人民共和国境内的进口货物，适用最惠国税率。

原产于与中华人民共和国缔结或者共同参加含有关税优惠条款的国际条约、协定的国家或者地区且符合国际条约、协定有关规定的进口货物，适用协定税率。

原产于中华人民共和国给予特殊关税优惠安排的国家或者地区且符合国家原产地管理规定的进口货物，适用特惠税率。

原产于本条第一款至第三款规定以外的国家或者地区的进口货物，以及原产地不明的进口货物，适用普通税率。

关税是保护国内工农业生产，贯彻国家产业政策和外贸政策，调节进出口的重要手段。关税税率需要根据国家经济发展的需要，适时进行调整。为了保证正确执行国家政策，维护货物进出口人的利益，使全国海关实施统一的税率，海关对进出口货物，按收、发货人或其代理人申报进口或者出口之日实施的税率计征税款。对进口货物到达前已经海关核准先行申报的，海关按照装载此项货物的运输工具申报进境之日实施的税率计征税款。

4. 完税价格确定

完税价格是指海关按照《海关法》和《关税法》的有关规定，计算应征关税的进出口货物的价格。

进口货物以海关审定的成交价格为基础的到岸价格为完税价格。进口货物的到岸价格包括货价加上货物运抵我国关境内输入地点起卸前的包装费、运费、保险费和其他劳务费用，以及货物在成交过程中，进口人向卖方支付的佣金和为国内生产、制造、出版、发行或者使用该进口货物有关的专利、商标、著作权以及专用技术、计算机软件和资料等费用，但入门费、技术费、培训费等不包括在内。

出口货物以海关审定的货物售予境外的离岸价格，扣除出口税后作为完税价格。离岸价格不能确定的，由海关依法进行估定。

5. 税费的缴纳

（1）缴纳期限。对经海关审定应征关税、增值税、消费税和监管手续费、船舶吨税的货物或船舶，纳税义务人应当在海关填发税费款缴纳凭证的次日起 15 日内（星期六、星期日和法定节日除外），向指定银行缴纳税费款。

税款缴纳证一式六联，其中第一至五联经海关加盖“中华人民共和国××海关单证专用章”后，交纳税义务人凭以向银行缴纳税款。第六联（存根联）由填发海关存查。

（2）滞纳金。对进出口货物纳税义务人未在规定的缴纳期限内缴纳税费的，由海关自到期的次日起至缴清税费款之日止，按日征收欠缴税款 0.5‰的滞纳金，并制发滞纳金收据。滞纳金的计算公式如下：

滞纳金＝（关税税额＋增值税、消费税应纳税额）×滞纳天数×0.5‰

（3）滞报金。滞报金是海关依法对未在法定期限内申报进口货物的收货人采取的加收款项。进口货物的申报期限为自载运工具申报进境之日起 14 天内。滞报金的计算公式如下：

滞报金=（关税税额+增值税、消费税应纳税额）×滞报天数×0.5‰

（四）放行

放行是口岸海关监管现场作业的最后一个环节。口岸海关在接受进出口货物的申报后，经审核报关单据、查验实际货物，依法办理进出口税费计征手续并征收税费后，在有关单据上签盖“海关放行章”，意味着海关监管行为结束，在这种情况下，放行即为结关。进出口货物可由收货人凭以提取、发运，出口货物可以由发货人装船、启运。

在进出口货物放行前，海关人员还需对前期进行的申报、查验、征税等环节的工作进行核对，在核查无失误和遗漏的条件下，海关方予签章。报关员要配合海关做好上述工作。

（五）结关

结关是指对经口岸放行后仍需继续实施后续管理的货物，海关在规定的期限内进行核查，对需要补证、补税货物做出处理，直至完全结束海关监管的工作程序。

项目三
报关单填制

一、报关单填制的要求

视频

新丝路开放发展梦的“义新欧”铁路首发班列报关单

(一) 按照相应的制度申报并承担相应法律责任

进出口货物的收发货人或其代理人应按照《中华人民共和国海关进出口货物申报管理规定》《中华人民共和国海关进出口货物报关单填制规范》《中华人民共和国海关统计商品目录》《中华人民共和国海关进出口商品规范申报目录》等有关规定的要求向海关申报，并对申报内容的真实性、准确性、完整性和规范性承担相应的法律责任。

(二) 单证相符、单货相符

(1) 单证相符，即所填报关单各栏目的内容必须与合同、发票、装箱单、提单及批文等随附单据相符；

(2) 单货相符，即所填报关单各栏目的内容必须与实际进出口货物的情况相符，不得伪报、瞒报、虚报。

(三) 分单填报

不同运输工具、不同航次、不同提运单，均应分不同的进（出）口货物报关单填报。一份原产地证书只能用于同一批次进口货物。含有原产地证书管理商品的一份报关单，只能对应一份原产地证书；同一批次货物中，实行原产地证书联网管理的，如涉及多份原产地证书或含非原产地证书商品，亦应分单填报。同一份报关单上的商品不能同时享受协定税率和减免税。

(四) 分商品项填报

一份报关单所申报的货物，须分项填报的情况主要有：商品编号不同的、商品名称不同的、计量单位不同的、原产国（地区）/最终目的国（地区）不同的、币制不同的、征免性质不同的。

二、纸质报关单各联用途

目前，我国报关操作中，网上申报成功后需提交纸质报关单，表 3－4 和表 3－5 分别为纸质进、出口报关单联次及用途。

表 3－4 纸质进口货物报关单（一式五联）

联次	用途
海关作业联	报关员配合海关查验、缴纳税费、提取或装运货物的重要凭证，也是海关的重要凭证
海关留存联	海关存查
企业留存联	企业存查
海关核销联	海关对实际申报进口的货物所签发的证明文件，是海关办理加工贸易合同核销结案手续的重要凭证
进口付汇证明联	海关对已实际进出境的货物所签发的证明文件，是银行和国家外汇管理部门办理售汇、付汇和收汇及核销手续的重要依据之一

表 3－5 纸质出口货物报关单（一式六联）

联次	用途
海关作业联	报关员配合海关查验、缴纳税费、提取或装运货物的重要凭证，也是海关的重要凭证
海关留存联	海关存查
企业留存联	企业存查
海关核销联	海关对实际申报出口的货物所签发的证明文件，是海关办理加工贸易合同核销结案手续的重要凭证
出口收汇证明联	海关对已实际进出境的货物所签发的证明文件，是银行和国家外汇管理部门办理售汇、付汇和收汇及核销手续的重要依据之一
出口退税证明联	属于出口退税范围的货物由海关予以签发，是海关对已实际申报出口并已装运离境的货物所签发的证明文件，是国家税务部门办理出口货物退税手续的重要凭证

随着网络技术的成熟，上述各报关单证明联多可凭电子数据进行相关作业，纸质报关单证明联在需要时可向海关申领。

三、报关单样式

表 3－6 和表 3－7 分别为进、出口报关单样式。

表 3-6　中华人民共和国海关进口货物报关单

预录入编号：　　　　　　　　　　海关编号：　　　　　　　　　　页码/页数：

<table>
<tr><td>境内收货人</td><td colspan="2">进境关别</td><td colspan="2">进口日期</td><td colspan="2">申报日期</td><td>备案号</td></tr>
<tr><td>境外发货人</td><td colspan="2">运输方式</td><td colspan="2">运输工具名称及航次号</td><td colspan="2">提运单号</td><td>货物存放地点</td></tr>
<tr><td>消费使用单位</td><td colspan="2">监管方式</td><td colspan="2">征免性质</td><td colspan="2">许可证号</td><td>启运港</td></tr>
<tr><td>合同协议号</td><td colspan="2">贸易国（地区）</td><td colspan="2">启运国（地区）</td><td colspan="2">经停港</td><td>入境口岸</td></tr>
<tr><td>包装种类</td><td>件数</td><td>毛重（千克）</td><td>净重（千克）</td><td>成交方式</td><td>运费</td><td>保费</td><td>杂费</td></tr>
<tr><td colspan="8">随附单证及编号
随附单证 1：　　　　　　　　随附单证 2：</td></tr>
<tr><td colspan="8">标记唛码及备注</td></tr>
<tr><td colspan="8">项号　商品编号　商品名称及规格型号　数量及单位　单价/总价/币制　原产国（地区）　最终目的国（地区）　境内目的地　征免</td></tr>
<tr><td colspan="8"></td></tr>
<tr><td colspan="8"></td></tr>
<tr><td colspan="8"></td></tr>
<tr><td colspan="8"></td></tr>
<tr><td colspan="8"></td></tr>
<tr><td colspan="8"></td></tr>
<tr><td colspan="8"></td></tr>
<tr><td colspan="8">特殊关系确认：　价格影响确认：　支付特许权使用费确认：　公式定价确认：　暂定价格确认：　自报自缴：</td></tr>
<tr><td colspan="6">报关人员　报关人员证号　电话　兹申明以上内容承担如实申报、依法纳税之法律责任
申报单位　　　　　　　　　　申报单位(签章)</td><td colspan="2">海关批注及签章</td></tr>
</table>

表 3-7　中华人民共和国海关出口货物报关单

预录入编号：　　　　　　　　海关编号：　　　　　　　　页码/页数：

<table>
<tr><td>境内发货人</td><td colspan="2">出境关别</td><td colspan="2">出口日期</td><td colspan="2">申报日期</td><td colspan="2">备案号</td></tr>
<tr><td>境外收货人</td><td colspan="2">运输方式</td><td colspan="2">运输工具名称及航次号</td><td colspan="4">提运单号</td></tr>
<tr><td>生产销售单位</td><td colspan="2">监管方式</td><td colspan="2">征免性质</td><td colspan="4">许可证号</td></tr>
<tr><td>合同协议号</td><td colspan="2">贸易国(地区)</td><td colspan="2">运抵国(地区)</td><td>指运港</td><td colspan="3">离境口岸</td></tr>
<tr><td>包装种类</td><td>件数</td><td>毛重(千克)</td><td>净重(千克)</td><td>成交方式</td><td>运费</td><td colspan="2">保费</td><td>杂费</td></tr>
<tr><td colspan="9">随附单证及编号
随附单证 1：　　　　　　随附单证 2：</td></tr>
<tr><td colspan="9">标记唛码及备注</td></tr>
<tr><td>项号</td><td>商品编号</td><td>商品名称及规格型号</td><td>数量及单位</td><td>单价/总价/币制</td><td>原产国(地区)</td><td>最终目的国(地区)</td><td>境内货源地</td><td>征免</td></tr>
<tr><td colspan="9"></td></tr>
<tr><td colspan="9"></td></tr>
<tr><td colspan="9"></td></tr>
<tr><td colspan="9"></td></tr>
<tr><td colspan="9"></td></tr>
<tr><td colspan="9"></td></tr>
<tr><td colspan="9"></td></tr>
<tr><td colspan="9">特殊关系确认：　价格影响确认：　支付特许权使用费确认：　公式定价确认：　暂定价格确认：　自报自缴：</td></tr>
<tr><td colspan="6">报关人员　　报关人员证号　　电话　　兹申明以上内容承担如实申报、依法纳税之法律责任
申报单位　　　　　　　　　　申报单位(签章)</td><td colspan="3">海关批注及签章</td></tr>
</table>

四、报关单各栏目的填制规范

2019 年 1 月 22 日，海关总署发布第 18 号公告，修订《中华人民共和国海关进出口货物报关单填制规范》，自 2019 年 2 月 1 日起执行。报关单各栏目的填制规范如下：

（一）预录入编号

预录入编号指预录入报关单的编号，一份报关单对应一个预录入编号，由系统自动生成。

报关单预录入编号为 18 位，其中第 1～4 位为接受申报海关的代码（海关规定的《关区代码表》中相应海关代码），第 5～8 位为录入时的公历年份，第 9 位为进出口标志（“1”为进口，“0”为出口；集中申报清单“I”为进口，“E”为出口），后 9 位为顺序编号。

（二）海关编号

海关编号指海关接受申报时给予报关单的编号，一份报关单对应一个海关编号，由系统自动生成。

报关单海关编号为 18 位，其中第 1～4 位为接受申报海关的代码（海关规定的《关区代码表》中相应海关代码），第 5～8 位为海关接受申报的公历年份，第 9 位为进出口标志（“1”为进口，“0”为出口；集中申报清单“I”为进口，“E”为出口），后 9 位为顺序编号。

（三）境内收发货人

填报在海关备案的对外签订并执行进出口贸易合同的中国境内法人、其他组织名称及编码。编码填报 18 位法人和其他组织统一社会信用代码，没有统一社会信用代码的，填报其在海关的备案编码。

特殊情况下填报要求如下：

（1）进出口货物合同的签订者和执行者非同一企业的，填报执行合同的企业。

（2）外商投资企业委托进出口企业进口投资设备、物品的，填报外商投资企业，并在标记唛码及备注栏注明“委托某进出口企业进口”，同时注明被委托企业的 18 位法人和其他组织统一社会信用代码。

（3）有代理报关资格的报关企业代理其他进出口企业办理进出口报关手续时，填报委托的进出口企业。

（4）海关特殊监管区域收发货人填报该货物的实际经营单位或海关特殊监管区域内经营企业。

（5）免税品经营单位经营出口退税国产商品的，填报免税品经营单位名称。

（四）进出境关别

根据货物实际进出境的口岸海关，填报海关规定的《关区代码表》中相应口岸海关的名称及代码。

特殊情况填报要求如下：

进口转关运输货物填报货物进境地海关名称及代码，出口转关运输货物填报货物出境地海关名称及代码。按转关运输方式监管的跨关区深加工结转货物，出口报关单填报转出地海关名称及代码，进口报关单填报转入地海关名称及代码。

在不同海关特殊监管区域或保税监管场所之间调拨、转让的货物，填报对方海关特殊监管区域或保税监管场所所在的海关名称及代码。

其他无实际进出境的货物，填报接受申报的海关名称及代码。

（五）进出口日期

进口日期填报运载进口货物的运输工具申报进境的日期。出口日期指运载出口货物的运输工具办结出境手续的日期，在申报时免予填报。无实际进出境的货物，填报海关接受申报的日期。

进出口日期为8位数字，顺序为年（4位）、月（2位）、日（2位）。

（六）申报日期

申报日期指海关接受进出口货物收发货人、受委托的报关企业申报数据的日期。以电子数据报关单方式申报的，申报日期为海关计算机系统接受申报数据时记录的日期。以纸质报关单方式申报的，申报日期为海关接受纸质报关单并对报关单进行登记处理的日期。本栏目在申报时免予填报。

申报日期为8位数字，顺序为年（4位）、月（2位）、日（2位）。

（七）备案号

填报进出口货物收发货人、消费使用单位、生产销售单位在海关办理加工贸易合同备案或征、减、免税审核确认等手续时，海关核发的《加工贸易手册》、海关特殊监管区域和保税监管场所保税账册、《征免税证明》或其他备案审批文件的编号。

一份报关单只允许填报一个备案号。具体填报要求如下：

（1）加工贸易项下货物，除少量低值辅料按规定不使用《加工贸易手册》及以后续补税监管方式办理内销征税的外，填报《加工贸易手册》编号。

使用异地直接报关分册和异地深加工结转出口分册在异地口岸报关的，填报分册号；本地直接报关分册和本地深加工结转分册限制在本地报关，填报总册号。

加工贸易成品凭《征免税证明》转为减免税进口货物的，进口报关单填报《征免税证明》编号，出口报关单填报《加工贸易手册》编号。

对加工贸易设备、使用账册管理的海关特殊监管区域内减免税设备之间的结转，转入和转出企业分别填制进、出口报关单，在报关单“备案号”栏目填报《加工贸易手册》编号。

（2）涉及征、减、免税审核确认的报关单，填报《征免税证明》编号。

(3) 减免税货物退运出口，填报《中华人民共和国海关进口减免税货物准予退运证明》的编号；减免税货物补税进口，填报《减免税货物补税通知书》的编号；减免税货物进口或结转进口（转入），填报《征免税证明》的编号；相应的结转出口（转出），填报《中华人民共和国海关进口减免税货物结转联系函》的编号。

(4) 免税品经营单位经营出口退税国产商品的，免予填报。

（八）境外收发货人

境外收货人通常指签订并执行出口贸易合同中的买方或合同指定的收货人，境外发货人通常指签订并执行进口贸易合同中的卖方。

填报境外收发货人的名称及编码。名称一般填报英文名称，检验检疫要求填报其他外文名称的，在英文名称后填报，以半角括号分隔；对于AEO互认国家（地区）企业的，编码填报AEO编码，填报样式为："国别（地区）代码＋海关企业编码"，例如：新加坡AEO企业SG123456789012（新加坡国别代码＋12位企业编码）；非互认国家（地区）AEO企业等其他情形，编码免予填报。

特殊情况下无境外收发货人的，名称及编码填报"NO"。

（九）运输方式

运输方式包括实际运输方式和海关规定的特殊运输方式。前者指货物实际进出境的运输方式，按进出境所使用的运输工具分类；后者指货物无实际进出境的运输方式，按货物在境内的流向分类。

根据货物实际进出境的运输方式或货物在境内流向的类别，按照海关规定的《运输方式代码表》选择填报相应的运输方式。

1. 特殊情况填报要求

(1) 非邮件方式进出境的快递货物，按实际运输方式填报。

(2) 进口转关运输货物，按载运货物抵达进境地的运输工具填报；出口转关运输货物，按载运货物驶离出境地的运输工具填报。

(3) 不复运出（入）境而留在境内（外）销售的进出境展览品、留赠转卖物品等，填报"其他运输"（代码9）。

(4) 进出境旅客随身携带的货物，填报"旅客携带"（代码L）。

(5) 以固定设施（包括输油、输水管道和输电网等）运输货物的，填报"固定设施运输"（代码G）。

2. 无实际进出境货物在境内流转时填报要求

(1) 境内非保税区运入保税区货物和保税区退区货物，填报"非保税区"（代码0）。

(2) 保税区运往境内非保税区货物，填报"保税区"（代码7）。

(3) 境内存入出口监管仓库和出口监管仓库退仓货物，填报"监管仓库"（代码1）。

(4) 保税仓库转内销货物或转加工贸易货物，填报"保税仓库"（代码8）。

(5) 从境内保税物流中心外运入中心或从中心运往境内中心外的货物，填报"物流中心”（代码 W）。

（6）从境内保税物流园区外运入园区或从园区内运往境内园区外的货物，填报“物流园区”（代码 X）。

（7）保税港区、综合保税区与境内（区外）（非海关特殊监管区域、保税监管场所）之间进出的货物，填报“保税港区/综合保税区”（代码 Y）。

（8）出口加工区、珠澳跨境工业区（珠海园区）、中哈霍尔果斯边境合作中心（中方配套区）与境内（区外）（非海关特殊监管区域、保税监管场所）之间进出的货物，填报“出口加工区”（代码 Z）。

（9）境内运入深港西部通道港方口岸区的货物以及境内进出中哈霍尔果斯边境合作中心中方区域的货物，填报“边境特殊海关作业区”（代码 H）。

（10）经横琴新区和平潭综合实验区（以下简称综合试验区）二线指定申报通道运往境内区外或从境内经二线指定申报通道进入综合试验区的货物，以及综合试验区内按选择性征收关税申报的货物，填报“综合试验区”（代码 T）。

（11）海关特殊监管区域内的流转、调拨货物，海关特殊监管区域、保税监管场所之间的流转货物，海关特殊监管区域与境内区外之间进出的货物，海关特殊监管区域外的加工贸易余料结转、深加工结转、内销货物，以及其他境内流转货物，填报“其他运输”（代码 9）。

（十）运输工具名称及航次号

填报载运货物进出境的运输工具名称或编号及航次号。填报内容应与运输部门向海关申报的舱单（载货清单）所列相应内容一致。

1. 运输工具名称具体填报要求

（1）直接在进出境地或采用全国通关一体化通关模式办理报关手续的报关单填报要求如下：

1）水路运输：填报船舶编号（来往港澳小型船舶为监管簿编号）或者船舶英文名称。

2）公路运输：启用公路舱单前，填报该跨境运输车辆的国内行驶车牌号，深圳提前报关模式的报关单填报国内行驶车牌号＋“/”＋“提前报关”。启用公路舱单后，免予填报。

3）铁路运输：填报车厢编号或交接单号。

4）航空运输：填报航班号。

5）邮件运输：填报邮政包裹单号。

6）其他运输：填报具体运输方式名称，例如：管道、驮畜等。

（2）转关运输货物的报关单填报要求如下：

1）进口。

A. 水路运输：直转、提前报关填报“@”＋16 位转关申报单预录入号（或 13 位载货清单号）；中转填报进境英文船名。

B. 铁路运输：直转、提前报关填报“@”+16位转关申报单预录入号；中转填报车厢编号。

C. 航空运输：直转、提前报关填报“@”+16位转关申报单预录入号（或13位载货清单号）；中转填报“@”。

D. 公路及其他运输：填报“@”+16位转关申报单预录入号（或13位载货清单号）。

E. 以上各种运输方式使用广东地区载货清单转关的提前报关货物填报“@”+13位载货清单号。

2）出口。

A. 水路运输：非中转填报“@”+16位转关申报单预录入号（或13位载货清单号）。如多张报关单需要通过一张转关单转关的，运输工具名称字段填报“@”。

中转货物，境内水路运输填报驳船船名；境内铁路运输填报车名（主管海关4位关区代码+“TRAIN”）；境内公路运输填报车名（主管海关4位关区代码+“TRUCK”）。

B. 铁路运输：填报“@”+16位转关申报单预录入号（或13位载货清单号），如多张报关单需要通过一张转关单转关的，填报“@”。

C. 航空运输：填报“@”+16位转关申报单预录入号（或13位载货清单号），如多张报关单需要通过一张转关单转关的，填报“@”。

D. 其他运输方式：填报“@”+16位转关申报单预录入号（或13位载货清单号）。

（3）采用“集中申报”通关方式办理报关手续的，报关单填报“集中申报”。

（4）免税品经营单位经营出口退税国产商品的，免予填报。

（5）无实际进出境的货物，免予填报。

2. 航次号具体填报要求

（1）直接在进出境地或采用全国通关一体化通关模式办理报关手续的报关单。

1）水路运输：填报船舶的航次号。

2）公路运输：启用公路舱单前，填报运输车辆的8位进出境日期［顺序为年（4位）、月（2位）、日（2位），下同］。启用公路舱单后，填报货物运输批次号。

3）铁路运输：填报列车的进出境日期。

4）航空运输：免予填报。

5）邮件运输：填报运输工具的进出境日期。

6）其他运输方式：免予填报。

（2）转关运输货物的报关单。

1）进口。

A. 水路运输：中转转关方式填报“@”+进境干线船舶航次。直转、提前报关免予填报。

B. 公路运输：免予填报。

C. 铁路运输：“@”+8位进境日期。

D. 航空运输：免予填报。

E. 其他运输方式：免予填报。

2）出口。

A. 水路运输：非中转货物免予填报。中转货物：境内水路运输填报驳船航次号；境内铁路、公路运输填报 6 位启运日期［顺序为年（2 位）、月（2 位）、日（2 位）］。

B. 铁路拼车拼箱捆绑出口：免予填报。

C. 航空运输：免予填报。

D. 其他运输方式：免予填报。

（3）免税品经营单位经营出口退税国产商品的，免予填报。

（4）无实际进出境的货物，免予填报。

（十一）提运单号

填报进出口货物提单或运单的编号。一份报关单只允许填报一个提单或运单号，一票货物对应多个提单或运单时，应分单填报。

具体填报要求如下：

（1）直接在进出境地或采用全国通关一体化通关模式办理报关手续的。

1）水路运输：填报进出口提单号。如有分提单的，填报进出口提单号＋“*”＋分提单号。

2）公路运输：启用公路舱单前，免予填报；启用公路舱单后，填报进出口总运单号。

3）铁路运输：填报运单号。

4）航空运输：填报总运单号＋“_”＋分运单号，无分运单的填报总运单号。

5）邮件运输：填报邮运包裹单号。

（2）转关运输货物的报关单。

1）进口。

A. 水路运输：直转、中转填报提单号。提前报关免予填报。

B. 铁路运输：直转、中转填报铁路运单号。提前报关免予填报。

C. 航空运输：直转、中转货物填报总运单号＋“_”＋分运单号。提前报关免予填报。

D. 其他运输方式：免予填报。

E. 以上运输方式进境货物，在广东省内用公路运输转关的，填报车牌号。

2）出口。

A. 水路运输：中转货物填报提单号；非中转货物免予填报；广东省内汽车运输提前报关的转关货物，填报承运车辆的车牌号。

B. 其他运输方式：免予填报。广东省内汽车运输提前报关的转关货物，填报承运车辆的车牌号。

（3）采用“集中申报”通关方式办理报关手续的，报关单填报归并的集中申报清单的进出口起止日期［按年（4 位）月（2 位）日（2 位）年（4 位）月（2 位）日（2

位)]。

(4) 无实际进出境的货物，免予填报。

(十二) 货物存放地点

填报货物进境后存放的场所或地点，包括海关监管作业场所、分拨仓库、定点加工厂、隔离检疫场、企业自有仓库等。

(十三) 消费使用单位/生产销售单位

(1) 消费使用单位填报已知的进口货物在境内的最终消费、使用单位的名称，包括：

1) 自行进口货物的单位。

2) 委托进出口企业进口货物的单位。

(2) 生产销售单位填报出口货物在境内的生产或销售单位的名称，包括：

1) 自行出口货物的单位。

2) 委托进出口企业出口货物的单位。

3) 免税品经营单位经营出口退税国产商品的，填报该免税品经营单位统一管理的免税店。

(3) 减免税货物报关单的消费使用单位/生产销售单位应与《征免税证明》的“减免税申请人”一致；保税监管场所与境外之间的进出境货物，消费使用单位/生产销售单位填报保税监管场所的名称［保税物流中心(B型)填报中心内企业名称］。

(4) 海关特殊监管区域的消费使用单位/生产销售单位填报区域内经营企业(“加工单位”或“仓库”)。

(5) 编码填报要求：

1) 填报18位法人和其他组织统一社会信用代码。

2) 无18位统一社会信用代码的，填报“NO”。

(6) 进口货物在境内的最终消费或使用以及出口货物在境内的生产或销售的对象为自然人的，填报身份证号、护照号、台胞证号等有效证件号码及姓名。

(十四) 监管方式

监管方式是以国际贸易中进出口货物的交易方式为基础，结合海关对进出口货物的征税、统计及监管条件综合设定的海关对进出口货物的管理方式。其代码由4位数字构成，前两位是按照海关监管要求和计算机管理需要划分的分类代码，后两位是参照国际标准编制的贸易方式代码。

根据实际对外贸易情况按海关规定的《监管方式代码表》选择填报相应的监管方式简称及代码。一份报关单只允许填报一种监管方式。

特殊情况下加工贸易货物监管方式填报要求如下：

(1) 进口少量低值辅料(即5 000美元以下，78种以内的低值辅料)按规定不使用

《加工贸易手册》的，填报“低值辅料”。使用《加工贸易手册》的，按《加工贸易手册》上的监管方式填报。

（2）加工贸易料件转内销货物以及按料件办理进口手续的转内销制成品、残次品、未完成品，填制进口报关单，填报“来料料件内销”或“进料料件内销”；加工贸易成品凭《征免税证明》转为减免税进口货物的，分别填制进、出口报关单，出口报关单填报“来料成品减免”或“进料成品减免”，进口报关单按照实际监管方式填报。

（3）加工贸易出口成品因故退运进口及复运出口的，填报“来料成品退换”或“进料成品退换”；加工贸易进口料件因换料退运出口及复运进口的，填报“来料料件退换”或“进料料件退换”；加工贸易过程中产生的剩余料件、边角料退运出口，以及进口料件因品质、规格等原因退运出口且不再更换同类货物进口的，分别填报“来料料件复出”“来料边角料复出”“进料料件复出”“进料边角料复出”。

（4）加工贸易边角料内销和副产品内销，填制进口报关单，填报“来料边角料内销”或“进料边角料内销”。

（5）企业销毁处置加工贸易货物未获得收入，销毁处置货物为料件、残次品的，填报“料件销毁”；销毁处置货物为边角料、副产品的，填报“边角料销毁”。

企业销毁处置加工贸易货物获得收入的，填报为“进料边角料内销”或“来料边角料内销”。

（6）免税品经营单位经营出口退税国产商品的，填报“其他”。

（十五）征免性质

根据实际情况按海关规定的《征免性质代码表》选择填报相应的征免性质简称及代码，持有海关核发的《征免税证明》的，按照《征免税证明》中批注的征免性质填报。一份报关单只允许填报一种征免性质。

加工贸易货物报关单按照海关核发的《加工贸易手册》中批注的征免性质简称及代码填报。特殊情况填报要求如下：

（1）加工贸易转内销货物，按实际情况填报（如一般征税、科教用品、其他法定等）。

（2）料件退运出口、成品退运进口货物填报“其他法定”。

（3）加工贸易结转货物，免予填报。

（4）免税品经营单位经营出口退税国产商品的，填报“其他法定”。

（十六）许可证号

填报进（出）口许可证、两用物项和技术进（出）口许可证、两用物项和技术出口许可证（定向）、纺织品临时出口许可证、出口许可证（加工贸易）、出口许可证（边境小额贸易）的编号。

免税品经营单位经营出口退税国产商品的，免予填报。

一份报关单只允许填报一个许可证号。

（十七）启运港

填报进口货物在运抵我国关境前的第一个境外装运港。

根据实际情况，按海关规定的《港口代码表》填报相应的港口名称及代码，未在《港口代码表》列明的，填报相应的国家名称及代码。货物从海关特殊监管区域或保税监管场所运至境内区外的，填报《港口代码表》中相应海关特殊监管区域或保税监管场所的名称及代码，未在《港口代码表》中列明的，填报“未列出的特殊监管区”及代码。

其他无实际进境的货物，填报“中国境内”及代码。

（十八）合同协议号

填报进出口货物合同（包括协议或订单）编号。未发生商业性交易的免予填报。

免税品经营单位经营出口退税国产商品的，免予填报。

（十九）贸易国（地区）

发生商业性交易的进口填报购自国（地区），出口填报售予国（地区）。未发生商业性交易的填报货物所有权拥有者所属的国家（地区）。

按海关规定的《国别（地区）代码表》选择填报相应的贸易国（地区）中文名称及代码。

（二十）启运国（地区）/运抵国（地区）

启运国（地区）填报进口货物启始发出直接运抵我国或者在运输中转国（地区）未发生任何商业性交易的情况下运抵我国的国家（地区）。

运抵国（地区）填报出口货物离开我国关境直接运抵或者在运输中转国（地区）未发生任何商业性交易的情况下最后运抵的国家（地区）。

不经过第三国（地区）转运的直接运输进出口货物，以进口货物的装货港所在国（地区）为启运国（地区），以出口货物的指运港所在国（地区）为运抵国（地区）。

经过第三国（地区）转运的进出口货物，如在中转国（地区）发生商业性交易，则以中转国（地区）作为启运/运抵国（地区）。

按海关规定的《国别（地区）代码表》选择填报相应的启运国（地区）或运抵国（地区）中文名称及代码。

无实际进出境的货物，填报“中国”及代码。

（二十一）经停港/指运港

经停港填报进口货物在运抵我国关境前的最后一个境外装运港。

指运港填报出口货物运往境外的最终目的港；最终目的港不可预知的，按尽可能预知的目的港填报。

根据实际情况，按海关规定的《港口代码表》选择填报相应的港口名称及代码。经停港/指运港在《港口代码表》中无港口名称及代码的，可选择填报相应的国家名称及代码。

无实际进出境的货物，填报“中国境内”及代码。

（二十二）入境口岸/离境口岸

入境口岸填报进境货物从跨境运输工具卸离的第一个境内口岸的中文名称及代码；采取多式联运跨境运输的，填报多式联运货物最终卸离的境内口岸中文名称及代码；过境货物填报货物进入境内的第一个口岸的中文名称及代码；从海关特殊监管区域或保税监管场所进境的，填报海关特殊监管区域或保税监管场所的中文名称及代码。其他无实际进境的货物，填报货物所在地的城市名称及代码。

离境口岸填报装运出境货物的跨境运输工具离境的第一个境内口岸的中文名称及代码；采取多式联运跨境运输的，填报多式联运货物最初离境的境内口岸中文名称及代码；过境货物填报货物离境的第一个境内口岸的中文名称及代码；从海关特殊监管区域或保税监管场所离境的，填报海关特殊监管区域或保税监管场所的中文名称及代码。其他无实际出境的货物，填报货物所在地的城市名称及代码。

入境口岸/离境口岸类型包括港口、码头、机场、机场货运通道、边境口岸、火车站、车辆装卸点、车检场、陆路港、坐落在口岸的海关特殊监管区域等。按海关规定的《国内口岸编码表》选择填报相应的境内口岸名称及代码。

（二十三）包装种类

填报进出口货物的所有包装材料，包括运输包装和其他包装，按海关规定的《包装种类代码表》选择填报相应的包装种类名称及代码。运输包装指提运单所列货物件数单位对应的包装，其他包装包括货物的各类包装，以及植物性铺垫材料等。

（二十四）件数

填报进出口货物运输包装的件数（按运输包装计）。特殊情况填报要求如下：

（1）舱单件数为集装箱的，填报集装箱个数。

（2）舱单件数为托盘的，填报托盘数。

不得填报为零，裸装货物填报为“1”。

（二十五）毛重（千克）

填报进出口货物及其包装材料的重量之和，计量单位为千克，不足一千克的精确到小数点后2位。

（二十六）净重（千克）

填报进出口货物的毛重减去外包装材料后的重量，即货物本身的实际重量，计量单位为千克，不足一千克的精确到小数点后2位。

（二十七）成交方式

根据进出口货物实际成交价格条款，按海关规定的《成交方式代码表》选择填报相应的成交方式代码。

无实际进出境的货物，进口填报CIF，出口填报FOB。

（二十八）运费

填报进口货物运抵我国境内输入地点起卸前的运输费用，出口货物运至我国境内输出地点装载后的运输费用。

运费可按运费单价、总价或运费率三种方式之一填报，注明运费标记（运费标记“1”表示运费率，“2”表示每吨货物的运费单价，“3”表示运费总价），并按海关规定的《货币代码表》选择填报相应的币种代码。

免税品经营单位经营出口退税国产商品的，免予填报。

（二十九）保费

填报进口货物运抵我国境内输入地点起卸前的保险费用，出口货物运至我国境内输出地点装载后的保险费用。

保费可按保险费总价或保险费率两种方式之一填报，注明保险费标记（保险费标记“1”表示保险费率，“3”表示保险费总价），并按海关规定的《货币代码表》选择填报相应的币种代码。

免税品经营单位经营出口退税国产商品的，免予填报。

（三十）杂费

填报成交价格以外的、按照《中华人民共和国关税法》相关规定应计入完税价格或应从完税价格中扣除的费用。可按杂费总价或杂费率两种方式之一填报，注明杂费标记（杂费标记“1”表示杂费率，“3”表示杂费总价），并按海关规定的《货币代码表》选择填报相应的币种代码。

应计入完税价格的杂费填报为正值或正率，应从完税价格中扣除的杂费填报为负值或负率。

免税品经营单位经营出口退税国产商品的，免予填报。

（三十一）随附单证及编号

根据海关规定的《监管证件代码表》和《随附单据代码表》选择填报除本规范第十六条规定的许可证件以外的其他进出口许可证件或监管证件、随附单据代码及编号。

本栏目分为随附单证代码和随附单证编号两栏，其中代码栏按海关规定的《监管证件代码表》和《随附单据代码表》选择填报相应证件代码；随附单证编号栏填报证件编号。

（1）加工贸易内销征税报关单（使用金关二期加贸管理系统的除外），随附单证代码栏填报“c”，随附单证编号栏填报海关审核通过的内销征税联系单号。

（2）一般贸易进出口货物，只能使用原产地证书申请享受协定税率或者特惠税率（以下统称优惠税率）的（无原产地声明模式），“随附单证代码”栏填报原产地证书代码“Y”，在“随附单证编号”栏填报“〈优惠贸易协定代码〉”和“原产地证书编号”。可以使用原产地证书或者原产地声明申请享受优惠税率的（有原产地声明模式），“随附单证代码”栏填写“Y”，“随附单证编号”栏填报“〈优惠贸易协定代码〉”、“C”（凭原产地证书申报）或“D”（凭原产地声明申报），以及“原产地证书编号（或者原产地声明序列号）”。一份报关单对应一份原产地证书或原产地声明。各优惠贸易协定代码如下：

“01”为“亚太贸易协定”；

“02”为“中国-东盟自贸协定”；

“03”为“内地与香港紧密经贸关系安排”（香港 CEPA）；

“04”为“内地与澳门紧密经贸关系安排”（澳门 CEPA）；

“06”为“台湾农产品零关税措施”；

“07”为“中国-巴基斯坦自贸协定”；

“08”为“中国-智利自贸协定”；

“10”为“中国-新西兰自贸协定”；

“11”为“中国-新加坡自贸协定”；

“12”为“中国-秘鲁自贸协定”；

“13”为“最不发达国家特别优惠关税待遇”；

“14”为“海峡两岸经济合作框架协议（ECFA）”；

“15”为“中国-哥斯达黎加自贸协定”；

“16”为“中国-冰岛自贸协定”；

“17”为“中国-瑞士自贸协定”；

“18”为“中国-澳大利亚自贸协定”；

“19”为“中国-韩国自贸协定”；

“20”为“中国-格鲁吉亚自贸协定”。

海关特殊监管区域和保税监管场所内销货物申请适用优惠税率的，有关货物进出海关特殊监管区域和保税监管场所以及内销时，已通过原产地电子信息交换系统实现电子联网的优惠贸易协定项下货物报关单，按照上述一般贸易要求填报；未实现电子联网的优惠贸易协定项下货物报关单，“随附单证代码”栏填报“Y”，“随附单证编号”栏填报“〈优惠贸易协定代码〉”和“原产地证据文件备案号”。“原产地证据文件备案号”为进出口货物的收发货人或者其代理人录入原产地证据文件电子信息后，系统自动生成的号码。

向香港或者澳门特别行政区出口用于生产香港 CEPA 或者澳门 CEPA 项下货物的原

材料时，按照上述一般贸易填报要求填制报关单，香港或澳门生产厂商在香港工贸署或者澳门经济局登记备案的有关备案号填报在“关联备案”栏。

“单证对应关系表”中填报报关单上的申报商品项与原产地证书（原产地声明）上的商品项之间的对应关系。报关单上的商品序号与原产地证书（原产地声明）上的项目编号应一一对应，不要求顺序对应。同一批次进口货物可以在同一报关单中申报，不享受优惠税率的货物序号不填报在“单证对应关系表”中。

（3）各优惠贸易协定项下，免提交原产地证据文件的小金额进口货物“随附单证代码”栏填报“Y”，“随附单证代码”栏填报“〈协定编号〉XJE00000”，“单证对应关系表”享惠报关单项号按实际填报，对应单证项号与享惠报关单项号相同。

（三十二）标记唛码及备注

填报要求如下：

（1）标记唛码中除图形以外的文字、数字，无标记唛码的填报 N/M。

（2）受外商投资企业委托代理其进口投资设备、物品的进出口企业名称。

（3）与本报关单有关联关系的，同时在业务管理规范方面又要求填报的备案号，填报在电子数据报关单中“关联备案”栏。

保税间流转货物、加工贸易结转货物及凭《征免税证明》转内销货物，其对应的备案号填报在“关联备案”栏。

减免税货物结转进口（转入），“关联备案”栏填报本次减免税货物结转所申请的《中华人民共和国海关进口减免税货物结转联系函》的编号。

减免税货物结转出口（转出），“关联备案”栏填报与其相对应的进口（转入）报关单“备案号”栏中《征免税证明》的编号。

（4）与本报关单有关联关系的，同时在业务管理规范方面又要求填报的报关单号，填报在电子数据报关单中“关联报关单”栏。

保税间流转、加工贸易结转类的报关单，应先办理进口报关，并将进口报关单号填入出口报关单的“关联报关单”栏。

办理进口货物直接退运手续的，除另有规定外，应先填制出口报关单，再填制进口报关单，并将出口报关单号填报在进口报关单的“关联报关单”栏。

减免税货物结转出口（转出），应先办理进口报关，并将进口（转入）报关单号填入出口（转出）报关单的“关联报关单”栏。

（5）办理进口货物直接退运手续的，填报“〈ZT”＋“海关审核联系单号或者《海关责令进口货物直接退运通知书》编号”＋“〉”。办理固体废物直接退运手续的，填报“固体废物，直接退运表××号/责令直接退运通知书××号”。

（6）保税监管场所进出货物，在“保税/监管场所”栏填报本保税监管场所编码［保税物流中心（B型）填报本中心的国内地区代码］，其中涉及货物在保税监管场所间流转的，在本栏填报对方保税监管场所代码。

（7）涉及加工贸易货物销毁处置的，填报海关加工贸易货物销毁处置申报表编号。

（8）当监管方式为“暂时进出货物”（2600）和“展览品”（2700）时，填报要求如下：

1）根据《中华人民共和国海关暂时进出境货物管理办法》（海关总署令第233号，以下简称《管理办法》）第三条第一款所列项目，填报暂时进出境货物类别，如暂进六、暂出九。

2）根据《管理办法》第十条规定，填报复运出境或者复运进境日期，期限应在货物进出境之日起6个月内，如20180815前复运进境、20181020前复运出境。

3）根据《管理办法》第七条，向海关申请对有关货物是否属于暂时进出境货物进行审核确认的，填报《中华人民共和国××海关暂时进出境货物审核确认书》编号，如〈ZS海关审核确认书编号〉，其中英文为大写字母；无此项目的，无须填报。

上述内容依次填报，项目间用“/”分隔，前后均不加空格。

4）收发货人或其代理人申报货物复运进境或者复运出境的：

货物办理过延期的，根据《管理办法》填报《货物暂时进/出境延期办理单》的海关回执编号，如〈ZS海关回执编号〉，其中英文为大写字母；无此项目的，无须填报。

（9）跨境电子商务进出口货物，填报“跨境电子商务”。

（10）加工贸易副产品内销，填报“加工贸易副产品内销”。

（11）服务外包货物进口，填报“国际服务外包进口货物”。

（12）公式定价进口货物填报公式定价备案号，格式为：“公式定价”＋备案编号＋“@”。对于同一报关单下有多项商品的，如某项或某几项商品为公式定价备案的，则备注栏内填报为：“公式定价”＋备案编号＋“#”＋商品序号＋“@”。

（13）进出口与《预裁定决定书》列明情形相同的货物时，按照《预裁定决定书》填报，格式为：“预裁定＋《预裁定决定书》编号”（例如：某份预裁定决定书编号为R-2-0100-2018-0001，则填报为“预裁定R-2-0100-2018-0001”）。

（14）含归类行政裁定报关单，填报归类行政裁定编号，格式为：“c”＋四位数字编号，如c0001。

（15）已经在进入特殊监管区时完成检验的货物，在出区入境申报时，填报“预检验”字样，同时在“关联报检单”栏填报实施预检验的报关单号。

（16）进口直接退运的货物，填报“直接退运”字样。

（17）企业提供ATA单证册的货物，填报“ATA单证册”字样。

（18）不含动物源性低风险生物制品，填报“不含动物源性”字样。

（19）货物自境外进入境内特殊监管区或者保税仓库的，填报“保税入库”或者“境外入区”字样。

（20）海关特殊监管区域与境内区外之间采用分送集报方式进出的货物，填报“分送集报”字样。

（21）军事装备出入境的，填报“军品”或“军事装备”字样。

（22）申报HS为3821000000、3002300000的，属于下列情况的，填报要求为：属于培养基的，填报“培养基”字样；属于化学试剂的，填报“化学试剂”字样；不含动物源性成分的，填报“不含动物源性”字样。

（23）属于修理物品的，填报“修理物品”字样。

（24）属于下列情况的，填报“压力容器”“成套设备”“食品添加剂”“成品退换”“旧机电产品”等字样。

（25）HS为2903890020（入境六溴环十二烷），用途为“其他（99）”的，填报具体用途。

（26）集装箱箱体信息填报集装箱号（在集装箱箱体上标示的全球唯一编号）、集装箱规格、集装箱商品项号关系（单个集装箱对应的商品项号，半角逗号分隔）、集装箱货重（集装箱箱体自重＋装载货物重量，千克）。

（27）申报HS为3006300000、3504009000、3507909010、3507909090、3822001000、3822009000，不属于“特殊物品”的，填报“非特殊物品”字样。“特殊物品”定义见《出入境特殊物品卫生检疫管理规定》（原国家质量监督检验检疫总局令第160号公布，根据国家质量监督检验检疫总局令第184号、海关总署令第238号、第240号、第243号修改）。

（28）进出口列入目录的进出口商品及法律、行政法规规定须经出入境检验检疫机构检验的其他进出口商品实施检验的，填报“应检商品”字样。

（29）申报时其他必须说明的事项。

（三十三）项号

分两行填报。第一行填报报关单中的商品顺序编号；第二行填报备案序号，专用于加工贸易及保税、减免税等已备案、审批的货物，填报该项货物在《加工贸易手册》或《征免税证明》等备案、审批单证中的顺序编号。有关优惠贸易协定项下报关单填制要求按照海关总署相关规定执行。其中第二行特殊情况填报要求如下：

（1）深加工结转货物，分别按照《加工贸易手册》中的进口料件项号和出口成品项号填报。

（2）料件结转货物（包括料件、制成品和未完成品折料），出口报关单按照转出《加工贸易手册》中进口料件的项号填报；进口报关单按照转进《加工贸易手册》中进口料件的项号填报。

（3）料件复出货物（包括料件、边角料），出口报关单按照《加工贸易手册》中进口料件的项号填报；如边角料对应一个以上料件项号时，填报主要料件项号。料件退换货物（包括料件、不包括未完成品），进出口报关单按照《加工贸易手册》中进口料件的项号填报。

（4）成品退换货物，退运进境报关单和复运出境报关单按照《加工贸易手册》原出口成品的项号填报。

（5）加工贸易料件转内销货物（以及按料件办理进口手续的转内销制成品、残次品、未完成品）填制进口报关单，填报《加工贸易手册》进口料件的项号；加工贸易边角料、副产品内销，填报《加工贸易手册》中对应的进口料件项号。如边角料或副产品对应一个以上料件项号时，填报主要料件项号。

（6）加工贸易成品凭《征免税证明》转为减免税货物进口的，应先办理进口报关手续。进口报关单填报《征免税证明》中的项号，出口报关单填报《加工贸易手册》原出口成品项号，进、出口报关单货物数量应一致。

（7）加工贸易货物销毁，填报《加工贸易手册》中相应的进口料件项号。

（8）加工贸易副产品退运出口、结转出口，填报《加工贸易手册》中新增成品的出口项号。

（9）经海关批准实行加工贸易联网监管的企业，按海关联网监管要求，企业需申报报关清单的，应在向海关申报进出口（包括形式进出口）报关单前，向海关申报“清单”。一份报关清单对应一份报关单，报关单上的商品由报关清单归并而得。加工贸易电子账册报关单中项号、品名、规格等栏目的填制规范比照《加工贸易手册》。

（三十四）商品编号

填报由13位数字组成的商品编号。前8位为《中华人民共和国进出口税则》和《中华人民共和国海关统计商品目录》确定的编码；9、10位为监管附加编号，11～13位为检验检疫附加编号。

（三十五）商品名称及规格型号

分两行填报。第一行填报进出口货物规范的中文商品名称，第二行填报规格型号。具体填报要求如下：

（1）商品名称及规格型号应据实填报，并与进出口货物收发货人或受委托的报关企业所提交的合同、发票等相关单证相符。

（2）商品名称应当规范，规格型号应当足够详细，以能满足海关归类、审价及许可证件管理要求为准，可参照《中华人民共和国海关进出口商品规范申报目录》中对商品名称、规格型号的要求进行填报。

（3）已备案的加工贸易及保税货物，填报的内容必须与备案登记中同项号下货物的商品名称一致。

（4）对需要海关签发《货物进口证明书》的车辆，商品名称栏填报“车辆品牌＋排气量（注明cc）＋车型（如越野车、小轿车等）”。进口汽车底盘不填报排气量。车辆品牌按照《进口机动车辆制造厂名称和车辆品牌中英文对照表》中“签注名称”一栏的要求填报。规格型号栏可填报“汽油型”等。

（5）由同一运输工具同时运抵同一口岸并且属于同一收货人、使用同一提单的多种进口货物，按照商品归类规则应当归入同一商品编号的，应当将有关商品一并归入该商品编号。商品名称填报一并归类后的商品名称；规格型号填报一并归类后商品的规格型号。

（6）加工贸易边角料和副产品内销，边角料复出口，填报其报验状态的名称和规格型号。

（7）进口货物收货人以一般贸易方式申报进口属于《需要详细列名申报的汽车零部

件清单》(海关总署 2006 年第 64 号公告)范围内的汽车生产件的，按以下要求填报：

1）商品名称填报进口汽车零部件的详细中文商品名称和品牌，中文商品名称与品牌之间用“/”相隔，必要时加注英文商品名称；进口的成套散件或者毛坯件应在品牌后加注“成套散件”“毛坯”等字样，并与品牌之间用“/”相隔。

2）规格型号填报汽车零部件的完整编号。在零部件编号前应当加注“S”字样，并与零部件编号之间用“/”相隔，零部件编号之后应当依次加注该零部件适用的汽车品牌和车型。汽车零部件属于可以适用于多种汽车车型的通用零部件的，零部件编号后应当加注“TY”字样，并用“/”与零部件编号相隔。与进口汽车零部件规格型号相关的其他需要申报的要素，或者海关规定的其他需要申报的要素，如“功率”“排气量”等，应当在车型或“TY”之后填报，并用“/”与之相隔。汽车零部件报验状态是成套散件的，应当在“标记唛码及备注”栏内填报该成套散件装配后的最终完整品的零部件编号。

(8) 进口货物收货人以一般贸易方式申报进口属于《需要详细列名申报的汽车零部件清单》(海关总署 2006 年第 64 号公告)范围内的汽车维修件的，填报规格型号时，应当在零部件编号前加注“W”，并与零部件编号之间用“/”相隔；进口维修件的品牌与该零部件适用的整车厂牌不一致的，应当在零部件编号前加注“WF”，并与零部件编号之间用“/”相隔。其余申报要求同上条执行。

(9) 品牌类型。品牌类型为必填项目。可选择“无品牌（代码 0）”“境内自主品牌（代码 1）”“境内收购品牌（代码 2）”“境外品牌（贴牌生产）（代码 3）”“境外品牌（其他）（代码 4）”如实填报。其中，“境内自主品牌”是指由境内企业自主开发、拥有自主知识产权的品牌；“境内收购品牌”是指境内企业收购的原境外品牌；“境外品牌（贴牌生产）”是指境内企业代工贴牌生产中使用的境外品牌；“境外品牌（其他）”是指除代工贴牌生产以外使用的境外品牌。上述品牌类型中，除“境外品牌（贴牌生产）”仅用于出口外，其他类型均可用于进口和出口。

(10) 出口享惠情况。出口享惠情况为出口报关单必填项目。可选择“出口货物在最终目的国（地区）不享受优惠关税”“出口货物在最终目的国（地区）享受优惠关税”“出口货物不能确定在最终目的国（地区）享受优惠关税”如实填报。进口货物报关单不填报该申报项。

(11) 申报进口已获 3C 认证的机动车辆时，填报以下信息：

1）提运单日期。填报该项货物的提运单签发日期。

2）质量保质期。填报机动车的质量保证期。

3）发动机号或电机号。填报机动车的发动机号或电机号，应与机动车上打刻的发动机号或电机号相符。纯电动汽车、插电式混合动力汽车、燃料电池汽车为电机号，其他机动车为发动机号。

4）车辆识别代码（VIN)。填报机动车车辆识别代码，须符合国家强制性标准《道路车辆　车辆识别代号（VIN)》(GB 16735) 的要求。该项目一般与机动车的底盘（车架号）相同。

5）发票所列数量。填报对应发票中所列进口机动车的数量。

6）品名（中文名称）。填报机动车中文品名，按《进口机动车辆制造厂名称和车辆品牌中英文对照表》的要求填报。

7）品名（英文名称）。填报机动车英文品名，按《进口机动车辆制造厂名称和车辆品牌中英文对照表》的要求填报。

8）型号（英文）。填报机动车型号，与机动车产品标牌上整车型号一栏相符。

（12）进口货物收货人申报进口属于实施反倾销反补贴措施货物的，填报“原厂商中文名称”“原厂商英文名称”“反倾销税率”“反补贴税率”“是否符合价格承诺”等计税必要信息。

格式要求为：“| 〈〉〈〉〈〉〈〉〈〉”。“|”、“〈”和“〉”均为英文半角符号。第一个“|”为在规格型号栏目中已填报的最后一个申报要素后系统自动生成或人工录入的分割符（若相关商品税号无规范申报填报要求，则需要手工录入“|”），“|”后面5个“〈〉”内容依次为“原厂商中文名称”“原厂商英文名称（如无原厂商英文名称，可填报以原厂商所在国或地区文字标注的名称，具体可参照商务部实施贸易救济措施相关公告中对有关原厂商的外文名称写法）”“反倾销税率”“反补贴税率”“是否符合价格承诺”。其中，“反倾销税率”和“反补贴税率”填写实际值，例如，税率为30%，填写“0.3”。“是否符合价格承诺”填写“1”或者“0”，“1”代表“是”，“0”代表“否”。填报时，5个“〈〉”不可缺项，如第3、4、5项“〈〉”中无申报事项，相应的“〈〉”中内容可以为空，但“〈〉”需要保留。

（三十六）数量及单位

分三行填报。

（1）第一行按进出口货物的法定第一计量单位填报数量及单位，法定计量单位以《中华人民共和国海关统计商品目录》中的计量单位为准。

（2）凡列明有法定第二计量单位的，在第二行按照法定第二计量单位填报数量及单位。无法定第二计量单位的，第二行为空。

（3）成交计量单位及数量填报在第三行。

（4）法定计量单位为“千克”的数量填报，特殊情况下填报要求如下：

1）装入可重复使用的包装容器的货物，按货物扣除包装容器后的重量填报，如罐装同位素、罐装氧气及类似品等。

2）使用不可分割包装材料和包装容器的货物，按货物的净重填报（即包括内层直接包装的净重重量），如采用供零售包装的罐头、药品及类似品等。

3）按照商业惯例以公量重计价的商品，按公量重填报，如未脱脂羊毛、羊毛条等。

4）采用以毛重作为净重计价的货物，可按毛重填报，如粮食、饲料等大宗散装货物。

5）采用零售包装的酒类、饮料、化妆品，按照液体/乳状/膏状/粉状部分的重量填报。

（5）成套设备、减免税货物如需分批进口，货物实际进口时，按照实际报验状态确定数量。

（6）具有完整品或制成品基本特征的不完整品、未制成品，根据《商品名称及编码协调制度》归类规则按完整品归类的，按照构成完整品的实际数量填报。

（7）已备案的加工贸易及保税货物，成交计量单位必须与《加工贸易手册》中同项号下货物的计量单位一致，加工贸易边角料和副产品内销、边角料复出口，填报其报验状态的计量单位。

（8）优惠贸易协定项下进出口商品的成交计量单位必须与原产地证书上对应商品的计量单位一致。

（9）法定计量单位为立方米的气体货物，折算成标准状况（即摄氏零度及1个标准大气压）下的体积进行填报。

（三十七）单价

填报同一项号下进出口货物实际成交的商品单位价格。无实际成交价格的，填报单位货值。

（三十八）总价

填报同一项号下进出口货物实际成交的商品总价格。无实际成交价格的，填报货值。

（三十九）币制

按海关规定的《货币代码表》选择相应的货币名称及代码填报，如《货币代码表》中无实际成交币种，需将实际成交货币按申报日外汇折算率折算成《货币代码表》列明的货币填报。

（四十）原产国（地区）

原产国（地区）依据《中华人民共和国进出口货物原产地条例》《中华人民共和国海关关于执行〈非优惠原产地规则中实质性改变标准〉的规定》以及海关总署关于各项优惠贸易协定原产地管理规章规定的原产地确定标准填报。同一批进出口货物的原产地不同的，分别填报原产国（地区）。进出口货物原产国（地区）无法确定的，填报“国别不详”。

按海关规定的《国别（地区）代码表》选择填报相应的国家（地区）名称及代码。

（四十一）最终目的国（地区）

最终目的国（地区）填报已知的进出口货物的最终实际消费、使用或进一步加工制造国家（地区）。不经过第三国（地区）转运的直接运输货物，以运抵国（地区）为最终目的国（地区）；经过第三国（地区）转运的货物，以最后运往国（地区）为最终目的国（地区）。同一批进出口货物的最终目的国（地区）不同的，分别填报最终目的国（地区）。进出口货物不能确定最终目的国（地区）时，以尽可能预知的最后运往国（地区）为最终目的国（地区）。

按海关规定的《国别（地区）代码表》选择填报相应的国家（地区）名称及代码。

（四十二）境内目的地/境内货源地

境内目的地填报已知的进口货物在国内的消费、使用地或最终运抵地，其中最终运抵地为最终使用单位所在的地区。最终使用单位难以确定的，填报货物进口时预知的最终收货单位所在地。

境内货源地填报出口货物在国内的产地或原始发货地。出口货物产地难以确定的，填报最早发运该出口货物的单位所在地。

海关特殊监管区域、保税物流中心（B型）与境外之间的进出境货物，境内目的地/境内货源地填报本海关特殊监管区域、保税物流中心（B型）所对应的国内地区。

按海关规定的《国内地区代码表》选择填报相应的国内地区名称及代码。境内目的地还需根据《中华人民共和国行政区划代码表》选择填报其对应的县级行政区名称及代码。无下属区县级行政区的，可选择填报地市级行政区。

（四十三）征免

按照海关核发的《征免税证明》或有关政策规定，对报关单所列每项商品选择海关规定的《征减免税方式代码表》中相应的征减免税方式填报。

加工贸易货物报关单根据《加工贸易手册》中备案的征免规定填报；《加工贸易手册》中备案的征免规定为“保金”或“保函”的，填报“全免”。

（四十四）特殊关系确认

根据《中华人民共和国海关审定进出口货物完税价格办法》（以下简称《审价办法》）第十六条，填报确认进出口行为中买卖双方是否存在特殊关系，有下列情形之一的，应当认为买卖双方存在特殊关系，应填报“是”，反之则填报“否”：

（1）买卖双方为同一家族成员的。

（2）买卖双方互为商业上的高级职员或者董事的。

（3）一方直接或者间接地受另一方控制的。

（4）买卖双方都直接或者间接地受第三方控制的。

（5）买卖双方共同直接或者间接地控制第三方的。

（6）一方直接或者间接地拥有、控制或者持有对方5%以上（含5%）公开发行的有表决权的股票或者股份的。

（7）一方是另一方的雇员、高级职员或者董事的。

（8）买卖双方是同一合伙的成员的。

买卖双方在经营上相互有联系，一方是另一方的独家代理、独家经销或者独家受让人，如果符合前款的规定，也应当视为存在特殊关系。

出口货物免予填报，加工贸易及保税监管货物（内销保税货物除外）免予填报。

（四十五）价格影响确认

根据《审价办法》第十七条，填报确认纳税义务人是否可以证明特殊关系未对进口货物的成交价格产生影响，纳税义务人能证明其成交价格与同时或者大约同时发生的下列任何一款价格相近的，应视为特殊关系未对成交价格产生影响，填报“否”，反之则填报“是”：

（1）向境内无特殊关系的买方出售的相同或者类似进口货物的成交价格。

（2）按照《审价办法》第二十三条的规定所确定的相同或者类似进口货物的完税价格。

（3）按照《审价办法》第二十五条的规定所确定的相同或者类似进口货物的完税价格。

出口货物免予填报，加工贸易及保税监管货物（内销保税货物除外）免予填报。

（四十六）支付特许权使用费确认

根据《审价办法》第十一条和第十三条，填报确认买方是否存在向卖方或者有关方直接或者间接支付与进口货物有关的特许权使用费，且未包括在进口货物的实付、应付价格中。

买方存在需向卖方或者有关方直接或者间接支付特许权使用费，且未包含在进口货物实付、应付价格中，并且符合《审价办法》第十三条的，在“支付特许权使用费确认”栏目填报“是”。

买方存在需向卖方或者有关方直接或者间接支付特许权使用费，且未包含在进口货物实付、应付价格中，但纳税义务人无法确认是否符合《审价办法》第十三条的，填报“是”。

买方存在需向卖方或者有关方直接或者间接支付特许权使用费且未包含在实付、应付价格中，纳税义务人根据《审价办法》第十三条，可以确认需支付的特许权使用费与进口货物无关的，填报“否”。

买方不存在向卖方或者有关方直接或者间接支付特许权使用费的，或者特许权使用费已经包含在进口货物实付、应付价格中的，填报“否”。

出口货物免予填报，加工贸易及保税监管货物（内销保税货物除外）免予填报。

（四十七）自报自缴

进出口企业、单位采用“自主申报、自行缴税”（自报自缴）模式向海关申报时，填报“是”；反之则填报“否”。

（四十八）申报单位

自理报关的，填报进出口企业的名称及编码；委托代理报关的，填报报关企业名称及编码。编码填报 18 位法人和其他组织统一社会信用代码。

报关人员填报在海关备案的姓名、编码、电话，并加盖申报单位印章。

（四十九）海关批注及签章

供海关作业时签注。

相关用语的含义：

报关单录入凭单：指申报单位按报关单的格式填写的凭单，用作报关单预录入的依据。该凭单的编号规则由申报单位自行决定。

预录入报关单：指预录入单位按照申报单位填写的报关单凭单录入、打印由申报单位向海关申报，海关尚未接受申报的报关单。

报关单证明联：指海关在核实货物实际进出境后按报关单格式提供的，用作进出口货物收发货人向国税、外汇管理部门办理退税和外汇核销手续的证明文件。

本规范所述尖括号（<>）、逗号（,）、连接符（-）、冒号（:）等标点符号及数字，填报时都必须使用非中文状态下的半角字符。

项目四 商品检验检疫

案例资料

为高效通关插上“智慧之翼”——天津海关提升监管水平助矿产品进口实现“开门红”

一、商品检验检疫的含义及作用

商品检验（Commodity Inspection），又称货物的检验（Inspection of the Goods），是指在国际货物买卖中，对卖方所交付货物的质量、数（重）量和包装进行检验和鉴定，以确定其是否符合合同规定；有时还对装载技术条件、卫生、疫情、运输途中发生的残损、短损以及安全等方面进行检验和鉴定，以明确事故起因及责任归属；此外，还包括根据一国的法律或行政法规对某些进出口货物进行质量、数量、包装、卫生、安全等方面的强制性检验或检疫。以上统称为商品检验检疫。

商品检验检疫的作用主要体现在四个方面：

（1）商品检验检疫体现了国家对进出口商品实施的质量管制；

（2）商品检验检疫能促进进出口商品质量的提高，增强企业在国际市场上的竞争力；

（3）商品检验检疫能严格把好进出口商品质量关，有效地维护国家和人民的利益；

（4）商品检验检疫为买卖双方交接货物、结算货款、通关计税和索赔理赔提供了依据。

二、商品检验检疫的机构及基本任务

（一）商品检验检疫的机构

当前活跃在国际贸易领域中的各类商品检验机构、鉴定机构有 1 000 多家。其中有官方机构，如中国海关；有民间机构，如中国国际贸易促进委员会（CCPIT）；有综合性机构，如中国检验认证集团（CCIC）、瑞士通用公证行（SGS）；也有专业性机构，如中国船级社质量认证有限公司、天津天浩机动车检测服务有限公司。

（二）商品检验检疫的基本任务

根据《中华人民共和国进出口商品检验法》和《中华人民共和国进出口商品检验法实施条例》的规定，我国出入境检验检疫机构在进出口商品检验方面的基本任务有以下三项：

1. 实施法定检验

法定检验是指为了保证进出口商品、动植物（或产品）及其运输设备的安全、卫生符合国家有关法律法规规定和国际上的有关规定，出入境检验检疫机构对规定的进出口商品或有关的检验检疫事项实施强制性的检验检疫。属于法定检验的出口商品，未经检验的不准出口；属于法定检验的进口商品，未经检验的不准销售、使用。

2. 办理鉴定业务

鉴定业务是指接受对外贸易关系人以及国内外有关单位或者外国检验机构的委托，办理规定范围内的进出口商品鉴定业务，签发各种鉴定证书，作为办理进出口商品的交接、结算、计费、理算、通关计税、索赔、仲裁等有效凭证。鉴定业务与法定检验不同，它不是强制性的。

3. 对进出口商品的检验工作实施监督管理

监督管理是指商检机构通过行政管理手段，对本地区进出口商品的收货人、发货人及生产、经营、储运单位以及海关认可的检验机构和认可的检验人员的检验工作进行监督管理。

三、商品检验检疫的时间和地点

在国际货物买卖合同中，根据国际贸易习惯和我国的业务实践，有关商品检验检疫的时间和地点的规定有以下几种：

（一）出口国检验

1. 产地（工厂）检验

产地（工厂）检验是指货物离开生产地点（如工厂、矿山等）之前由买卖合同中规定的检验机构对货物进行检验或验收，该机构出具的检验证书作为卖方交货的品质、数量或重量等项内容的最后依据。

2. 装运港（地）检验

装运港（地）检验，又称“离岸品质、离岸重量”（Shipping Quality and Weight）检验，是指货物在装运港或装运地装运前或装运时由双方所约定的检验机构对货物进行检验，并由该机构出具检验证书作为卖方交货的品质、数量或重量等项内容的最后依据。货抵目的港或目的地后，卖方如对货物进行复验，即使发现问题，也无权表示拒收或提出异议和索赔。

上述操作办法从根本上否定了买方的复验权，对买方极为不利。

（二）进口国检验

1. 目的港（地）检验

目的港（地）检验，又称“到岸品质、到岸重量”（Landed Quality and Weight）检验，是指货抵目的港或目的地时，由双方约定的检验机构在规定的时间内，就地对商品进行检验，该机构出具的检验证书作为卖方交货的品质、数量或重量等项内容的最后依据。如检验证书证明货物与合同规定不符，系属卖方责任，卖方应负责。

2. 买方营业处所（最终用户所在地）检验

该做法是将检验延伸和推迟至货物运抵买方营业处所或最终用户所在地后的一定时间内进行，由双方约定的检验机构所出具的检验证书作为卖方交货的品质、数量或重量等项内容的最后依据。这一做法主要适用于需要安装调试并进行检验的成套设备、机电仪表产品以及在口岸开件检验后难以恢复原包装的商品。

采用上述做法时，卖方须承担到岸货物的品质、数量或重量的责任，这对卖方极为不利。

（三）出口国检验、进口国复验

出口国检验、进口国复验是指货物须于装运前由双方约定的装运港或装运地的检验机构进行检验，该机构出具的检验证书作为卖方要求买方支付货款或要求银行支付、承兑或议付时提交的单据之一；货抵目的港或目的地后的一定时间内，买方有权复验，以双方约定的目的港或目的地的检验机构出具的检验证书作为买方向有关当事人对货损、货差提出异议、索赔的依据。我国的进出口贸易基本上都采用这一做法。

四、商品检验检疫的内容

（一）质量检验

质量检验（Quality Inspection），又称品质检验，是检验工作的主要项目。质量检验的项目主要有外观质量、内在质量、特定质量等。

（二）数量或重量检验

商品的数量（Quantity）和重量（Weight）是贸易合同中的重要内容。由于直接涉及该笔贸易的成交金额与最终结算，与双方的利益最为直接，因此，数量或重量检验是检验工作的主要内容之一。

（三）包装检验

包装检验是根据合同、标准和其他有关规定，对进出口商品的外包装和内包装以及包装标志进行检验。

（四）出口商品装运技术检验

根据对外贸易关系人的申请，或依据有关法律、法规的规定，检验检疫机构对出口商品的装载条件、装载技术等内容进行检验鉴定，主要有以下检验项目：

（1）船舱检验。船舱检验包括干货舱检验、油舱检验、冷藏舱检验，以确认其对所装货物的适载性。

（2）进出口集装箱鉴定。检验机构对装运易腐烂变质食品的集装箱实施强制性检验，以保证出口食品的卫生质量。对其他进出口集装箱，凭对外贸易关系人的申请，办理鉴定业务。

(3) 监视装载。监视装载，简称监装，是检验部门对出口商品装货进行的监视鉴定工作。对货物监装时，首先要对装运出口货物的船舱进行检验，或对集装箱进行检验，确认其适货性。同时审核承运人的配载计划是否符合货运安全的需要；监督承运人按照商品的装载技术要求进行装载，并出具监视装载证书。

(4) 积载鉴定。积载鉴定是根据对外贸易关系人的申请，检验部门对出口商品装载情况进行的鉴定。鉴定时应审核承运人的配载计划是否合理，注意其安全、稳固性，防止货物互抵性、串味等；检查装船技术措施是否符合保护货物的质量、数量完整和安全的要求，如是否有良好的加固、隔离、衬垫、通风措施等，据实出具鉴定证明。

(5) 货载衡量鉴定。货载衡量是对贸易成交将要运输的商品进行测量体积和衡定重量的工作，是由承运人或托运人申请检验部门办理的鉴定业务，其主要目的是计算运费，为订舱、配载提供准确的货物体积和重量数据，以便保证船舶合理配载、安全平稳。

（五）出入境动植物检疫

为防止动物传染病、寄生虫病和植物危害性病、虫、杂草及其他有害生物传入、传出国境，保护农、林、牧、渔业和人体健康，保障我国国际贸易活动正常进行，按照《中华人民共和国进出境动植物检疫法》（以下简称《动植物检疫法》）的规定，对进出境的动植物、动植物产品和其他检疫物、装载动植物、动植物产品和其他检疫物的装载容器、包装物以及来自动植物疫区的运输工具，依法实施检疫。

依据《动植物检疫法》，我国禁止下列各类物品进境：(1) 动植物病原体（包括菌种、毒种等）、害虫及其他有害生物；(2) 动植物疫情流行的国家和地区的有关动植物、动植物产品和其他检疫物；(3) 动物尸体；(4) 土壤。

（六）出入境卫生检疫

按照《中华人民共和国国境卫生检疫法》及其实施细则的规定，出入境的人员、交通工具、集装箱、运输设备、尸体、骸骨及可能传播检疫传染病的行李、货物、邮包等都必须接受卫生检疫。经卫生检疫机关许可，方准入境或者出境。入境或者出境的微生物、人体组织、生物制品、血液及其制品等特殊物品，也应当主动接受检疫。经卫生检疫机关许可，方准带入或带出，海关凭卫生检疫机关签发的有关证明放行。

（七）进出口商品鉴定

进出口商品鉴定业务原来称对外贸易公证鉴定业务，它的范围和内容十分广泛，凡是以第三者的地位、公正科学的态度，运用各种技术手段和工作经验，检验、鉴定各种进出口商品的品质、规格、包装、数量、重量、残损等实际情况与使用价值，以及运载工具、装运技术、装运条件等事实状态，是否符合合同（契约）标准和国际条约的规定、国际惯例的要求，通过独立的检验、鉴定和分析判断，得出正确的、公正的检验、鉴定结果和结论，或提供有关的数据，签发检验、鉴定证书或其他有关的证明，都属于进出口商品鉴定业务范围。

五、进出口商品的检验检疫程序

我国进出口商品的检验检疫程序主要包括以下四个环节：报检、抽样、检验、发送放行指令。

（一）报检

进出口报检是指对外贸易关系人向检疫机构申请检验。凡属检疫范围内的进出口商品，都必须报检。报检单位首次报检时必须持本单位营业执照和政府批文办理登记备案手续，取得报检单位代码。代理报检单位须按规定办理注册登记手续。

1. 报检的范围

（1）国家法律法规规定必须由检验检疫机构检验检疫的；

（2）输入国家或地区规定必须凭检验检疫机构出具的证书方准入境的；

（3）有关国际条约规定须经检验检疫的；

（4）申请签发原产地证书及普惠制原产地证书的。

2. 入境报检手续

对于入境货物，应在入境前或入境时向入境口岸、指定的或到达站的检验检疫机构办理报检手续；入境的运输工具及人员应在入境前或入境时申报。入境货物需对外索赔出证的，应在有效期前不少于 20 天内向到货口岸或货物到达地的检验检疫机构报检。输入微生物、人体组织、生物制品、血液及其制品或种畜、禽及其精液、胚胎、受精卵的，应当在入境前 30 天报检。输入其他动物的，应当在入境前 15 天报检。

入境报检时，应填写入境货物报检单并提供合同、发票、提单等有关单证，还应提供下列有关文件：

（1）凡实施安全质量许可、卫生注册或其他须审批审核的货物，应提供有关证明。

（2）品质检验还应提供国外品质证书或质量保证书、产品使用说明书及有关标准和技术资料；凭样成交的，须加附成交样品；以品级或公量计价结算的，应同时申请重量鉴定。

（3）报检入境废物时，还应提供国家环保部门签发的进口货物批准证书、经认可的检验机构签发的装运前检验合格证书等。

（4）申请残损鉴定的还应提供理货残损单、铁路商务记录、空运事故记录或海事报告等证明货损情况的有关单证。

（5）申请重（数）量鉴定的还应提供重（数）量明细单、理货清单等。

（6）货物经收、用货部门验收或其他单位检测的，应随附验收报告或检测结果以及重量明细单等。

（7）入境动植物及其产品，在提供贸易合同、发票、产地证书的同时，还必须提供输出国家或地区官方的检疫证书；须办理入境检疫审批手续的还应提供入境动植物检疫许可证。

（8）过境动植物及其产品报检时，应持货运单和输出国家或地区官方出具的检疫证书；运输动植物过境时，还应提交国家相关机构签发的动植物过境许可证。

（9）报检入境运输工具、集装箱时，应提供检疫证明，并申报有关人员的健康状况。

（10）因科研等特殊需要，输入禁止入境的物品时，必须提供国家相关机构签发的特许审批证明。

（11）入境特殊物品的，应提供有关的批件或规定的文件。

3. 出境报检手续

出境货物最迟应于报关或出境装运前 10 天向检验检疫机构申请报检；出境动物应在出境前 60 天预报，隔离前 7 天报检；出入境的运输工具应在出境前向口岸检验检疫机关报检或申报。出境货物应向所在地检验检疫机构办理报检。对有内地运往口岸分批、并批的货物，应在产地办理预检，合格后，方可运往口岸办理出境货物的查验换证手续。对由内地运往口岸后，由于改变国别或地区有不同检疫要求的、超过检验检疫有效期的、批次混乱货证不符的，或经口岸查验不合格的，须在口岸重新报检。

出境检验时，应填写出境货物报检单并提供对外贸易合同（售货确认书或函电）、信用证、发票、装箱单等必要的单证，还应按要求提供下列有关文件：

（1）凡实施质量许可、卫生注册或须经营审批的货物，应提供有关证明。

（2）出境货物须经生产者或经营者检验合格并加附检验合格证或检测报告；申请重量鉴定的，应加附重量明细单或磅码单。

（3）凭样成交的货物，应提供经买卖双方确认的样品。

（4）出境人员应向检疫机构申请办理国际旅行健康证明书及国际预防接种证书。

（5）报检出境运输工具、集装箱时，应提供检疫证明，并申报有关人员的健康状况。

（6）生产出境危险货物包装容器的企业，必须向检验检疫机构申请危险货物包装容器的使用鉴定。

（7）报检出境危险货物时，必须提供危险货物包装容器性能鉴定结果单和使用鉴定结果单。

（8）申请原产地证书和普惠制原产地证书时，应提供商业发票等资料。

（9）出境特殊货物的，还应根据法律法规提供有关的审批文件。

（二）抽样

检验检疫机构接受报检后，需及时派人到货物堆存地点进行现场检验鉴定。其内容包括货物的数量、重量、包装、外观等项目。现场检验一般采取国际贸易中普遍使用的抽样法（个别特殊商品除外）。抽样时须按规定的抽样方法和一定的比例随机抽样，以便样品能代表整批商品的质量。

常用的抽样方式有：登轮抽样、甩包抽样、翻垛抽样、出厂/进仓时抽样、包装前抽样、生产过程中抽样、装货时抽样、开沟抽样、流动间隔抽样。

（三）检验

根据我国商检法规的规定，内地省市的出口商品需要由内地检验机构进行检验。经内地检验机构检验合格后，签发出口商品检验换证凭单，当商品的装运条件确定后，外贸经营单位持内地检验机构签发的出口商品检验换证凭单向口岸检验机构申请查验放行。

口岸查验是指对经产地出入境检验检疫机构出口预验签发出口商品检验换证凭单的出口商品，在调运至口岸出口时，因经过长途运输，品质、包装可能变质受损，必须由口岸出入境检验检疫机构执行口岸查验。口岸查验中发现有漏检项目或需要重新检验的，口岸检验机构要将漏检的项目进行补验，需要重新检验的要按照标准规定重新检验；口岸查验中发现货物包装有问题或不合格，应及时通知有关单位加工整理，经重新整理或换包装后，再进行查验；口岸查验中如果发现出口商品检验换证凭单有误，应与发货地的检验机构联系更正。

检验检疫机构接受报检后，根据抽样和现场检验记录，仔细核对合同及信用证对品质、规格、包装的规定，弄清检验的依据、标准，采用合理的方法实施检验。

根据我国《进出口商品免验办法》的规定，列入必须实施检验的进出口商品目录的进出口商品（本办法第六条规定的商品除外），由收货人、发货人或者其生产企业提出申请，经海关总署审核批准，可以免予检验。

（四）发送放行指令

根据2018年5月29日海关总署下发的《关于全面取消〈入/出境货物通关单〉有关事项的公告》（海关总署2018年第50号公告），全面取消《入/出境货物通关单》后，涉及法定检验检疫要求的进口商品申报时，企业在报关单随附单证栏中不再填写原通关单代码和编号，可通过“单一窗口”报关报检合一界面向海关一次申报，如需使用“单一窗口”单独报关、报检界面或者报关报检企业客户端申报的，企业应当在报关单随附单证栏中填写报检电子回执上的检验检疫编号，并填写代码“A”；涉及法定检验检疫要求的出口商品申报时，企业不需在报关单随附单证栏中填写原通关单代码和编号，应当填写报检电子回执上的企业报检电子底账数据号，并填写代码“B”。通关单取消后，在放行环节，海关统一发送一次放行指令，海关监管作业场所经营单位凭海关放行指令为企业办理货物提离手续。

六、商检证书

检验检疫机构对进出口商品检验检疫或鉴定后，根据不同的检验结果或鉴定项目签发的各种检验证书、鉴定证书和其他证明书，统称检验检疫证书（Inspection Certificate）或商检证书。国际贸易中，商检证书起着公证的作用，既是买卖双方交接货物、结算货款和进行索赔、理赔的依据，也是通关、征收关税和优惠减免关税、结算运费等的有效凭证。商检证书的种类多种多样，在实际业务中，买卖双方应根据成交货物的种类、性质、有关国家的法律和行政法规、政府的涉外经济贸易政策和贸易习惯等来确定卖方应提供何种商检证书，并在买卖合同中予以明确。

商检证书的种类和用途主要有：

（1）品质检验证书，是出口商品交货结汇和进口商品结算索赔的有效凭证；法定检验商品的证书，是进出口商品报关、输出输入的合法凭证。商检机构签发的放行单和在报关单上加盖的放行章具有与商检证书同等的通关效力；签发的检验情况通知单同为商检证书性质。

（2）重量或数量检验证书，是出口商品交货结汇、签发提单和进口商品结算索赔的有效凭证；出口商品的重量证书也是国外报关征税和计算运费、装卸费用的凭证。

（3）兽医检验证书，是证明出口动物产品或食品经过检疫合格的证件。其适用于冻畜肉、冻禽、禽畜罐头、冻兔、皮张、毛类、绒类、猪鬃、肠衣等出口商品，是对外交货、银行结汇和进口国通关输入的重要证件。

（4）卫生/健康证书，是证明可供人类食用的出口动物产品、食品等经过卫生检验或检疫合格的证件。其适用于肠衣、罐头、冻鱼、冻虾、食品、蛋品、乳制品、蜂蜜等，是对外交货、银行结汇和通关验放的有效证件。

（5）消毒检验证书，是证明出口动物产品经过消毒处理，保证安全卫生的证件。其适用于猪鬃、马尾、皮张、山羊毛、羽毛、人发等商品，是对外交货、银行结汇和国外通关验放的有效凭证。

（6）熏蒸证书，是用于证明出口粮谷、油籽、豆类、皮张等商品，以及包装用木材与植物性填充物等已经过熏蒸灭虫的证书。

（7）残损检验证书，是证明进口商品残损情况的证件。其适用于进口商品发生残、短、渍、毁等情况；可作为受货人向发货人、承运人或保险人等有关责任方索赔的有效证件。

（8）积载鉴定证书，是证明船方和集装箱装货部门正确配载积载货物，作为证明履行运输契约义务的证件。其可供货物交接或发生货损时处理争议之用。

（9）财产价值鉴定证书，是对外贸易关系人和司法、仲裁、验资等有关部门索赔、理赔、评估或裁判的重要依据。

（10）船舱检验证书，是证明承运出口商品的船舱清洁、密固、冷藏效能及其他技术条件是否符合保护承载商品的质量和数量完整与安全的要求的证件。其可作为承运人履行租船契约适载义务、对外贸易关系方进行货物交接和处理货损事故的依据。

（11）生丝品级及公量检验证书，是出口生丝的专用证书。其作用相当于品质检验证书和重量/数量检验证书。

（12）产地证明书，是出口商品在进口国通关输入和享受减免关税优惠待遇和证明商品产地的凭证。

（13）舱口检视证书、监视装/卸载证书、舱口封识证书、集装箱监装/拆证书，是作为证明承运人履行契约义务，明确责任界限，便于处理货损、货差责任事故的证明。

（14）价值证明书，是进口国管理外汇和征收关税的凭证。在发票上盖商检机构的价值证明章与价值证明书具有同等效力。

（15）货载衡量检验证书，是证明进出口商品的重量、体积、吨位的证件，可作为计算运费和制订配载计划的依据。

（16）集装箱租箱交货检验证书、租船交船剩水/油重量鉴定证书，可作为契约双方明确履约责任和处理费用清算的凭证。

模块小结

海关实务是国际物流中不可或缺的一部分，它涉及货物的进出口、税收征收、监管查验等多个环节。有效的海关实务管理可以促进贸易便利化，提高通关效率，同时保障国家利益和市场秩序。了解和掌握海关实务的相关知识和技能，对于从事国际贸易的企业和个人来说至关重要。随着政策的不断变化和贸易环境的发展，海关实务的操作也需要不断地更新和完善，以适应新的挑战和需求。

知识巩固

一、单项选择题

1. 我国某公司从印度进口一批货物，载货运输工具于 2023 年 7 月 6 日申报进境，次日该公司向海关申报电子数据被系统退单。经确认相关信息，该公司于 7 月 8 日重新向海关发送申报电子数据并于当日收到电子放行回执信息，该公司于 7 月 9 日向现场海关提交纸质报关单证，该批货物的申报日期是(　　)。

A. 7 月 6 日　　B. 7 月 7 日　　C. 7 月 8 日　　D. 7 月 9 日

2. 我国某公司从法国购进瓶装葡萄酒一批，货物于 2023 年 8 月 18 日（星期五）进境，于 2023 年 9 月 9 日向海关发送数据申报，同日，海关审核并接受申报。该批货物滞报(　　)。

A. 17 天　　B. 18 天　　C. 19 天　　D. 20 天

3. 一般进出口货物报关时提交的主要单据有(　　)。

A. 报关单、装箱单、发票、保险单

B. 报关单、商检证、装货单、保险单

C. 报关单、装箱单、发票、提（运）单

D. 报关单、装货单、保险单、出口许可

4. 在全国通关一体化模式下，关于申报口岸正确的说法是(　　)。

A. 需在收发货人注册地申报　　B. 需在货物进出境地申报

C. 可以自主选择申报口岸　　D. 由海关随机指定申报口岸

5. 我国 A 公司与美国 B 公司签订贸易合同，购买一台原产于日本的医疗机械，该设备从日本直接运至上海，放行后运至郑州使用。申报时，贸易国、启运国、境内目的地依次分别填写(　　)。

A. 美国 美国 郑州　　B. 日本 日本 郑州

C. 美国 日本 郑州　　D. 美国 日本 上海

二、多项选择题

1. 中国海关的基本职能是(　　)。

A. 进出境监管　　B. 查缉走私　　C. 征收关税和其他税费

D. 编制海关统计　　E. 办理其他海关业务

2. 我国实施关检融合后，通关作业实现了哪三个一？（　　）

A. 报关报检统一通过单一窗口申报一次

B. 对进出口货物全面实施一次查验

C. 申报企业对海关查验工作仅配合一次

D. 凭海关放行指定提离货物，实现一次放行

E. 申报企业对进出口货物的税费只能一次缴纳

3. 根据《中华人民共和国海关法》，通过关境时需要办理报关手续的有（　　）。

A. 国际运营的船舶

B. 进出境的买卖货物

C. 进出境人员

D. 进出境人员携带的行李物品

E. 通过国际速递进出境的快件

4. 我国出口企业需要申报退税的，在完成出口退税管理系统申报后，要将系统自动生成的报表打印出来，和凭证装订成册，备案留存，供税务机关核查。其中，凭证包括（　　）。

A. 出口退税专用的出口货物报关单

B. 出口销售发票

C. 增值税专用发票

D. 装箱单

E. 海关规定的其他单据

5. 我国海关实施全国通关一体化后，通关环节对进出口货物实施（　　）的通关流程。

A. 一次申报　　B. 分类处置　　C. 分步处置

D. 整体防控　　E. 一次放行

三、判断题

1. 货主或其代理人在办理进境动物、动物产品及其他检疫物报检手续时，除填写入境货物报检单外，还需按检疫要求出具外贸合同、发票、装箱单、海运提单或空运单、产地证等相关单据。（　　）

2. 外贸综合服务平台主要是服务于中小外贸企业协助外销合同的履行，服务内容包括融资、通关、退税以及物流、保险等外贸环节。（　　）

3. 中华人民共和国海关总署主管全国出入境商品检验检疫、动植物检疫和国境卫生检疫工作。（　　）

4. 我国现行出口退税率主要有13%、10%、9%、6%、0五个档次。（　　）

5. 凡列入《商检机构实施检验的进出口商品种类表》和其他法律、行政法规规定须经检验机构检验的进出口商品，经收货人、发货人申请，国家检验部门审查批准，可免予检验。（　　）

四、简答题

1. 我国海关的任务有哪些?
2. 我国海关的权力包括哪些内容?
3. 常用的进出口通关制度有哪些?分别说明其含义及内容。
4. 一般进出口货物申报时需要准备好哪些单证?

五、综合题

1. 关税计算题

(1) 某出口货物完税价格为 FOB 上海 10 000 美元，查知该商品出口关税税率为10%，海关计征汇率为 1 美元=6.984 8 元人民币，计算出口关税税款。

(2) 一辆从日本进口的小轿车 CIF 上海的完税价格为 20 万元人民币，已知该商品的进口关税税率为 34.2%、消费税税率为 8%、增值税税率为 13%，计算该轿车应纳的关税、消费税及增值税税额。

2. 报关单填写

根据以下相关资料填制出口货物报关单。

THE SELLER：DALIAN HAITIAN GARMENT CO.，LTD.

中韩合资大连海天服装有限公司（2115930064）

THE BUYER：WAN DO APPAREL CO.，LTD.
550-17，YANGCHUN-GU，SEOUL，KOREA

PORT OF LOADING：DALIAN CHINA

FINAL DESTINATION：INCHON KOREA

CARRIER：DAIN/431E

TERMS OF PAYMENT：DOCUMENTS AGAINST ACCEPTANCE

NOS. OF PACKAGES	DESCRIPTION	QTY/UNIT	UNIT PRICE FOB DALIAN CHINA	AMOUNT
260CTNS	LADY'S JUMPER	1,300PCS	@$11.00	USD14,300.00
	MAN'S JUMPER	1,300PCS	@$11.00	USD14,300.00

TOTAL：USD28,600.00

B/L NO.：DAINE 431227

INVOICE NO.：HT01A08

NW：2,600KGS

GW：3,380KGS

1×40'CONTAINER NO.：EASU9608490

该公司在来料加工合同 9911113 项下出口男、女针织套衫，分列手册（编号B09009301018）第 2、3 项，外汇核销单编号：215157263，计量单位：件/千克。

大连亚东国际货运有限公司于 2023 年 9 月 25 日向大连海关申报出口，提单日期为2023 年 9 月 27 日。

该男、女针织套衫的商品编码分别为 6201.9310、6202.1310。

根据上述资料填制表 3－8。

表 3-8　中华人民共和国海关出口货物报关单

预录入编号：　　　　　　海关编号：　　　　　　页码/页数：

<table>
<tr><td>境内发货人</td><td colspan="2">出境关别</td><td colspan="2">出口日期</td><td colspan="2">申报日期</td><td colspan="2">备案号</td></tr>
<tr><td>境外收货人</td><td colspan="2">运输方式</td><td colspan="2">运输工具名称及航次号</td><td colspan="4">提运单号</td></tr>
<tr><td>生产销售单位</td><td colspan="2">监管方式</td><td colspan="2">征免性质</td><td colspan="4">许可证号</td></tr>
<tr><td>合同协议号</td><td colspan="2">贸易国(地区)</td><td colspan="2">运抵国(地区)</td><td>指运港</td><td colspan="3">离境口岸</td></tr>
<tr><td>包装种类</td><td>件数</td><td>毛重(千克)</td><td>净重(千克)</td><td>成交方式</td><td>运费</td><td colspan="2">保费</td><td>杂费</td></tr>
<tr><td colspan="9">随附单证及编号
随附单证 1：　　　　　　随附单证 2：</td></tr>
<tr><td colspan="9">标记唛码及备注</td></tr>
<tr><td>项号</td><td>商品编号</td><td>商品名称及规格型号</td><td>数量及单位</td><td>单价/总价/币制</td><td>原产国(地区)</td><td>最终目的国(地区)</td><td>境内货源地</td><td>征免</td></tr>
<tr><td></td><td></td><td></td><td></td><td></td><td></td><td></td><td></td><td></td></tr>
<tr><td></td><td></td><td></td><td></td><td></td><td></td><td></td><td></td><td></td></tr>
<tr><td></td><td></td><td></td><td></td><td></td><td></td><td></td><td></td><td></td></tr>
<tr><td></td><td></td><td></td><td></td><td></td><td></td><td></td><td></td><td></td></tr>
<tr><td></td><td></td><td></td><td></td><td></td><td></td><td></td><td></td><td></td></tr>
<tr><td></td><td></td><td></td><td></td><td></td><td></td><td></td><td></td><td></td></tr>
<tr><td></td><td></td><td></td><td></td><td></td><td></td><td></td><td></td><td></td></tr>
<tr><td colspan="9">特殊关系确认：　价格影响确认：　支付特许权使用费确认：　公式定价确认：　暂定价格确认：　自报自缴：</td></tr>
<tr><td colspan="7">报关人员　报关人员证号　电话　兹申明以上内容承担如实申报、依法纳税之法律责任
申报单位　　　　　　申报单位(签章)</td><td colspan="2">海关批注及签章</td></tr>
</table>

模块四
国际物流业务运作

知识导图

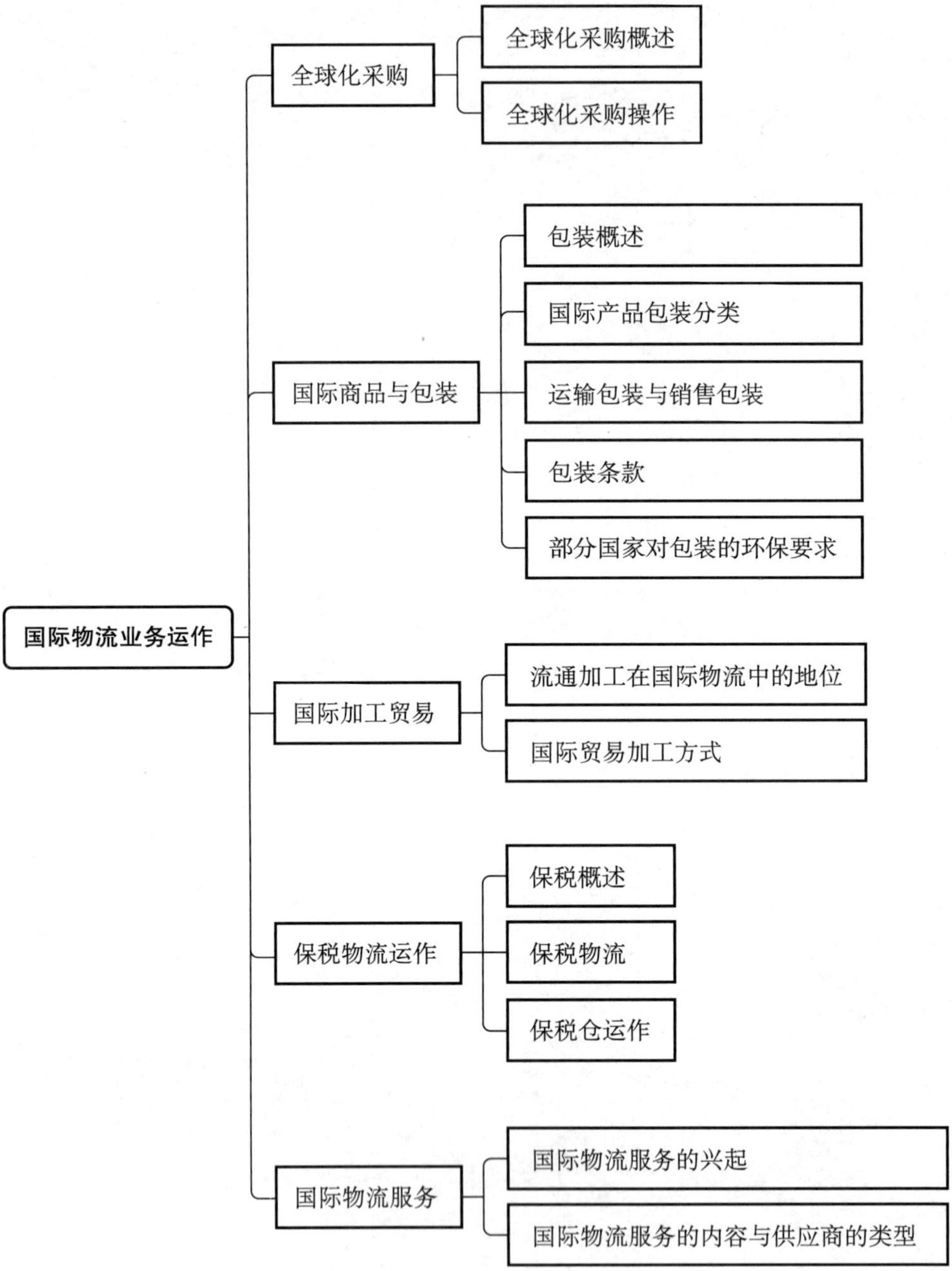
国际物流业务运作
全球化采购
全球化采购概述
全球化采购操作
国际商品与包装
包装概述
国际产品包装分类
运输包装与销售包装
包装条款
部分国家对包装的环保要求
国际加工贸易
流通加工在国际物流中的地位
国际贸易加工方式
保税物流运作
保税概述
保税物流
保税仓运作
国际物流服务
国际物流服务的兴起
国际物流服务的内容与供应商的类型

学习目标

※知识目标	※技能目标	※素质目标
1. 理解全球采购的运作要点，了解全球采购中战略供应商选择的标准，掌握供应商管理的要点； 2. 了解国际物流中包装合理化的重要意义； 3. 了解国际加工贸易的含义及主要方式； 4. 了解保税物流特点及运作要点； 5. 理解国际物流服务的内涵。	1. 能够理解全球采购的运作程序，明确国际采购的控制要点； 2. 能够理解国际物流中包装的不同分类，明确解读包装条款要求； 3. 能够独立完成保税仓业务； 4. 能够灵活运用所学知识，分析国际物流运作案例。	1. 开拓国际视野，培养分析问题、解决问题的能力； 2. 培养严谨的工作态度，敢于创新、勇于进取的精神； 3. 培养优质的服务理念和努力开拓市场的能力。

导读案例

马士基综合物流服务战略

马士基是全球最大的集装箱航运公司之一。其物流服务战略是：按照客户的需要，为客户提供各种一站式服务。马士基在全球130多个国家设有办事机构，拥有约89 000名员工，在集装箱运输、物流、码头运营、石油和天然气开采与生产，以及与航运和零售行业相关其他活动中，为客户提供一流的服务，包括：出口物流、仓储、分拨、空运、海运代理、报关代理和拖车服务。马士基能够根据客户的具体要求，度身定制各种服务，如标签、条形码、取货包装、货物特殊处理、挂衣仓储、客户管理及其他高附加值服务。马士基的物流服务领域及相应二级公司如下：

1. 集装箱运输及相关业务

马士基航运公司（Maersk Line）是世界上最大的集装箱航运公司之一，由Maersk Sealand合并铁行渣华（P&O Nedlloyd）后改组而成，占世界集装箱航运市场的17%，拥有和经营500多艘集装箱船以及150万个集装箱。

丹马士物流（DAMCO Logistics）：在整合了原马士基物流和德高物流后成为世界一流物流公司，可以为客户提供高效的供应链服务。

马士基集装箱码头公司（APM Terminals）：业务范围为集装箱码头建设和运营。

马士基集装箱工业公司（Maersk Container Industry）：生产冷藏集装箱及其他各种集装箱。

南非海运（Safmarine）：主要经营南北航线及非洲航线。

穆勒亚洲航运（MCC Transport）：A.P.穆勒-马士基集团航运业务旗下专注经营亚洲区内集装箱航运的子公司。

SeaLand公司：专门为美洲地区的港口服务的区域性集装箱货运公司。

2. 石油开采

马士基石油天然气公司（Maersk Oil and Gas）：在卡塔尔、阿尔及利亚和哈萨克斯坦等地进行石油开采，日产原油 55 万桶和天然气 10 亿立方英尺；并在安哥拉、土库曼斯坦、安曼、摩洛哥、哥伦比亚、巴西和苏里南等国进行有关项目。

3. 石油运输和石油勘探及有关服务

马士基油轮公司（Maersk Tankers）：拥有并运营着 180 多艘油轮，其中超大型油轮 7 艘，能够运输原油、各种成品油及天然气。

马士基石油勘探公司（Maersk Contractors）：拥有 30 个钻井平台，其中包括世界上最大的技术先进的自升式平台，在世界各地进行石油勘探。

马士基海洋服务公司（Maersk Supply Service）：拥有 60 艘各种型号的海洋服务船只，可提供诸如钻井安装、海上电缆铺设等各种远洋服务。

4. 其他业务

丹麦超市公司：不仅在丹麦国内进行超市经营，而且在英国、德国、波兰、瑞典进行经营。

奥登塞造船公司：不但在丹麦境内拥有造船厂，还在爱沙尼亚、立陶宛、德国拥有造船厂，具有世界先进的造船技术，能够建造世界上最大的集装箱船。由于亚洲船厂的成本优势，位于丹麦斯文堡的奥登赛船厂已经关闭，并在原址成立马士基海事技术设计中心以及创意产业园。

Rosti 公司：生产高品质的塑料产品，以满足海上运输的需要。

SvitzerWijsmuller 公司：进行海上搜救、拖船、散货及超重货物运输等。

资料来源：马士基物流官网、百度百科。

项目一
全球化采购

新闻报道

安徽："新三样"带来出口新动能

案例资料

宜家家居全球化采购策略

一、全球化采购概述

狭义的采购是指以购买的方式，由买方支付对等的代价，向卖方换取物品的行为过程。采购的功能是：选择企业所需要的适当的物料，从适当的来源，以适当的价格、适当的送货方式，获取适当的需求量。在经济全球化大背景下，采购的理念、运作模式都不断创新，全球化采购趋势日益增强。

（一）全球化采购的概念

全球化采购是指利用全球的资源，在全世界范围内寻找供应商，寻找质量最好、价格合理的产品。全球化采购是跨越国界的一种纯粹的市场行为，有利于利用全球的资源，在全世界范围内寻找供应商和分销质量最好、价格最合理的产品。

互联网和电子商务的出现为全球化采购创造了非常适合的条件，它大大缩短了买卖双方的时空距离，使买方能够在更为广泛的空间范围内寻找到自己所需的更为经济的资源，并可以通过集中采购的方式来降低采购费用，通过全球化的供应链网络与供应商协同运作，缩短供货时间，及时获取货样。同样，卖方也可以及时了解客户需求，按时将产品交到客户手中。

（二）全球化采购的发展动因

采购全球化得以快速发展的根本动因是出于企业利益的追求，具体推动其发展的因素有以下几个：

1. 跨国公司生产基地全球化分布

跨国公司作为全球化的生产企业，全球性地分布生产网络，要求其在全球范围内寻找和购买原材料、零部件和半成品，以降低采购成本，并选择适应全球分销的物流中心以及供应关键物资的集散仓库。在获得原材料和分销新产品时使用当地的物流网络，并推广其先进的物流技术与方法。

2. 生产公司与第三方物流公司同步全球化

跨国公司生产全球化发展的进程，将以前所形成的完善的第三方物流网络也带入全球市场中。例如：伊藤洋华堂进入中国市场后，其在日本的物流配送伙伴伊藤忠商事株式会社也跟随而至，并承担了其在中国的配送业务。这种伙伴式的业务发展模式也是跨国公司进行全球化采购的推动因素之一。

3. 多式联运的发展、物流企业战略联盟的组建，使跨国公司的全球化采购战略成为可能

为了充分应对经济全球化和业务对象的全球化分布，国际运输企业之间也开始形成一种覆盖多种航线，相互之间以资源、经营的互补为纽带，着眼于长远利益的战略联盟。这不仅使全球物流能够快速、便捷地进行，而且使物流设施得以充分的利用，有效地降低物流成本。

基于以上推动因素，以及跨国公司在全球范围内追求利润的需要，采购的全球化不仅是大势所趋，而且随着信息技术、物流技术的发展，将会成为带动全球经济快速发展的一个新的利益增长点。

二、全球化采购操作

（一）采购过程“5R”原则

1. 适价

适价即 Right Price。价格永远是采购活动中的敏感焦点，企业在采购中最关心的要点之一就是采购能节省多少采购资金，因此采购人员不得不将相当多的时间与精力放在与供应商的“砍价”上。物品的价格与该物品的种类、是否为长期购买、是否为大量购买及市场供求关系有关，同时与采购人员对该物品的市场状况熟悉程度也有关系。如果采购人员未能把握市场脉搏，供应商在报价时就有可能蒙骗采购人员。一个合适的价格往往要经过诸多环节的努力才能获得。

2. 适质

适质即 Right Quality。一个不重视品质的企业在如今激烈的市场竞争环境中根本无法立足，一个优秀的采购人员不仅要做一个精明的商人，而且要在一定程度上扮演管理人员的角色，在日常的采购工作中要安排部分时间去推动供应商改善、稳定物品品质。

采购物品品质达不到使用要求的严重后果是显而易见的：来料品质不良，往往导致企业内部相关人员花费大量的时间与精力去处理，会增加大量的管理费用；来料品质不良，往往在重检、挑选上花费额外的时间与精力，造成检验费用增加；来料品质不良，导致生产线返工增多，降低产品质量及生产效率；因来料品质不良而导致生产计划推迟进行，有可能引起不能按承诺的时间向客户交货，会降低客户对企业的信任度；若因来料品质不良引起客户退货，有可能令企业蒙受损失，严重的会使企业失去客户。

3. 适时

适时即 Right Time。企业已安排好生产计划，若原材料未能如期到达，往往会引起企业内部混乱，即停工待料，当产品不能按计划出货时，会引起客户的强烈不满。若原材料提前太多时间买回来放在仓库里储存，又会造成库存过多，大量积压采购资金，这是企业很忌讳的事情，故采购人员要扮演协调者与监督者的角色，促使供应商按预定时间交货。对某些企业来讲，交货时机很重要。

4. 适量

适量即 Right Quantity。批量采购虽有可能获得数量折扣，但会积压采购资金，太少又不能满足生产需要，故合理确定采购数量相当关键，一般按经济订购量采购，采购人员不仅要监督供应商准时交货，还要强调按订单数量交货。

5. 适地

适地即 Right Place。天时不如地利，企业往往容易在与距离较近的供应商的合作中取得主动权，企业在选择试点供应商时最好选择近距离供应商来实施。近距离供货不仅使得买卖双方沟通更为方便、处理事务更快捷，亦可降低采购物流成本。

（二）全球化采购中战略供应商选择的标准

1. 低成本优势

（1）低成本区位优势。

全球化采购的最初动机就是降低成本。如果一个供应商位于低成本地区，那么比起其他供应商，这个供应商就可以更低的成本生产。在企业间全球范围内的激烈竞争下，成本因素在供应商选择中一直是最重要的因素之一。成本的降低是全球化采购带来的最显著利益。

（2）规模经济。

规模经济是指因大量生产而导致的单位成本的降低。经济学家迈克尔·波特认为，低成本战略可以通过对集中的生产布局或者通过对分散的生产活动进行协调而获得。在低成本战略下，将生产活动集中到一个或很少几个生产地点可以带来生产上的规模经济。采购是生产活动的一个延伸，这一观点也可以用在供应商的选择上，即通过集中的大规模采购获取产品生产成本的降低。

（3）学习效果。

供应商为满足客户需求，而不断学习新技术、新工艺，更快地实现成本的降低，从而影响成本结构，并使供应商可以向其客户索取更低的价格，从而确保持续的竞争优势以及给消费者带来更大的利益。

2. 产品差异化优势

当一家企业希望获得质量改进、技术提高、交付和可靠性的改善时，这家企业也会通过全球化采购来实现这些目标。不同国家都有各自不同的优势。这就给企业提供了一个利用这些不同优势的机会。也就是说，除了具有低成本优势的供应商，采购企业还有更多的机会在全球范围内寻找到具有质量和创新优势的供应商。

（1）质量优势。

质量优势是按照供应商提供可靠、耐用并且符合采购企业具体要求的产品的能力来衡量的。可靠性是一个重要的质量标准。近年来，可靠性在企业确立竞争优势的过程中的作用越来越重要。许多供应商致力于降低产品的缺陷率，为用户提供更可靠的产品。供应商质量也成为企业选择供应商过程中的一个重要因素。越来越多的企业已经意识到，质量的持续改进是企业生存的基本要求。如果一个企业只关心成本的降低，这个企业是不会确保其长期的竞争优势的。

（2）创新优势。

供应商的创新能力包括技术水平、专门知识、新产品设计能力以及对现有产品的改进能力。从长期来看，产品和生产流程的创新或许是确保竞争优势的最重要一环。在有些产业中，质量和成本被看作订单资格，因此，这些产业中的企业如果要试图获得竞争优势，就必须具有产品和生产流程方面的创新能力。竞争可以被视为一个由创新驱动的过程。创新是获得竞争优势的一个重要源泉，这是因为创新可以使企业具有一些独特的能力、一些竞争对手所缺乏的技术。独特性可以使一个企业与其竞争对手区别开来，并且为其产品索取溢价；许多生产流程的创新还会导致产品单位成本的大大降低，从而使企业获得比其竞争对手更大的成本优势。

3. 低成本优势和产品差异化优势的结合

随着企业间越来越激烈的竞争以及技术进步，一些企业不再局限于实行单一战略。生产技术和信息技术的发展使得在低成本战略和产品差异化战略之间的选择变得不再像过去那么明确。这些企业在努力保持成本优势的同时，也在寻求产品差异化的优势。丰田汽车公司是汽车生产领域中同时实施低成本战略和产品差异化战略的典范。丰田汽车公司通过大量采购标准化零部件获得了显著的规模经济效益。与此同时，丰田汽车公司还通过柔性生产以及利用供应商的设计和技术能力来获得产品差异化优势。更重要的是，通过模块化和平台设计，丰田汽车公司同时获得了低成本优势和产品差异化优势。丰田汽车公司的案例对供应商选择产生了很大的影响。供应商选择的焦点从零部件供应商转移到模块和系统供应商，这些供应商以规模经济的生产方式来供应模块和系统，具有很强的生产创新性模块和系统的创新能力。

（三）全球化采购供应商的认证

毋庸置疑，企业产品的质量首先取决于原材料的质量。因此，对供应商进行认证是质量保证体系的必要条件。根据 ISO9000 质量管理体系的要求，为了保证产品质量，各种物料的供应商必须经过认证。在电子商务迅猛发展的今天，供应商是供应链的源头，供应商信息是企业的延伸资源，优化采购必须做好供应商的认证和管理工作。

也就是说，国际供应商一旦初步确定，还必须对其资格进行认证。资格认证涉及质量保证程序、试验、检验、质量控制以及国际经贸等诸多方面。

通常而言，在给供应商发出订单之前，或是在供应商报价之前，企业会根据供应商的自述，对其进行质量水平和质量保证方面的调查，目的是确保供应商的产品能够满足本企业要求的具体规格和质量标准。这种调查通常是由工程技术、生产、采购以及质量控制人员一起来进行。他们不仅检查供应商的设备、设施和人员，也检查相应的质量控制和质量改进体系。同时，他们还检查供应商和其供货者之间，在寻求合作和遵守质量标准方面的情况以及供应商为持续改进质量所做的努力。通过这种协作，企业可以更新一般的质量标准，就检验方式达成共识，找到改进质量的途径和手段。

在所有的评估要素中，质量是基本前提。如果产品质量过不了关，其余一切免谈。价格因素尽管相当重要，但只有在质量得到保证的前提下，谈价格才会有意义。只有供应商都能做到100％的产品合格率，价格才可能成为评估的主要因素。

此时，采购商首先可以要求供应商提供成本分析表，内容包括生产某一产品由哪些原料组成，费用是如何构成的，以确定价格空间还有多大。如果采购方认为有不合理的因素存在，就可要求供应商调整，然后进一步要求供应商提供基本情况，内容包括公司概况、生产规模、生产能力，曾经给哪些企业供货、ISO9000认证、安全认证、相关记录、样品分析等。

在具体实施供应链合作关系的过程中，由于市场需求和供应都在不断变化，企业应该在保持供应商相对稳定的条件下，根据实际情况及时修改供应商评价的标准，或重新开始新的供应商评估。也就是说，合格的供应商队伍不应该总是静态的，而应该是动态的，这样才能引入竞争机制。

（四）全球化采购过程管理

全球化采购作业的一般流程包括确定采购需求、合理选择供应商、签订国际采购合同、订货与接收以及国际采购的跟踪与评估。

1. 确定采购需求

确定采购需求就是要确定企业采购什么、何时采购、采购多少等。确定采购需求的目的是对需求的收集过程进行控制，并可根据采购清单将需求汇总起来统一采购，以达到节约物资和降低成本的目的。

2. 合理选择供应商

一般而言，供应商的选择标准有以下几个：

（1）报价合理、真实，不违背诚信原则。

（2）商品质量良好，并能对商品质量有所保证。

（3）所提供的产品是本公司客户群所需要的。

（4）所提供的商品包装符合本公司采购及销售需要。

（5）所提供的商品能在供货及配送作业上密切配合。

（6）供应商内部组织管理完善、财务状况良好，可供货源稳定可靠。

（7）不贪图暴利，愿与本公司一起成长。

同时，企业选择供应商时应该考虑的因素因采购任务不同而有差异，主要考虑因素包括供应商的产品价格、产品质量、服务水平及承诺、供应商地理位置、供应商的存货政策以及供应商的柔性等。已被选中但合作后又达不到公司选择标准的供应商将被淘汰。

3. 签订国际采购合同

选定供应商以后，采购方一般通过与供应商的谈判签订正式的采购合同。采购合同没有标准的格式，根据采购商品的特点、合同双方的要求、采购政策等不同而不同。但是采购双方所签订的采购合同以及合同的相关条款必须符合相应的国家法律法规、地方性法规、国际惯例及国际通用规则的规定。

4. 订货与接收

企业进行采购时，首先要适时地发出订货单，之后就是准备检验和接收货物。企业在接收采购货物前要进行货物的检验，以检查供应商供货是否符合采购合同要求。

5. 国际采购的跟踪与评估

国际采购的跟踪是对采购合同执行、采购订单的状态、接收货物的数量、退货情况等的动态跟踪。国际采购跟踪的目的在于促使合同正常执行、协调企业与供应商的合作，既满足企业的货物需求，又保持最低的库存水平。国际采购评估是在采购跟踪的基础上对整个采购过程各个环节工作绩效的评价。

项目二
国际商品与包装

案例资料

高露洁牙膏包装

一、包装概述

（一）包装的概念

包装是在物流过程中为了保护商品、方便储运、促进销售，按一定技术方法，采用容器、材料及辅助物等将商品包封并给予适当的封装标志的工作总称。

在国际物流过程中，商品一般需要经过长途运输，有些还需要多次转装和储存，因此对包装的要求比国内物流更高。此外，不同国家、地区和市场也往往对商品包装有着不同的要求。所以，包装是说明货物的重要组成部分，包装条件是买卖合同中的一项重要条件。

（二）包装在国际物流中的作用

1. 保护商品

由于销往世界各地的出口商品运输环节多、路线长，装卸条件和地区间气候差较大，容易受外力作用的破坏（冲击、跌落、振动、摇摆等）、环境转变的影响（高温、低温、潮湿、低气压、降水等）、人为的破坏（野蛮装卸、盗窃等）、化学物质的腐蚀（二氧化硫、氨气、盐酸等）、生物侵入的破坏（霉菌、昆虫、啮齿动物等），因此，国际物流对包装的要求更严格。据有关资料的统计，我国出口商品每年因包装不良造成的损失而减少的外汇收入约占总收入的10%。

2. 保障国际运输安全

为保障国际运输安全，国际海事组织根据联合国的有关规定，制定了《国际海运危险货物规则》，并在国际上强制实施。至此，我国的海运出口危险货物很少发生过由于包装质量问题引起的重大运输安全事故，有效地保证了出口贸易的持续、健康发展。一方面，适当的包装增加了在运输、存储和装卸过程中的安全性；另一方面，新型的包装容器能重复使用，减少了包装的浪费和对环境的污染。

3. 有利于打破国外有关壁垒和限制，促进产品的出口

不少国家对进口商品的包装有各自不同的规定，凡不符合要求的均不准进口或进口

后也不准投入市场销售。美国、加拿大、澳大利亚、新西兰、巴西以及欧盟从 1998 年起相继颁布法令，要求来自中国的木质包装在进口时必须带有中国出入境检验检疫机构出具的证书，证明木质包装已经过熏蒸处理或防腐处理，或者出口商出具无木质包装的证明才可入境。若有违反规定的货物，将禁止入境或在认可的条件下拆除木质包装并销毁。

除对包装有强制性限制外，各国由于经济发展水平的差异，对包装质量均有不同的要求。包装质量的好坏也会直接影响贸易的得失。

4. 促进商品的销售

商品能够畅销，除商品本身的性能、质量外，销售包装的作用是不能忽视的，它不仅起到美化商品的作用，还起到广告宣传的作用，在商品陈列中包装就起着无声推销员的作用。

二、国际产品包装分类

根据包装所选用的材料、用途等不同，国际市场上的产品包装可按以下方法加以分类：

（一）根据包装材料所用的主要材料分类

根据包装材料所用的主要材料，产品包装分为：纸包装、塑料包装、木包装、金属包装、玻璃包装、陶瓷包装、纤维织品包装、复合材料包装和其他天然材料包装等。

（二）按包装容器分类

按包装容器分类如表 4－1 所示。

表 4－1　按包装容器分类

分类标准	种类
按包装容器结构形态	盒类包装、箱类包装、袋类包装、瓶类包装、罐类包装、坛类包装、管类包装、盘类包装、桶类包装、筐篓包装等
按包装容器刚性	软包装、硬包装和半硬包装
按包装容器结构特点	固定式包装、可拆卸包装、折叠式包装等
按包装容器质量水平	高档包装、中档包装和低档包装
按包装容器密封性能	密封包装和非密封包装
按包装容器造型结构	便携式包装、易开式包装、开窗式包装、透明式包装、悬挂式包装、堆叠式包装、喷雾式包装、组合式包装和礼品式包装等

（三）按包装应用分类

按包装应用分类如表 4－2 所示。

表 4-2　按包装应用分类

分类标准	种类
按包装件所处空间位置	内包装：直接与内装产品接触、与消费者见面的包装，它是产品的主要保护层，包括金属罐、玻璃和塑料容器、包装袋和纸盒等，这类包装装潢要求较高
	中包装：将一定数量的单个小包装（内包装）进行集装，如铅笔 12 支一打、香烟 10 包一条，主要便于计量、陈列、销售及携带等
	外包装：是容纳一定数量中包装或小包装的大包装，主要便于计量和运输，因此外观要求不高，但必须标明内容物、性质、体积、重量及出品单位等
按容器使用次数	一次用包装、多次用包装（可重复用的周转包装）
按容器适用对象范围	专用包装（如水泥袋、沥青桶、炭黑箱、农药瓶等）、通用包装
按包装适应社会群体	民用包装、公用包装、军用包装
按包装适应的市场	内销包装、出口包装

（四）按内装物特征分类

按内装物特征分类如表 4-3 所示。

表 4-3　按内装物特征分类

分类标准	种类
按内装物在社会再生产中被消费的用途	生产资料包装、消费资料包装
按内装物的商品种类	食品包装、药品包装、化妆品包装、纺织品包装、玩具包装、文化用品包装、电器包装、五金包装、机械包装等
按内装物的物理形态	液体包装、固体（粉末状、颗粒状和块状物等）包装、气体包装、混合物包装
按内装物件数	单件包装、多件包装、配套包装①
按内装物可供使用的数量	一次用量包装、多次用量包装
按内装物的特征	普通包装、危险品包装、特种包装

（五）按包装技术分类

按包装技术分类如表 4-4 所示。

---

① 多件包装是把若干个相同产品包装在一个容器内。配套包装是把数件品种相同、规格不同或品种不同、用途相关的产品搭配包装在一起。

表 4-4　按包装技术分类

分类标准	种类
按包装技术防护目的	防潮包装、防水包装、防霉包装、保鲜包装、防虫包装、防震包装、防锈包装、防火包装、防爆包装、儿童安全包装等
按包装技术的不同	透气包装、阻气包装、真空包装、充气包装、灭菌包装、冷冻包装、施药包装（防雾剂、杀虫剂、吸氧剂、缓蚀剂等化学物质的包装）、缓冲包装、压缩包装等

（六）按货物运输方式分类

按货物运输方式，包装可分为载货汽车货物包装、铁路货物包装、船舶货物包装和航空包装等。

三、运输包装与销售包装

（一）运输包装

1. 运输包装分类

运输包装，又称大包装或外包装，通常又分为单件运输包装和组合包装（集合运输包装）两类。它是将货物装入特定容器，或以特定方式成件或成箱的包装。运输包装的作用有两个：一是保护货物在长时间和远距离的运输过程中不被损坏和散失；二是方便货物的搬运和储存。运输包装的分类如表 4-5 所示。

表 4-5　运输包装的分类

分类	用途
箱	不能紧压的货物通常装入箱内，包括木箱、板条箱、纸箱、漏孔箱等
捆包	凡可以紧压的产品，如羽毛、羊毛、棉花、布匹等，可以先经机压打包，压缩体积，然后以棉布、麻布包裹，外加箍铁或塑料袋
袋	粉状、颗粒状和块状的农产品及化学原料，常用袋装。袋又可分为麻袋、布袋、塑料袋、纸袋等。为加强包装牢固度，近年来多采用纸塑复合袋、多层塑料复合袋和编织袋等
桶、瓶、罐、坛、篓、钢瓶等	液体、半液体以及粉状、粒状货物可用桶装。桶有木桶、铁桶、塑料桶等

2. 运输包装标志种类

（1）运输标志。

运输标志，又称唛头，由简单的几何图形和简单的字母、数字、文字构成。按照国际标准化组织的建议，标准的运输标志包括四项内容（见图 4-1）。

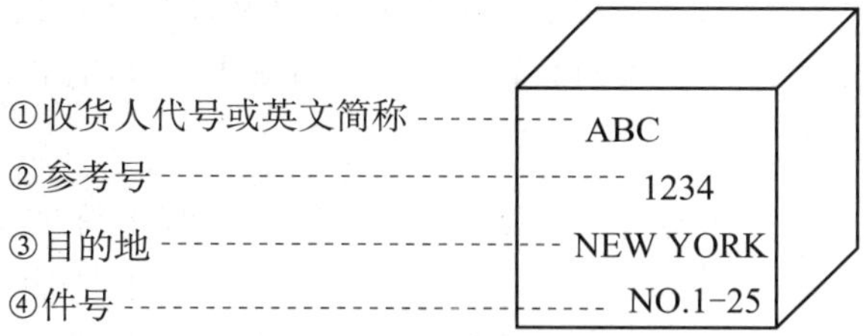

图 4－1　运输标志

企业在制作、设计唛头时应该注意以下几点：

1）每行不得超过 17 个字符；

2）目的港有重名的应注明国家；

3）参考号可以是发票号、信用证号、运单号；

4）件号如 NO. 1-200，1 表示该件商品顺序号，200 表示总的运输包装件数。

（2）指示性标志。

指示性标志是根据商品性能和特点，使用简单、醒目的图形或文字对一些容易破碎、变质的商品，提出在装卸搬运、存放保管条件方面的要求和注意事项，如“小心轻放”“此端向上”等。指示性标志一般采用容易理解的图形表示。

（3）警告性标志。

警告性标志是针对危险品货物所用的特殊标志，是为了在运输、保管、装卸过程中，使有关人员加强保护措施，以保护物品和人身安全而在外包装上标明的标志，以示警告，如“有毒”“易腐蚀”等。

（二）销售包装

销售包装是直接与客户见面的包装，通常有三种表现形式：一是便于陈列的销售包装，二是便于使用的销售包装，三是有利于增加销量的销售包装。根据产品的特征和形状，销售包装可采用不同的包装材料和造型结构及式样。目前，国际市场对销售包装要求是名称易记、外形醒目、印刷简明、体现信誉、颜色悦目、有地区标志、有环保意识。

（三）中性包装和定牌生产

采用中性包装和定牌生产，是国际物流中的习惯做法。

1. 中性包装

中性包装是指既不标明生产国别、地名和厂商名称，也不标明商标或品牌的包装。也就是说，在出口商品包装的内外都没有原产地和出口厂商的标记。中性包装包括无牌中性包装和定牌中性包装两种。前者是指包装上既无生产国别和厂商名称，又无商标、品牌；后者是指包装上仅有买方指定的商标或品牌，但无生产国别和厂商名称。

采用中性包装是为了打破某些进口国家与地区的关税和非关税壁垒以及适应交易的特殊需要（如转口销售等），它是出口国厂商加强对外竞销和扩大出口的一种手段。一般在买方的要求下，可酌情采用。对于我国与其他国家订有出口配额协定的商品，则应从严把握，因为万一发生进口商将商品转口至有关配额国，将对我国产生不利影响。

2. 定牌生产

定牌生产是指卖方按买方要求在其出售的商品或包装上标明买方指定的商标或牌号。当前，世界上许多国家的超级市场、大百货公司和专业商店，对其经营出售的商品，都要在商品上或包装上标有本商店使用的商标或品牌，以扩大本店知名度和彰显该商品的身价。许多国家的出口厂商为了利用买主的经营能力及其商业信誉和品牌声誉，以提高商品售价和扩大销路，也愿意接受定牌生产。

四、包装条款

包装条款一般包括包装材料、包装方式、包装规格、包装标志和包装费用的负担等内容。双方在协商包装条款时，需要注意下列事项：

（1）要考虑商品特点和不同运输方式的要求。

（2）对包装的规定要明确、具体。一般不宜采用“海运包装”（Seaworthy Packing）和“习惯包装”（Customary Packing）之类的术语。

（3）明确包装由谁供应和包装费由谁负担。包装由谁供应通常有下列三种做法：

1）由卖方供应包装，包装连同商品一同交付买方。

2）由卖方供应包装，但交货后，卖方将原包装收回。关于原包装返回给卖方的运费由何方负担，应做具体规定。

3）由买方供应包装或包装物料。采用此种做法时，应明确规定买方提供包装或包装物料的时间，以及由于包装或包装物料未能及时提供而影响发运时买卖双方所负的责任。

包装费用一般包括在货价中，不另计收；但也有不计在货价之内，而按规定由买方另行支付的。

五、部分国家对包装的环保要求

（一）各国禁止使用的包装材料

美国禁止使用稻草做包装，以防止植物病虫害的传播；新西兰规定，进口商品包装材料严禁采用稻草、干草、谷壳、糠或旧麻袋；菲律宾禁止使用麻袋、麻织品、草席及稻草包装；塞浦路斯规定对包装所用稻草，必须由输出国出具消毒证书，或来自无口蹄疫地区的证明；英国防虫包装法规定，对做衬垫的天然材料，如干草、稻草、麻类等，须经过杀菌剂、杀虫剂等处理。

（二）包装材料的回收标志

随着全球环保意识的逐渐增强，目前国际上许多国家和地区开展了环境标志计划。

使用符合环境保护要求的包装材料是出口包装的发展方向，因为它具有低毒、少害、节能、降耗、可回收利用等优势。使用符合进口国环保要求的包装材料，需要在包装材料外部的显著位置印刷一些标志，如“可循环标记”（Recycle Mark）等。图 4－2 是部分国家和地区的塑料可循环标记。

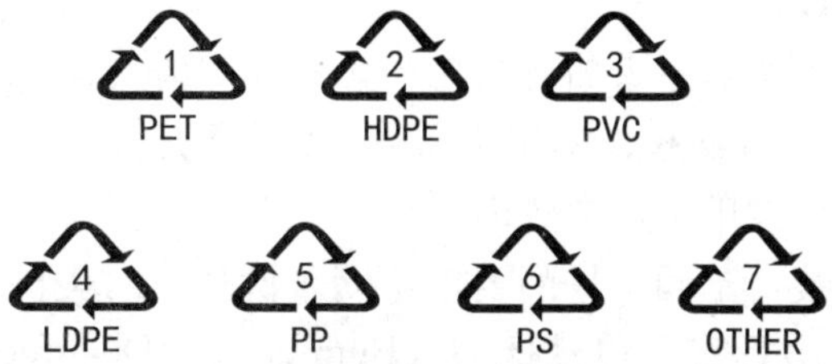

图 4－2 部分国家和地区的塑料可循环标记

PET（聚对苯二甲酸乙二醇酯）：这种材料制作的容器就是常见的装汽水的塑料瓶，俗称“宝特瓶”。

HDPE（高密度聚乙烯）：清洁剂、洗发精、沐浴乳、食用油、农药等的容器多以 HDPE 制造。容器多半不透明，手感似蜡。

PVC（聚氯乙烯）：多用于制造水管、雨衣、书包、建材、塑料膜、塑料盒等器物。常见的有雨衣、建材、塑料膜、塑料盒等。

LDPE（低密度聚乙烯）：随处可见的塑料袋多以 LDPE 制造。常见的有保鲜膜、塑料膜等。LDPE 遇高温时会有有害物质产生，有害物质随食物进入人体后，可能对人体造成一定危害。

PP（聚丙烯）：多用于制造水桶、垃圾桶、箩筐、篮子和微波炉用食物容器等。常见的有豆浆瓶、优酪乳瓶、果汁饮料瓶、微波炉餐盒。PP 容器的熔点较高，是唯一可以放进微波炉的塑料盒，在小心清洁后可重复使用。

PS（聚苯乙烯）：由于吸水性低，多用于制造建材、玩具、文具、滚轮，以及速食店盛饮料的杯子或一次性餐具。

（三）出口商品纸箱的包装要求

（1）外箱毛重一般不超过 25 kg，单瓦楞纸箱用于装毛重小于 7.5 kg 的货物，双瓦楞纸箱用于装毛重大于 7.5 kg 的货物；

（2）纸箱的抗压强度应能在集装箱或托盘中，以同样纸箱叠放到 2.5 m 高度不塌陷为宜；

（3）如产品需做熏蒸，外箱的四面左下角要有 2 mm 开孔；

（4）向欧洲出口的外箱一般要印刷可循环回收标志，箱体上不能使用铁钉（扣）。

（四）出口商品塑料袋的包装要求

（1）PVC 胶袋一般是禁用的；

（2）胶带上要有表明所用塑料种类的三角形环保标志；

（3）胶带上印刷：“PLASTIC BAGS CAN BE DANGEROUS. TO AVOID DANGER OF SUFFOCATION，KEEP THIS BAG AWAY FROM BABIES AND CHILDREN.”胶袋上还要打孔，每侧打一个，直径5毫米。

（五）出口商品木箱的包装要求

机械商品出口时，大多需要木质材料作为包装，一般选用九合板包装（注：不是实木，是人工复合而成的木质材料，不用熏蒸）。如果是大型机械，不适宜装集装箱，而应采用无包装的形式，放在甲板或船舱内。

同样是选用木质包装，不同市场的要求不同。例如：对美国、加拿大、欧盟、日本及澳大利亚出口，必须出具官方熏蒸证书（Fumigation/Disinfection Certificate），木质包装一定要在出口前熏蒸。而出口至中东国家及某些亚洲国家的木质包装，目前不需要熏蒸处理。对于出口至非洲国家的木质包装，则要看具体国家，如尼日利亚、坦桑尼亚（2006年2月起）需要熏蒸处理。

货物用木质材料做包装时，是不得带有树皮的，不能有直径大于22毫米的虫蛀洞，必须对木质包装进行烘干处理。

木制托盘、木箱必须实施热处理或熏蒸处理，由检验检疫机构出具出境货物木质包装除害处理合格凭证并加贴黑色标识（规格：3厘米×5.5厘米、6厘米×11厘米以及12厘米×22厘米）后方能报关出口。

我国规定从2009年1月1日起，所有出境货物木质包装必须按照规定进行检疫处理并附加IPPC专用标识。图4-3是我国出境货物木质包装标识。

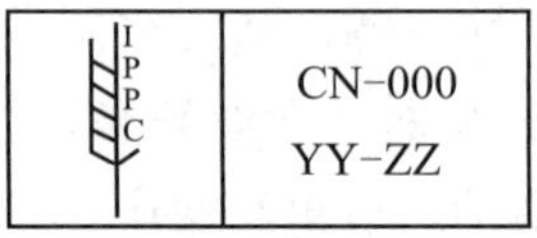

图4-3 我国出境货物木质包装标识

IPPC——《国际植物保护公约》的英文缩写；

CN——国标标准化组织规定的中国国家编号；

000——出境货物木质包装生产企业的三位数登记号，按直属检验检疫机构分别编号；

YY——除害处理方法，如溴甲烷熏蒸（MB）、热处理（HT）；

ZZ——各直属检验检疫机构4位数代码（如江苏局为3200）。

（六）其他规定

由于商品运输包装最终离不开人力搬运，因此木箱包装一般以50 kg左右为宜，纸箱包装最好不超过30 kg。

新加坡和马来西亚对货物装卸是按件收费的，故对单件包装越重越好。沙特阿拉伯规定，袋装货物每袋重量不得超过50 kg，除非装有托盘或其他吊装设备，否则当局不提供码头仓储便利，如因此影响卸货，将按照当地海港搬运费率按每班组时间征收延误费。

项目三
国际加工贸易

案例资料

国际加工贸易案例

一、流通加工在国际物流中的地位

当前，经济全球化的趋势不可逆转，经济全球化的进一步加深必然会促进加工贸易的发展。自我国加入世界贸易组织以来，加工贸易对我国各行业都产生了直接或间接的影响。据海关统计，2023 年 1—9 月，全国加工贸易进出口总值 5.57 万亿元，占全国外贸进出口总值的 18.1%。数据显示，最近 10 年，我国加工贸易发展取得显著成就。特别是高新技术产品占加工贸易进出口比重持续增长，对促进我国提升工业生产以及优化贸易结构意义重大。加工贸易带来了很多新的产品、技术、现代管理方式，创造了大量的就业，使我国顺利克服了外汇短缺，有力地促进了我国的工业化和现代化。我国物流企业要看到国际贸易这一发展趋向，积极开拓国际贸易加工这一物流与贸易的重要领域。

流通加工（Distribution Processing）是指在产品从生产领域向消费领域的运动过程中，为了促进销售，提高物流效率，在保证产品使用价值不变的前提下，对产品进行的加工。流通加工是一种辅助性加工，经过流通加工，产品发生物理、化学等变化。流通加工的内容包括装袋、定量化小包装、拴牌子、贴标签、配货、挑选、混装、刷唛、剪断、打孔、折弯、拉拔、挑扣、组装、配套以及混凝土搅拌等。

流通加工是国际物流过程中一个比较特殊的环节，它具有一定的生产性质，同时它还将生产以及消费（或再生产）联系起来，起到桥梁和纽带作用，完成商品所有权和实物形态的转移。流通加工能够提高原材料的利用率，满足用户的具体要求，弥补专业生产方面的不足，解决产品标准化生产与消费个性化之间的矛盾和供需矛盾。对国际贸易流通加工的属性目前尚有不同的看法，但有一点是可以肯定的，即流通加工既属于加工范畴，也属于物流活动。

国际流通加工在现代国际物流中的地位虽不能与国际运输、仓储等主要功能要素相比，但它能起到运输、仓储等主要因素无法起到的作用。流通加工是一种低投入、高产出的加工方式，通过这种简单的加工往往能够解决大问题。实践证明，有的流通加工通过改变装潢使商品档次跃升而充分实现价值，有的流通加工可使产品利用率提高 20%～50%。所以，流通加工是物流企业的重要利润源，它在物流中是必不可少的，属于增值服务范围。

二、国际贸易加工方式

国际物流企业在流通加工方面，除了可开展国内物流流通加工的某些增值服务，如按客户要求装袋、定量化小包装、拴牌子、贴标签、配货、挑选、混装、刷唛、剪断、打孔、折弯、拉拔、挑扣、组装、配套以及混凝土搅拌等外，还可开展更高级的服务——加工贸易方面的加工。

加工贸易企业是指外国的企业（通常指工业发达国家或新兴工业化国家和地区的企业）以投资的方式把某些生产能力转移到东道国，或者利用东道国已有的生产能力为自己加工装配产品，然后运到境外销售。这种跨越国界的生产加工和销售是加工贸易的显著特征。加工贸易同国际投资及国际贸易紧密相关，体现了商品和资本交换的国际化。

我国《加工贸易审批管理暂行办法》对加工贸易的定义为：从境外保税区进口全部或部分原辅材料、零部件、元器件、包装物料等，经境内企业加工或装配后，将制成品复出口的经营活动，包括来料加工和进料加工。

（一）来料加工贸易

来料加工贸易是指由外商免费提供全部或部分原材料、辅料、零部件、元器件、配套件、包装料件等，由我方按对方要求进行加工装配，成品交对方销售，我方只收取加工费的贸易形式。来料加工贸易的特点是：原辅材料由外商提供，中方企业无须对外付汇；进口料件、加工成品所有权属于外方所有，中方企业无权随意处置；原辅材料采购、成品销售由外商负责，中方无须自行寻找客户；中、外双方属于委托加工关系，中方企业仅负责产品质量及交货期，其余经营风险由外商承担。

来料加工主要是为了吸收外资，同时利用国内劳动力资源等方面的优势。在目前的来料加工实务中，比较普遍的做法是外商提供全部原材料、辅料、元器件、零部件，由中方企业按照外商提供的规格、质量、技术标准加工成为成品或半成品，由外商自行在海外市场销售，并按双方议定的费用标准，向外商收取工缴费。在来料加工中，外商采用比较多的还有一种做法：外商在提供原材料、辅料的同时，还提供有关的机器、仪器、工具、模具、包装机械等，这些机械设备的价款从工缴费中扣除。这种把来料加工和补偿贸易结合起来的做法，有利于提高加工效率和质量，在沿海乡镇企业中采用得比较普遍。

（二）进料加工贸易

进料加工贸易是指我方用外汇购买进口的原材料、辅料、零部件、元器件、配套件、包装物料等，经加工成为成品或半成品后再外销出口的贸易形式。

加工贸易中的进料加工也是随着外商直接投资而迅速发展起来的。进料加工的特点是外国投资企业或内资企业根据生产需要进口原材料，加工制造出口产品并销售到国际市场，进出口货物由海关保税监管，享受减免进口环节税和免除进出口许可证配额等进出口管制的有关便利措施。

（三）两种贸易方式的对比

（1）从效益的角度来讲，由于进料加工供需双方直接见面，因此无论是原辅材料采购，还是最终成品销售，中方企业均享有货比三家的主动权，价格磋商透明度高，便于中方企业谋求最大的利益；而来料加工中，由于中方企业不参与原辅料采购及成品销售环节，因此经营效益相对偏低。

（2）从风险的角度来讲，由于来料加工中方企业不需要对外付汇，因此其相应承担的资金、市场等风险较低，而进料加工企业则必须自行承担上述各类风险。

（3）从发展的角度来讲，绝大多数加工贸易企业在起步阶段都选择来料加工形式，随着外销市场的逐步扩大，企业为谋求更大利润，多选择进料加工方式。

项目四
保税物流运作

案例资料

保税物流园区
“保税一日游”业务

一、保税概述

（一）“保税”的概念

根据《海关法》，“保税”是对货物而言的。保税货物是指经海关批准未办理纳税手续进境，在境内储存、加工、装配后复运出境的货物。保税货物的特点是海关批准、属海关监管货物、复运出境。保税即对进口货物暂不征税，而采取保留征税的方式予以监管。可以存入保税仓库的货物包括暂时进口货物、加工贸易进口货物等。

在国际物流实践中，由于有些货物在进口时暂时还不能确定其是否一定在国内销售，在经海关批准后，可以暂时不办理纳税手续。经批准的保税货物一旦改变保税性质，如决定货物不复运出境而进入国内市场、加工贸易进口料件经批准转为内销，或者保税区用进口料件生产的产品运往非保税区都视为进口，应办理进口纳税清关手续。

（二）保税制度

保税制度是一种国际通行的海关制度，是指经海关批准的境内企业所进口的货物，在海关监管下在境内指定的场所储存、加工、装配，并暂缓缴纳各种进口税费的一种海关监管业务制度。我国现行保税制度的主要形式有：

（1）为国际商品贸易提供服务的保税仓库、保税区、寄售代销和免税品店。

（2）为加工制造提供服务的进料加工、来料加工、保税工厂、保税集团。

（3）为保税仓库、保税区、寄售代销和免税品店、保税工厂提供服务的保税物流中心。

一般而言，保税货物进口时，按照海关审定的到岸价格（CIF 或海关确定的价格）征收海关监管手续费。经营保税业务的单位应当符合海关监管要求，经过海关批准，并办理注册手续。

二、保税物流

保税物流即在保税法规监管下的物流。它特指在海关监管区域内，包括保税区、保税仓、海关监管仓等，从事仓储、配送、运输、流通加工、装卸搬运、物流信息、方案设计等相关业务，这些企业享受海关实行的“境内关外”制度以及其他税收、外汇、通关方面的特殊政策。

需要特别说明的是：保税物流可能发生在保税区内，也可能发生在保税区外。那么，海关的监管方式是不一样的。

（一）保税区内的保税物流

保税区是经国务院批准设立的新的经济性区域。由于保税区按照国际惯例运作，实行比其他开放地区更为灵活的优惠政策，它已成为中国与国际市场接轨的“桥头堡”。保税区具有进出口加工、国际贸易、保税仓储和商品展示等功能，享有“免证、免税、保税”政策，实行“境内关外”运作方式，是对外开放程度最高、运作机制最便捷、政策最优惠的经济区域之一。保税区内可以进行生产性加工，但只有在货物实际离境时才能办理退税。这一点与出口加工区和保税工厂不一样，货物只要进入这个区域，即视为实际出口，可以办理出口退税。保税区内的保税物流运作模式有以下几种：

1. 国际商品展示

保税区的商品展示功能是扩大保税区贸易进口和加工贸易增长的一个重要的辅助功能。保税区通过为企业提供商品展示功能和交易服务功能，可以促进保税区贸易活动的开展，增加保税区物流流量。以国际商品展示为基础的物流运作基本类似于大宗进口商品的分拨和配送物流，但运作主体是保税区内的物流企业，进口物流的批量将随国际国内需求的增长而逐步增大。

2. 转口贸易

转口贸易的开展和扩大受到多方面因素的影响：一是保税区（或自由贸易区）区域市场中的地理区位优势；二是保税区能够提供进出自由的制度环境和便利条件；三是保税区应具有良好的运输条件和物流设施；四是保税区的物流运作成本相对较低；五是保税区及港口、海关等方面的管理效率较高。转口贸易的物流运作是以区内第三方物流企业为主体，其物流业务的主要内容是为转口过境商品提供仓储、多式联运、城市物流分拨以及物流信息服务等。

3. 加工业务

加工贸易是支撑我国保税区发展、特别是物流功能发展的主要动力。保税区内加工企业利用进口和国内市场料件进行加工的物流活动，及其制成品向国际市场出口和向国内市场销售的物流活动，是非常频繁的，其物流业务的运作形式也是比较多样化的。

4. 大宗进口商品向国内市场分销

目前，一些跨国公司和具有较强专业性国际企业利用保税区作为物流分拨基地，面向国内市场开展国际大宗进口商品分销活动，这是这些企业在中国市场的一种主要运作方式。以保税区为分拨基地的物流活动，其主要的优点在于：

（1）缓征进口关税，减少企业的资金占用；

（2）能够根据客户要求及时报关进口，保证现货交易；

（3）利用保税区低成本的物流及相关服务设施，降低分销活动中的物流成本；

（4）便于开展售后服务，提高客户服务质量；

（5）出口商品在区内集结配送，满足保税区物流功能的需求，主要提供仓储、配送、检验、报关、简单流通加工、退货、补货、调换、理赔和物流信息服务等。

随着全球经济一体化进程的加快和中国商品国际竞争力的提高，跨国采购活动日益频繁地出现在中国市场。许多生产性跨国公司、国际大型零售企业和专业化国际采购公司的国际采购网络已经延伸至中国，并在中国沿海地区的大型港口城市，特别是在这些地区的保税区中建立国际采购中心，从中国市场采购的商品源源不断地输往世界各地，进一步推动中国对外贸易的发展。此外，国内一些新兴的企业集团和贸易公司也在加大开拓市场的力度，整合出口渠道和资源，开始利用保税区作为出口商品的集配中心。因此，基于出口商品集散的物流业务就成为保税区物流运作的又一主要方式。

保税区出口商品集散物流运作的主要优势有以下几点：

（1）便于根据国际市场生产和销售需求提供配套商品和服务；

（2）便于利用保税区低成本的物流及相关服务设施，降低分销活动中的物流成本；

（3）降低出口企业的市场风险，缩短理赔、补货以及调换商品的时间，减少出口企业的损失。

（二）保税区外的保税物流

保税区外的企业运行的加工贸易业务也属于保税业务，它所产生的物流，也属于保税物流。海关对于保税区外的保税物流的监管采用的是“电子账册为主，巡查监管为辅”的方式。

按照《中华人民共和国海关加工贸易货物监管办法》的规定，加工贸易是指经营企业进口全部或者部分原辅材料、零部件、元器件、包装物料，经过加工或装配后，将制成品复出口的经营活动，包括进料加工和来料加工。

1. 进料加工

进料加工是指进口料件由经营企业付汇进口，制成品由经营企业外销出口的经营活动。经营企业用付汇购入国外料件，利用本国的技术、设备和劳力，加工成产成品后，销往国外市场。这类业务中，经营企业以买主的身份与国外签订购买原料件的合同，又以卖主的身份签订成品的出口合同。两个合同体现为两笔交易，它们都是以所有权转移为特征的货物买卖。如果是对口合同，即国外料件供应商就是加工成品的购买方，而我方既是料件加工方又是成品的卖方，相互签有互购合同；海关便给予进出口环节全免征税的优惠。如果是非对口合同，则需预征一定比例的关税，以防加工企业最终无法将成品全部复出口。

2. 来料加工

来料加工是指进口料件由境外企业提供，经营企业不需要付汇进口，按照境外企业的要求进行加工或者装配，只收取加工费，制成品由境外企业销售的经营活动。加工一方由国外另一方提供料件，按照双方商定的质量、规格、款式加工为成品，交给对方，自己收取加工费。有的是全部由对方提供料件，有的是一部分料件由对方提供，一部分由加工方采用本国料件。

此部分着重介绍装配业务。装配业务是指由一方提供装配所需设备、技术和料件，由另一方装配为成品后交货的贸易方式。装配业务包括两个贸易进程：一是进口料件，二是产品出口。但这两个过程是同一笔贸易的两个方面，而不是两笔交易。料件的提供者和产品的接受者是同一家企业，交易双方不存在买卖关系，而是委托加工关系，加工一方赚取的是劳务费，因而这类贸易属于劳务贸易范畴。它的好处是：加工一方可以发挥本国劳动力资源丰裕的优势，提供更多的就业机会；可以补充国内原料不足，充分发挥本国的生产潜力；可以通过引进国外的先进生产工艺，借鉴国外的先进管理经验，提高本国技术水平和产品质量，提高本国产品在国际市场的适销能力和竞争能力。当然，装配业务只是一种初级阶段的劳务贸易，加工方只能赚取加工费，产品从料件转化为成品过程中的附加价值基本被对方占有。这种贸易方式由于比进料加工风险小，因此在中国开展得比较广泛，获得了较好的经济效益。

三、保税仓运作

（一）保税仓库的概念与分类

1. 保税仓库的概念

保税仓库（简称保税仓）是指经海关批准设立的专门存放保税货物及其他未办结海关手续货物的仓库。保税仓库与一般仓库不同的是：保税仓库及所有的货物受海关的监督管理，非经海关批准，货物不得入库和出库。保税仓库的经营者既要向货主负责，又要向海关负责。

2. 保税仓库的分类

保税仓库按照使用对象不同，分为公用型保税仓库、自用型保税仓库和专用型保税仓库。

（1）公用型保税仓库：由主营仓储业务的中国境内独立企业法人经营，专门向社会提供保税仓储服务。

（2）自用型保税仓库：由特定的中国境内独立企业法人经营，仅储存供本企业自用的保税货物。

（3）专用型保税仓库：保税仓库中专门用来储存具有特定用途或特殊种类商品的仓库。

（二）保税仓库物流业务

保税仓库的管理虽与普通仓库有所区别，但其基本仓储业务和普通仓库一样，由入库业务、在库管理、出库业务构成。以下介绍入库业务和出库业务操作。

1. 保税货物入库业务操作

（1）入库需提供的单证：

1）海关制发的保税仓库入库核准单；2）货主或其代理人与保税仓库共同签订的仓储协议；3）保税货物购销合同；4）保税货物的发票、装箱单；5）进口货物报关单；6）海关需要的其他单证。

（2）保税货物入库流程。

一般而言，保税货物入库业务操作流程见图4-4：

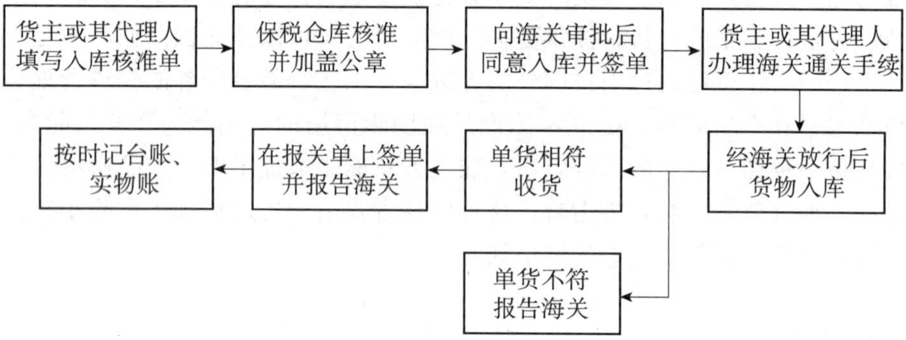

图4-4　保税货物入库业务操作流程

2. 保税货物出库业务操作

（1）出库需提供的单证：

1）海关制发的保税仓库出库申请表；2）海关制发的保税仓库领料（提货）核准单；3）保税货物购销合同；4）保税货物发票、装箱单；5）进口货物报关单；6）海关需要的其他有关单证。

（2）保税货物出库流程。

一般而言，保税货物出库业务操作流程见图4-5：

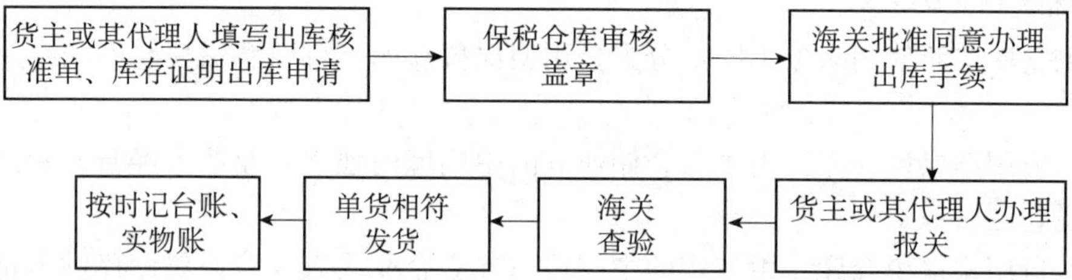

图4-5　保税货物出库业务操作流程

项目五
国际物流服务

视频

上海中远海运物流业务

案例资料

马士基集团国际物流服务体系支撑下的全球业务扩张

一、国际物流服务的兴起

随着科学技术的不断进步、经济的不断发展、全球信息网络和全球化市场的形成以及技术变革的加速，围绕新产品的市场竞争也日趋激烈。当面临的竞争环境日益残酷、多变时，多数企业认识到任何一个企业都不可能在所有业务上都成为最杰出的。因此，国际物流服务就作为一个新型的行业被分离出来。国际物流服务兴起的原因可概括为以下三个方面：

（一）竞争环境的变化引起企业对核心竞争力的关注

20 世纪 90 年代以后，随着技术进步和需求多样化的发展，产品生命周期不断缩短，企业面临缩短交货期、提高产品质量、降低成本和改进服务的压力。所有这些都要求企业对不断变化的市场做出快速反应（Quick Response，QR），源源不断地开发出满足用户需求的、定制的个性化产品，从而占领市场，以赢得竞争的主动权。每个企业都有机会拓展更大的市场，但也都有可能因竞争失利而被市场所淘汰。企业面对的将是日益激烈甚至残酷的市场竞争。

企业要想在严峻的市场竞争环境下生存和发展，就必须提高资源配置的效率，以赢得竞争优势。而要提高资源配置的效率，企业就必须提供比竞争对手更低的成本、更快的速度，从而获得竞争优势。由于任何企业所拥有的资源都是有限的，不可能在所有的业务领域都获得竞争优势，因此企业必须将有限的资源集中在核心业务上。核心竞争力是企业凭以在市场竞争中取得并扩大优势的决定性力量。

当企业认为自己在供应链中从事物流不是最好的选择，而且物流也不是企业的核心竞争优势时，特别是当企业自营物流面临问题时，自然会对物流活动采取外包（Outsourcing）的方式，即将一部分或全部物流活动委托给外部的专业物流企业去完成。

（二）国际电子商务对国际物流服务的需求激增

电子商务导致了一场比工业革命更深刻的革命，这场革命逐步导致了产业大重组，从而也就从根本上改变了公司内部运作及外部合作与交流的机制，前所未有地提高了整个社会资源的运行效率。产业重组实际上使得社会上的产业只剩下两类行业：一类是实业，包括制造业和物流业；另一类是信息业，包括广告、订货、销售、购买、服务、金融、支付和信息处理业等。

在国际电子商务环境下，随着绝大多数厂商和银行虚拟化、商务事务处理信息化和多数生产企业柔性化的实现，整个市场剩下的就只有实物物流处理工作了。物流企业成了代表所有生产企业及供应商，面对用户唯一的最集中、最广泛的实物供应者，也成了进行区域市场实物供应的重要主体。可见，国际电子商务把物流业提升到了前所未有的高度，这为国际物流服务提供了空前的发展机遇。国际生产企业应与国际物流企业有机结合、协同运作，以合作、双赢为宗旨。

（三）全球业务外包刺激了国际物流市场的发展

随着国际分工和经济全球化的发展，世界经济出现了全球业务外包的趋势，跨国公司迅猛发展。跨国公司的物流成本占其销售成本的5%～8%，而当物流边际成本每降低1%时，跨国公司的利润率就能迅速提高5%～20%。因此，跨国公司对国际物流服务商有着强烈的需求。

二、国际物流服务的内容与供应商的类型

（一）国际物流服务的内容

国际物流企业从与货主建立直接业务关系开始，其间应能提供采购原料、提供商品生产或加工地点、原料或产成品的储存保管、装卸、包装、租船、订舱、配载、制单、报检、报关、集港、疏港、运输、结汇、跟踪货物位置，直至货物到达指定目的地的最终用户手中等一系列服务。国际物流服务的内容见表4-6。

表4-6　国际物流服务的内容

服务项目	服务内容	服务项目	服务内容
咨询	物流方案设计	配送	货物配送
	智能仓库设计		信息配送
	流程设计	服务增值	流通加工
运输	不同方式的单一运输		附加增值服务
	联合运输	信息	信息管理
	多式联运（含门到门）		信息联网
保管	在库保管	报关报检	通关
	库存控制		
	堆场货运站		商检、卫检、动植物检验

续表

服务项目	服务内容	服务项目	服务内容
包装	创意包装	代理	船代、货代
	储存包装		保险、银行
	运输包装		
	再包装	培训	一般物流从业人员培训
装卸	从货架至货架		
	从启运地到目的地 （各个环节的装卸与搬运）		高级物流管理人员培训

（二）国际物流服务供应商的类型

虽然国际物流服务的内容十分广泛，但由于物流服务供应商的层次及水平的不同，提供的物流管理服务内容也不尽相同。有一些物流服务供应商可以为物流需求企业提供综合性物流服务，其服务内容可以涵盖整个商务活动过程；而有一些物流服务供应商则只能提供功能性服务。根据物流服务供应商的服务范围和方式，可以把物流服务供应商具体分为以下三种类型。

1. 专门物流服务供应商

专门物流服务供应商（Focused Service Provider）通常以资产为基础，为客户企业解决功能性问题，如提供标准运输、仓储等。在国际货物交付中的物流服务供应商，如国际货运代理、船舶代理、无船承运人、实际承运人、报关行、仓储企业等均为专门物流服务供应商。

2. 解决方案物流服务提供商

解决方案物流服务提供商（Solution Deliver）比专门物流服务供应商在物流服务的内容和方式上有比较大的拓展和提升。解决方案物流服务提供商一般具有丰富的行业物流服务经验，既可以有效地利用自身的运输、仓储设施或先进的信息管理能力为其他企业提供某一环节、某一区域或者一揽子的物流管理服务，也可以通过管理若干专门物流服务供应商来实现对客户的服务，为客户企业提供标准服务和定制的物流管理与供应链解决方案。在我国通常被称为第三方物流服务供应商。

3. 供应链创新商

供应链创新商（Supply Chain Innovator）是供应链的集成者，通过整合和管理自身的以及其他物流服务供应商补充的资源、能力和技术，影响整个供应链，进而为客户企业提供全面的突破性供应链解决方案。供应链创新商是既懂供应链理论，又有行业知识，具备将知识转化为解决方案能力的物流服务供应商，通常被称为第四方物流服务供应商（The Fourth Party Logistics Provider，4PL）。供应链创新商的服务领域远远超出解决方案物流服务提供商，涉及预测与需求计划、库存管理、成套服务、采购与订单管理以及客户服务管理等方面。供应链创新商借助解决方案物流服务提供商、信息技术服务供应商和业务流程管理商的能力来制定解决方案。

（三）世界十大物流服务商

表4-7为目前世界十大物流服务商，通过分析它们的服务内容，不难看出其服务体系完善、涉足领域广泛。

表4-7 世界十大物流服务商

序号	企业名称	服务内容
1	USPS 美国邮政服务公司	邮件投递、包裹传送、货物运输、邮政服务、网上服务、全国范围内推出个人计算机邮资，即PC邮资
2	DPWN（DHL） 德国邮政-敦豪丹莎海空	空海运、仓储管理、供应链管理、项目运输、电子商务、国际贸易等，为客户提供全面的一站式物流管理服务。为客户提供加急空运、经济性货运、重货上门取货和送货上门等服务，全套报关服务
3	UPS 联合包裹服务	提供仓储服务和维修支援服务，为客户提供物流、全球货运、金融服务、邮件服务和咨询，以提高客户的业务表现并改进客户的全球供应链
4	Maersk 马士基	出口物流、仓储、分拨、空运、海运代理、报关代理和拖车服务，客户管理和高附加值服务；集装箱码头建设和运营；钻井安装、海上电缆铺设等各种远洋服务
5	FedEx 联邦快递	提供涵盖运输、电子商务和商业运作等一系列的全面服务，提供门到门、代为清关的国际快递服务
6	La Poste 法国邮政	信函业务、包裹和物流业务、金融业务
7	COSCO 中国远洋	集装箱航运价值链内一系列集装箱航运、集装箱码头、集装箱租赁以及货运代理、船务代理服务
8	Japan Post 日本邮政	提供全面的、迅捷的函件和包裹寄递业务，简单、安全的储蓄业务和汇兑业务以及简易保险业务等，同时保留普遍服务
9	Nippon Express 日本通运	宅配便、信函业务（发展小件物品的快递业务）
10	Royal Mail 英国皇家邮政	邮政业务，包括信函、包裹、快递服务、储蓄、电子汇款、物流、商务礼仪服务

模块小结

本模块结合国际物流的基本功能要素，着重介绍了全球采购业务运作要点、国际商品与包装业务、国际贸易加工业务的主要开展方式，并对保税物流运作以及当前国际物流服务的内涵进行了介绍。

知识巩固

一、单项选择题

1. FedEx 和 UPS 是(　　)知名的国际物流企业。

A. 德国　　B. 澳大利亚　　C. 英国　　D. 美国

2. 标志属于(　　)。

禁止翻滚

A. 运输标志　　B. 指示性标志　　C. 警告性标志　　D. 作业标志

3. 在制作、设计唛头时每行不得超过(　　)个字符。

A. 15　　B. 17　　C. 20　　D. 25

4. (　　)是指用付汇购入国外料件，利用本国的技术、设备和劳力，加工成产成品后，销往国外市场。

A. 来料加工　　B. 购料加工　　C. 进料加工　　D. 加工贸易

5. 中国境内（不含港澳台）第一个自由贸易试验区是(　　)。

A. 广东自由贸易试验区　　B. 海南自由贸易试验区

C. 天津自由贸易试验区　　D. 上海自由贸易试验区

二、多项选择题

1. 全球化采购过程的“5R”原则包括适价和(　　)原则。

A. 适质　　B. 适量　　C. 适地　　D. 适时

2. 运输包装标志种类包括(　　)。

A. 运输标志　　B. 指示性标志　　C. 警告性标志　　D. 作业标志

3. 中性包装主要包括(　　)两种。

A. 随机中性包装　　B. 指定中性包装

C. 无牌中性包装　　D. 定牌中性包装

4. 保税区内的保税物流运作模式主要包括(　　)。

A. 国际商品展示　　B. 转口贸易　　C. 加工业务　　D. 产品销售

5. 保税仓库按照使用对象不同，可分为(　　)。

A. 公用型保税仓库　　B. 自用型保税仓库

C. 专用型保税仓库　　D. 国有型保税仓库

三、判断题

1. 全球化采购是跨越国界的一种纯粹的市场行为。（　　）

2. 运输标志一般由简单的几何图形和简单的字母、数字、文字构成。（　　）

3. 保税货物是指经海关批准办理纳税手续进境，在境内储存、加工、装配后复运出境的货物。（　　）

4. 专门物流服务供应商通常以资产为基础，为客户企业提供物流解决方案。（　　）

四、简答题

1. 简述全球化采购过程管理。

2. 简述我国出境货物木质包装标识的构成。

五、综合题

1. 请将下列国际物流中常用包装短语翻译成中文。

（1）Seaworthy packing;

（2）Customary packing;

（3）Shipping mark;

（4）Identification mark;

（5）Indicative mark;

（6）Warning mark;

（7）Bulk cargo;

（8）Nude cargo;

（9）Transportation packing;

（10）Selling packing.

2. 请将下列包装条款翻译成中文。

（1）In cartons containing 60 tins of 1,000 tab each.

（2）In cartons or crates of about 12 kg net, each fruit wrapped with paper.

（3）Consignment should be packed securely for export without charging expenses to the buyer.

（4）Each piece is packed in a polybag, 1 dozen to a box, 10 boxes to a carton, 4 cartons to a wooden case.

（5）Every 100 dozen should be packed in a wooden case marked TM and numbered from No. 1 upward.

模块五

跨境电商物流运作

知识导图

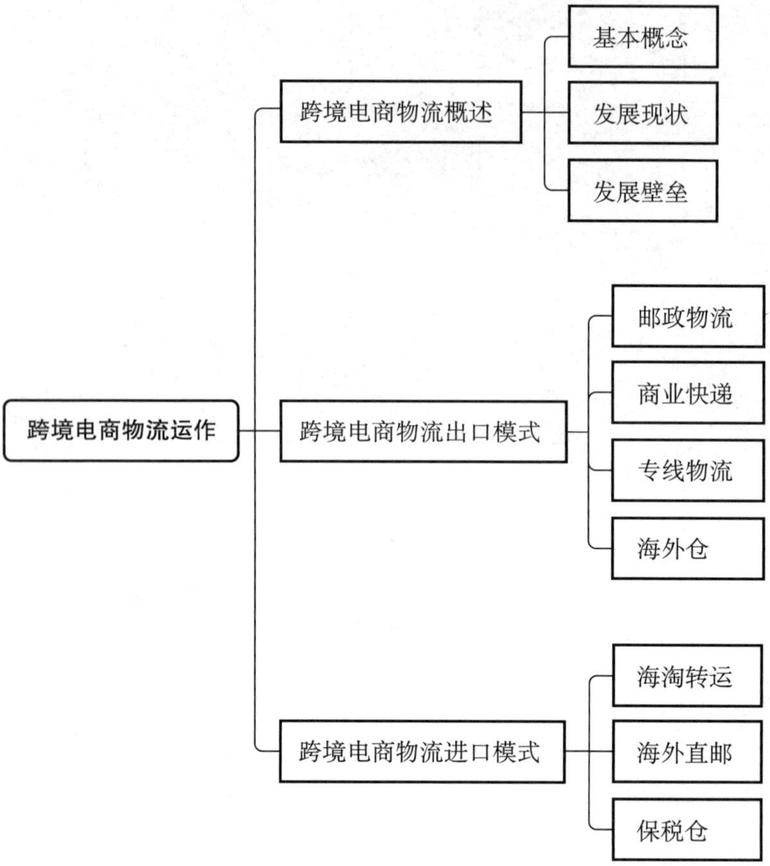

学习目标

※知识目标	※技能目标	※素质目标
1. 了解跨境电商物流的概念、发展现状和存在的问题； 2. 熟悉主要的跨境电商物流出口和进口模式； 3. 掌握不同跨境电商物流出口模式的优劣。	1. 能够理解跨境电商与物流之间的关系； 2. 能够识别不同的跨境电商物流模式； 3. 能够根据实际情况，选择最优的跨境电商物流业务； 4. 能够结合实际，提出跨境电商物流发展对策。	1. 认识到中国在全球贸易中的重要地位，增强民族自豪感； 2. 具有积极服务于国家战略的意识，助力国家对外贸易发展； 3. 通过跨境电商物流展现中华民族的良好形象； 4. 具备全球视野和国际合作精神。

导读案例

跨境接单忙，中小企业闯出海外新商机

跨境电商作为发展速度最快、潜力最大、带动作用最强的外贸新业态之一，正在为我国传统产业转型升级增添新活力。2024 年新春伊始，越来越多的中小企业开足马力，依托跨境电商出海闯出新商机。

记者来到湖北天门的这家服装厂时，工人们正在赶制一批即将发往海外的订单，每天的产量能达到 7 000 件。眼看着生意这么红火，服装厂的负责人却很着急。

场地不够、产能不足是于兵眼下最着急的事。然而让记者没想到的是，其实这家成立只有两年多的服装厂在当地已经开设了 25 个分厂，其中有 17 个都是去年投产的。

海外销量的快速增长让这家服装厂不得不持续扩大产能。去年，他们通过跨境电商把 1 000 万件服装卖到了全球 30 多个国家和地区。眼下，在天门，瞄准海外赛道的服装企业越来越多，开展跨境电商的服装企业数量从两年前的个位数增长到如今的超过 400 家。

为了抢抓机遇，当地抓紧完善产业生态，一座集原料生产、服装加工、物流仓储为一体的跨境电商产业园正在加紧建设。

眼下，在深圳，围绕跨境电商服务的各种交流会、发布会、推介会，几乎每天都在举行。

一家跨境电商物流企业的负责人告诉记者，去年公司新开通了多条航运专线，业务量增长了七成，现在，她又有了新的目标。

一件件跨境包裹让越来越多的中国企业找到新商机。2023 年，我国有 1.83 万亿元的货物通过跨境电商出口到世界各地，是 5 年前的 2.3 倍。海外养猫家庭中，来自中国的智能猫砂盆和自动喂食器成了新宠儿。锂电池、太阳能电池也成了全球买家竞相下单的热门产品。目前，我国跨境电商主体已超过 10 万家，跨境电商产业园超过 690 个，跨境电商销售网络覆盖全球 220 多个国家和地区。预计到 2025 年，我国跨境电子商务交易额将达到 2.5 万亿元，为中国企业和品牌带来全新机遇。

资料来源：陈福．跨境接单忙，中小企业闯出海外新商机［EB/OL］．央视网，2024-02-21.

项目一
跨境电商物流概述

一、基本概念

什么是跨境电商物流？跨境电商物流是国际物流的一部分，是为跨境电商服务的，也是随着跨境电商的兴起而发展起来的。

随着世界经济的深度融合，人们不再满足于买遍全国，对商品多样化的需求使得人们追逐于买遍全球。同时，由于世界经济的下行压力越来越大，各国商家都在积极地寻求扩展海外市场，而传统贸易存在交易成本过高、交易范围局限于商家之间、市场狭窄等诸多弊端，因此各国的买家和卖家都将目光聚焦于跨境电商。

电子商务的发展离不开物流的支持，跨境电商的兴起自然会促进跨境电商物流的发展。跨境电商物流缘起于海淘，与国内电商物流和跨境传统物流存在区别。它不仅冲破了国内贸易的屏障，将电商业务从全国范围扩展到了全球范围，而且将跨境物流业务从企业扩展到了个人。因此，跨境电商物流拉近了世界的距离，更加开放、共享、共赢。

从跨境电商物流的特点来看，可以将其概括为：依靠互联网、大数据等信息技术，为分属不同关境的交易主体通过电子商务平台达成的交易提供跨境物流服务。跨境电商物流可分为始发国物流、国际物流和目的国物流三个部分，涉及跨境电商企业、跨境消费者、海关、检验检疫和物流服务商等多个主体。其中，物流服务商是串联起各主体的纽带，其运作流程如图 5－1 所示。

二、发展现状

（一）起步晚，但发展迅速

Amazon 成立于 1994 年，eBay 成立于 1995 年，阿里巴巴成立于 1999 年，全球速卖通成立于 2010 年，Temu 成立于 2022 年。跨境电商物流随着 Amazon、eBay、淘宝、拼多多等电商平台的海外业务的扩展得到了飞速发展。

跨境电商物流的发展可分为以下几个阶段：

1. 萌芽期（1995—2005 年）

这一阶段各国都在积极发展跨境电商，主要以中小企业 B2B 跨境外贸为主，企业借助于网络黄页展示外贸商品信息，并采用线下支付的方式进行交易，相关跨境物流服务

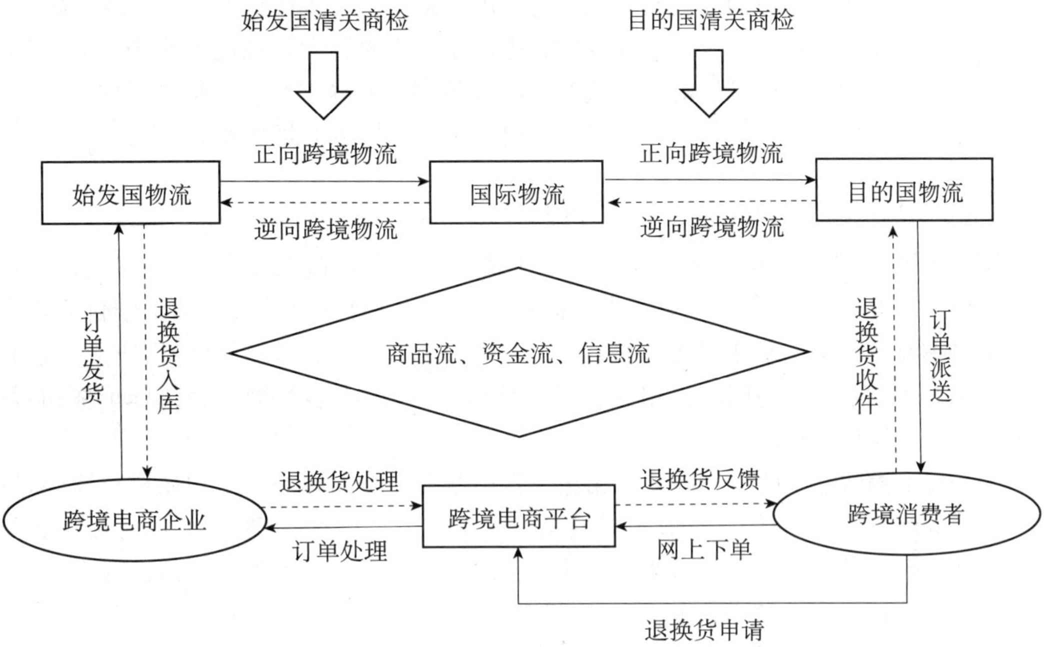

图 5-1　跨境电商物流运作流程

配套尚未完善，需要买卖双方协商寻求第三方跨境物流服务商。

2. 成长期（2006—2012 年）

智能手机的诞生、网络支付的完善、eBay 全球业务的开展、淘宝全球购的上线，兰亭集势、全球速卖通等先后成立，使得 B2C、C2C 跨境电商的交易成为可能。跨境电商物流向个人业务扩展，不再局限于企业之间，业务规模增长迅速。

3. 快速发展期（2013—2018 年）

随着全球经济深入融合、各国政府政策的支持、个人消费者对海淘业务的熟悉和接受、跨境电商平台多样化，各大快递企业纷纷推出跨境递送服务，海外仓、保税仓等跨境物流服务模式的发展，使得跨境电商及物流呈现爆发式增长。

4. 机遇挑战期（2019 年至今）

在国际贸易面临严峻挑战的背景下，跨境电商物流面临巨大挑战。同时，物联网、人工智能、大数据等技术的进步和跨境电子商务业务的需求增长为跨境电商物流发展提供了强大动力。

（二）多种跨境电商物流服务形态并存

由于跨境电商突飞猛进式的发展，需求被引爆。不管是传统的跨境物流服务商，还是新兴的互联网电商企业等，都觊觎这一丰厚的物流市场。

目前，跨境电商物流不仅有邮政、国际快递、国内商业快递等快递企业的参与，还诞生了很多跨境专线物流服务商。为了弥补跨境电商物流运输时效等弊端，又衍生出了海外仓、保税区等跨境电商物流新形态。跨境电商物流呈现多种服务形态并存的态势。

此外，京东、国美、苏宁、网易等各大电商企业纷纷建立跨境电商与物流联合模式（直邮、保税仓等）。由于跨境电商物流两国的政策存在差异，产生了很多面向个人消费者提供转运服务的灰色跨境物流，使得跨境电商物流市场更加复杂和不可控。

（三）跨境电商物流存在诸多不可控因素

不同于国内电商物流，跨境电商物流涉及环节众多，造成成本高、时效长。尽管UPS、DHL、FedEx、TNT等国际快递企业在时效上有足够优势，但是由于价格很贵，导致市场占有率很低。对于跨境电商的主力军——海淘来说，如果跨境物流成本过高，就会失去海淘的意义（与国内价格相比没有优势），因此大多海淘客会选择价格相对低廉的灰色转运跨境物流服务。

与跨境电商快递和跨境专线物流相比，转运服务将海淘客的单个包裹进行拼装，形成"规模效应"，从而降低物流成本。但是，转运服务需要集货等待，清关方式也不确定，这些都会延长配送周期。当遇到海外购物潮时，几个月收不到包裹的情况也时有发生。不仅如此，因为增加了操作环节，同时出于降低成本的考虑，转运商经常会将货物的包装丢弃，从而造成损失率提高，降低跨境物流服务体验。

由于跨境物流服务的提供者大多非跨境电商本身，如转运商大多只提供单向的跨境物流服务，造成退货程序非常烦琐。即使是在Amazon这样的自营的跨境电商平台上，退货也相当麻烦。客户若对购买的货物不满意，需要退换货，就需与电商自行沟通，而往往因为跨境物流链太长，客户收到货时已过了退换货时效，因此跨境购物退换货"难于上青天"。

虽然跨境电商飞速发展，但是物流发展的滞后严重影响了买家的跨境购物体验。

（四）政府大力支持跨境电商物流的发展

近年来，我国对外贸易增长迅速，一系列的政策和措施表明新形势下经济发展离不开跨境电商物流的支持。

2015年4月，商务部发布了《"互联网+流通"行动计划》，明确提出推动建设100个电子商务海外仓。

2017年2月，国家邮政局发布《快递业发展"十三五"规划》，明确提出鼓励重点快递企业以服务跨境电商、伴随国内企业境外发展等为契机，衔接境外物流体系，构筑立足周边、覆盖"一带一路"、面向全球的跨境寄递网络。

2018年4月，按照机构改革部署，出入境检验检疫管理职责和队伍划入海关总署。改革后，实现了一次申报、一次查验、一次放行，关检"三个一"的通关模式，大大提高了跨境电商在通关、报检上的便利化程度。

尽管2018年以来，美国在全球范围内挑起贸易战，但这并不能阻止国际贸易的进一步发展。随着人民币加入SDR、"一带一路"等的实现，在政策的推动下，跨境电商物流将朝向纵深发展。

2024 年 11 月 19 日，商务部印发《关于促进外贸稳定增长的若干政策措施》的通知，提出了具体措施，进一步支持跨境电商等新型业态发展。

三、发展壁垒

任何行业的发展都离不开政治、经济、社会、技术等环境的影响，跨境电商物流也不例外。特别是对于国际贸易、买卖的跨境电子商务，其物流运作涉及国与国之间的货物流通。根据 PEST 模型分析，跨境电商物流不可避免地受到当地的政治形势、经济制度、地域习惯、通关手续、税收政策及汇率波动的影响。各国之间的政治、经济、社会环境、技术标准等存在的差异，都会增加跨境电商物流网络建设的风险。

认知

跨境电商有哪些大坑之跨境物流篇

（一）贸易保护壁垒

由于各国经济发展水平不均，部分国家尚未加入世界贸易组织，国际贸易规则无法约束其市场。为了保护本国经济的发展，这些国家通常会设置法律法规等政治手段禁止或限制国外物流企业进入本国市场，通过提高市场准入门槛或提高关税税率等经济措施，阻止或缓解国外贸易对其产生的冲击。贸易保护壁垒并非跨境电商物流企业能够打破的，必须上升到国家层面，通过贸易对话，建立合作机制，从而打破贸易壁垒。

（二）物流设施设备标准化壁垒

物流的高效运作离不开物流设施设备的标准化。各国在物流装备技术方面有着各自的技术标准，导致运输、储存、装卸、搬运等方面需耗费更多的成本和时间。

（三）跨境电商物流人才壁垒

与国内物流相比，跨境电商物流对人才的要求更高。一是各国语言体系不同，语言是与跨境电商物流客户沟通的第一障碍。二是各国的经济制度、社会文化环境不同，对跨境电商物流人才的经济制度的学习和文化的适应能力是一大考验。我国物流行业发展快，从业人员整体素质较低，缺乏专业性高素质人才。大部分跨境电商物流人才是从物流行业内部转移而来的，专业素质亟待提高。

项目二
跨境电商物流出口模式

案例资料

东航与 SHEIN 全面深化战略合作 持续为中国品牌出海提供跨境物流保障

按照商品的流向来区分，跨境电商物流分为出口模式和进口模式。出口模式是指中国卖家通过电子商务平台将商品销售到境外的物流运作模式。目前，主流的出口模式包括邮政物流、商业快递、专线物流、海外仓。

一、邮政物流

邮政物流凭借其完善的物流网络覆盖和多样化的跨境电商物流产品，占据了70%左右的跨境电商物流出口市场份额。根据不同的跨境电商模式，邮政针对其特点推出了国际小包、国际大包、国际e邮宝、国际e特快等不同需求的跨境物流服务。

（一）国际小包

国际小包是指中国邮政与万国邮政联盟合作开展的一项通邮全球服务渠道，是一项经济实惠的国际快件服务项目，可寄达全球200多个国家和地区的各个邮政网点。

1. 寄送要求

（1）规格限制：

重量不超过2 kg；

非圆筒货物：长＋宽＋高≤90 cm，单边长度≤60 cm，长度≥14 cm，宽度≥9 cm；

圆筒形货物：直径的两倍＋长度≤104 cm，单边长度≤90 cm，直径的两倍＋长度≥17 cm，长度≥10 cm。

（2）其他限制：

禁止邮寄国家规定的不能邮寄和出口的物品；

禁止邮寄具有危险性、爆炸性、放射性、易燃性的物品；

禁止邮寄电子产品；

禁止邮寄鲜活的动植物以及易腐烂的产品。

2. 寄送时效

到亚洲邻国5～10天；

到欧美主要国家7～15天；

到其他地区和国家7～30天。

3. 资费标准

邮政国际小包资费标准如表 5－1 所示。

表 5－1 邮政国际小包资费标准

区域	国家和地区	资费标准（元/kg）
1	日本	62
2	新加坡、印度、韩国、泰国、马来西亚、印度尼西亚	71.5
3	奥地利、克罗地亚、保加利亚、斯洛伐克、匈牙利、瑞典、挪威、德国、荷兰、捷克、希腊、芬兰、比利时、爱尔兰、意大利、瑞士、波兰、葡萄牙、丹麦、澳大利亚、以色列	81
4	新西兰、土耳其	85
5	美国、加拿大、英国、西班牙、法国、俄罗斯、乌克兰、卢森堡、爱沙尼亚、立陶宛、罗马尼亚、白俄罗斯、斯洛文尼亚、马耳他、拉脱维亚、波黑、越南、菲律宾、巴基斯坦、哈萨克斯坦、塞浦路斯、朝鲜、蒙古、塔吉克斯坦、土库曼斯坦、乌兹别克斯坦、吉尔吉斯斯坦、斯里兰卡、巴勒斯坦、叙利亚、阿塞拜疆、亚美尼亚、阿曼、沙特阿拉伯、卡塔尔	90.5
6	南非	105
7	阿根廷、巴西、墨西哥	110
8	老挝、孟加拉国、柬埔寨、缅甸、尼泊尔、文莱、不丹、马尔代夫、东帝汶、阿联酋、约旦、巴林、阿富汗、伊朗、科威特、也门、伊拉克、黎巴嫩、秘鲁、智利	120
9	塞尔维亚、阿尔巴尼亚、冰岛、安道尔、法罗群岛、直布罗陀、列支敦士登、摩纳哥、黑山、马其顿、圣马力诺、梵蒂冈、摩尔多瓦、格鲁吉亚	147.5
10	斐济、美属萨摩亚、科科斯群岛、库克群岛、卡奔达、圣诞岛、新喀里多尼亚、密克罗尼西亚、南乔治亚岛和南桑德韦奇岛、赫德岛和麦克唐那岛、英属印度洋领土、基里巴斯、圣基茨和尼维斯联邦、马绍尔群岛、北马里亚纳、诺福克岛、瑙鲁、纽埃、法属波利尼西亚、巴布亚新几内亚、皮特凯恩群岛、所罗门群岛、斯瓦尔巴岛和扬马延岛、特里斯达库尼亚群岛、法属南部领土、托克劳、汤加、图瓦卢、美属太平洋各群岛、瓦努阿图、西萨摩亚、阿森松岛、加纳利群岛、亚速尔群岛和马德拉群岛、关岛、帕劳、瓦利斯和富图纳、埃及、苏丹、摩洛哥、吉布提、埃塞俄比亚、肯尼亚、突尼斯、布隆迪、乌干达、卢旺达、乍得、尼日利亚、布基纳法索、贝宁、喀麦隆、阿尔及利亚、加蓬、几内亚、马达加斯加、毛里塔尼亚、津巴布韦、安哥拉、中非、佛得角、西撒哈拉、厄立特里亚、冈比亚、赤道几内亚、几内亚比绍、科摩罗、利比里亚、莱索托、马拉维、莫桑比克、纳米比亚、尼日尔、留尼汪、塞舌尔、圣赫勒拿、圣多美和普林西比、斯威士兰、马约特、伊夫尼、赞比亚、利比亚、毛里求斯、马里、索马里、加纳、博茨瓦纳、刚果（金）、刚果（布）、坦桑尼亚、多哥、科特迪瓦、塞拉利昂、塞内加尔、委内瑞拉、古巴、厄瓜多尔、巴拿马、苏里南、哥伦比亚、安提瓜和巴布达、安圭拉、荷属安的列斯、阿鲁巴、巴巴多斯、百慕大、玻利维亚、巴哈马、伯利兹、哥斯达黎加、多米尼加、马尔维纳斯群岛、格林纳达、法属圭亚那、瓜德罗普、危地马拉、圭亚那、洪都拉斯、海地、牙买加、开曼群岛、圣卢西亚、马提尼克、蒙特塞拉特、尼加拉瓜、圣皮埃尔和密克隆、波多黎各、巴拉圭、萨尔瓦多、特克斯和凯科斯群岛、特立尼达和多巴哥、乌拉圭、圣文森特和格林纳丁斯、英属维尔京群岛、美属维尔京群岛、格陵兰岛	176

注：挂号统一加收 8 元/票挂号费；
随着时间推移，数据可能发生变化。

4. 国际小包的优势

（1）资费低。按不同区域，收费标准为 62 元/kg 至 176 元/kg，挂号另收 8 元。例如：日本 62 元/kg，俄罗斯 90.5 元/kg。计费标准按首重 50 g、续重 1 g 计，重量轻、体积小的包裹折后最低只需 5 元一单。

（2）覆盖范围广。只要有邮局的地方都可以到达。

（3）通关便利。国际小包和万国邮政联盟合作，通关便捷。

5. 国际小包的劣势

（1）重量限制。最大重量不能超过 2 kg。

（2）时效慢。除了亚洲邻国的时效有一定优势外，其他地区时效偏慢，而且时效不保证，经常会超出标准时效，平均时效 20～50 天。

（3）不可追踪。若需查询包裹状态，则需付 8 元的挂号费。

（4）丢件率高。平邮丢件不赔付。

邮政国际小包是建立在万国邮政联盟的邮政网络基础上的一种普惠性公共服务。类似于国内邮政小包，国际小包同样属于低速、低价模式，没有挂号的“裸包”的价格是行业最低的。同时，受限于成本等因素，投递慢、不可追踪、丢件率高是国际小包最大的弊端。

（二）国际大包

国际大包是对国际小包业务的补充，适合对时效性要求不高而重量稍重的货物。

国际大包除了寄送重量限制与国际小包不一样，其他限制与国际小包一样。国际大包可寄重量 30 kg 以下包裹（部分国家不超过 20 kg），体积最大单边不超过 1.5 m，长不小于 0.24 m、宽不小于 0.16 m。寄送的时效与配送范围与国际小包一致。

国际大包主要由货运代理商或者国际电商平台合作提供服务，收费标准较为复杂（可在货运代理商网站查询具体收费标准），根据不同区域和运输方式（航空、空运水陆路、水陆路），价格有较大区别，收费较商业快递便宜很多。国际大包除了具有国际小包的优势外，对重量限制也没有国际小包严格。另外国际大包物流状态可追踪，如果包裹丢失也可向邮政申请索赔，但赔付最高不超过 300 元。

（三）国际 e 邮宝

国际 e 邮宝是中国邮政为适应跨境电商轻小件物品寄递需要，为中国电商卖家量身定制的经济型国际速递业务。国际 e 邮宝自推出以来，受到了 Wish、全球速卖通、eBay、敦煌网等电商平台的欢迎。

1. 寄送要求

规格限制：

重量不超过 2 kg（以色列 3 kg）。

最大尺寸：长、宽、厚合计不超过 90 cm，最长一边不超过 60 cm。圆卷邮件直径的两倍和长度合计不超过 104 cm，长度不得超过 90 cm。

最小尺寸：长度不小于 14 cm，宽度不小于 11 cm。圆卷邮件直径的两倍和长度合计不小于 17 cm，长度不小于 11 cm。

其他限制：寄送物品符合《禁止寄递物品指导目录》规定。

2. 寄送时效

墨西哥 20 个工作日，越南 5～7 个工作日，沙特阿拉伯、乌克兰、俄罗斯 7～15 个工作日，其他线路 7～10 个工作日。

3. 寄送范围及收费标准

国际 e 邮宝资费标准如表 5-2 所示。

表 5-2　国际 e 邮宝资费标准

<table>
<tr><th colspan="4" rowspan="2">寄达国家和地区</th><th colspan="2">资费</th><th rowspan="2">起重</th></tr>
<tr><th>元/件</th><th>元/g</th></tr>
<tr><td colspan="2" rowspan="4">美国</td><td colspan="2">非 eBay</td><td>10</td><td>0.076</td><td rowspan="4">50 g，不足按 50 g 计费</td></tr>
<tr><td colspan="2">eBay</td><td>10</td><td>0.074</td></tr>
<tr><td colspan="2" rowspan="2">Wish（促销）</td><td>10</td><td>0.075</td></tr>
<tr><td>10</td><td>0.069</td></tr>
<tr><td colspan="2" rowspan="2">俄罗斯</td><td colspan="2">一区</td><td>17</td><td>0.055</td><td rowspan="2">—</td></tr>
<tr><td colspan="2">二区</td><td>18</td><td>0.055</td></tr>
<tr><td>乌克兰</td><td>—</td><td>—</td><td>—</td><td>8</td><td>0.075</td><td>10 g，不足 10 g 按 10 g 计费</td></tr>
<tr><td>哈萨克斯坦</td><td>—</td><td>—</td><td>—</td><td>8</td><td>0.07</td><td>50 g，不足 50 g 按 50 g 计费</td></tr>
<tr><td>新西兰</td><td>—</td><td>—</td><td>—</td><td>9</td><td>0.07</td><td>50 g，不足 50 g 按 50 g 计费</td></tr>
<tr><td>日本</td><td>—</td><td>—</td><td>—</td><td>12</td><td>0.04</td><td>50 g，不足 50 g 按 50 g 计费</td></tr>
<tr><td>越南</td><td>—</td><td>—</td><td>—</td><td>12</td><td>0.045</td><td>—</td></tr>
<tr><td>西班牙</td><td>—</td><td>—</td><td>—</td><td>14</td><td>0.06</td><td>—</td></tr>
<tr><td>泰国</td><td>印度尼西亚</td><td>—</td><td>—</td><td>14</td><td>0.045</td><td></td></tr>
<tr><td>以色列</td><td>—</td><td>—</td><td>—</td><td>17</td><td>0.06</td><td>—</td></tr>
<tr><td rowspan="2">英国（促销）</td><td rowspan="2">—</td><td rowspan="2">—</td><td rowspan="2">—</td><td>17</td><td>0.06</td><td rowspan="2">—</td></tr>
<tr><td>19</td><td>0.055</td></tr>
<tr><td>中国香港</td><td>—</td><td>—</td><td>—</td><td>17</td><td>0.03（广东 0.02）</td><td>—</td></tr>
<tr><td>澳大利亚</td><td>法国</td><td>德国</td><td>瑞典</td><td>19</td><td>0.06</td><td>—</td></tr>
</table>

续表

寄达国家和地区				资费		起重
				元/件	元/g	
挪威	葡萄牙	加拿大	—	19	0.065	—
韩国	马来西亚	新加坡	—	25	0.04	—
土耳其	奥地利	比利时	瑞士	25	0.06	—
丹麦	匈牙利	意大利	卢森堡			
荷兰	波兰	希腊	—			
芬兰	爱尔兰	—	—	25	0.065	—
巴西	—	—	—	25	0.08	50 g，不足 50 g 按 50 g 计费
墨西哥	—	—	—	25	0.085	—
沙特阿拉伯	—	—	—	26	0.05	—

注：随着时间推移，数据可能发生变化。

国际 e 邮宝作为中国邮政针对跨境电商市场的创新产品，最早是为中国 eBay 卖家发往美国的包裹提供跨境物流服务，虽然不及国际小包的覆盖范围广，但是随着需求进一步增长，现已扩展至 20 多个国家和地区。国际 e 邮宝具有计费简单、清关能力强等特点，收费标准稍高于国际小包。但时效优于国际小包，国内段采用 EMS 网络运输，到达目的地国采用当地的邮政配送，通常 7～15 个工作日即可妥投。从投诉率和丢包率来看，国际 e 邮宝不仅远低于国际小包，而且低于商业快递等跨境电商物流渠道。因此，国际 e 邮宝已成为电商平台最受欢迎的跨境物流服务之一。

（四）国际 e 特快

国际 e 特快是为适应跨境电商寄递需求而设计的一款高端跨境电商物流产品，在内部处理、转运清关、落地配送、跟踪查询、尺寸规格标准等各方面均有更高要求，是提高跨境卖家发货效率、提升客户体验的高端产品。

国际 e 特快除了价格贵（远高于国际小包和国际 e 邮宝），其余方面有些显著优势，不仅时效快（平均 5～7 天，偏远国家和地区 10 天），而且覆盖范围比国际 e 邮宝更广（但不如国际小包覆盖广）。此外，包裹重量最高限制 30 kg，其他方面与商业快递没有太大区别。

二、商业快递

快递的发展得益于电子商务的兴起。早期电子商务以国内市场为主，快递也主要服务于国内市场。当世界经济朝着更加共享、开放方向迈进，电子商务逐步向海外扩展，商业快递也成了跨境电商物流的出口模式之一。按投资主体来区分，可以将商业快递的跨境电商物流业务分为国际快递全球业务和国内快递国际业务。

（一）国际快递全球业务

目前，主流的国际快递企业包括 DHL、UPS、FedEx、TNT 等，它们通过在全球建立快递网络为跨境电商提供物流服务。以下主要介绍 DHL 和 FedEx。

1. DHL

DHL 是全球知名的邮递和物流集团 Deutsche Post DHL 旗下公司。DHL 的业务遍布全球 220 多个国家和地区，是全球国际化程度最高的公司之一。DHL 根据客户的多样化需求，推出了不同时效、不同价格的全球出口快递服务，包括 DHL 朝九特派、DHL 十点半特派、DHL 正午特派、DHL 环球快递。DHL 快递服务见表5－3。

表 5－3　DHL 快递服务

项目	DHL 朝九特派（十点半特派至美国）	DHL 正午特派	DHL 环球快递
服务描述	标准转运时间 9 点前递送（10:30 至美国）	标准转运时间中午 12 点之前递送	标准转运时间工作日结束前递送
退款保证	有*	有*	无
覆盖的国家或地区数量	28	92	超过 220
尝试派送次数	2	2	2
最大单件重量（非托盘）	30 kg	30 kg	70 kg
最大单件尺寸（长×宽×高）	120 cm×80 cm×80 cm+	120 cm×80 cm×80 cm+	120 cm×80 cm×80 cm+
是否接受托盘	无	无	有
最大托盘重量	n/a	n/a	1 000 kg
最大单票重量	300 kg	300 kg	1 000 kg
最大托盘尺寸（长×宽×高）	n/a	n/a	120 cm×100 cm×160 cm

* 更多条款细则参看 https://www.cn.dhl.com/zh/express 了解详细信息。
+ 单件任意一边的长度不超过 300 cm 是可接受的，但可能会产生附加费。

注：随着时间推移，数据可能发生变化。

2. FedEx

FedEx 全称是 Federal Express，即联邦快递，成立于 1971 年。FedEx 的亚太区总部设在中国香港，同时在上海、东京等城市设有区域性总部。FedEx 的全球快递业务分为联邦快递国际优先快递服务和联邦快递国际经济快递服务。FedEx 快递服务具体见表 5－4。

表 5-4　FedEx 快递服务

货物重量	FedEx 全球服务[1,2]	选择您需要的国际托运服务
不超过 68 kg	联邦快递国际优先快递服务（IP）	准时递送，运送时间通常只要 1～3 个工作日。欧洲主要城市通常需要 2 个工作日。
	联邦快递国际经济快递服务（IE）	经济实惠的服务，专门托运重要而非紧急的货件。一般需要 2～4 个工作日送达各大主要城市。
超过 68 kg	联邦快递国际优先分送快递服务[#]（IPD）	可将大宗货件从同一始发地送至同一目的地国家、地区的多个地址。货件作为单个计量单位清关，递送时间通常只需 2～4 个工作日。
	联邦快递国际优先快递重货服务[*]（1PF）	适用重量 68 kg 以上的货件，运送时间通常只需要 1～3 个工作日。需预订舱位。
	联邦快递国际经济快递重货服务[*]（IEF）	可提供经济的、指定日期的、清关型门到门服务，适合递送超过 68 kg/150 lb，目的地为亚洲、美国、加拿大和墨西哥的主要市场的货件。运送时间通常为 3～6 个工作日。需预订舱位。

1. FedEx 全球服务：详情请参阅 https://www.fedex.com/cn/services/wwservices.html；
2. 预计运费和运送时间：请参阅 https://fedex.com/cn/quote/；
3. 有关货物的准确递送时间和电话截件时间，请查询客户服务部。

*所有货件都没有最大重量限制，服务覆盖范围可能有所不同。

#所有货件都没有最大重量限制。有关多个包裹合并在一个货件中，待递送给位于同一个目的地国家/地区但不同地点的多个收件人的托运解决方案。

注：随着时间推移，数据可能发生变化。

（二）国内快递国际业务

国内快递相较于国际快递起步较晚。例如，顺丰速运成立于 1993 年，而 UPS 成立于 1907 年。目前，国内快递在全球的服务网络建设处于快速发展阶段。相对于其他国内商业快递企业，顺丰速运作为行业的标杆，在国际业务方面投入最大，网络覆盖范围最广。目前，顺丰速运已建立了国际业务网站，出口业务主要经营国际标快、国际特惠。

国际标快（出口）是为满足中国客户寄递紧急物品至海外的需求，各环节均以最快速度进行发运、中转和派送的高品质门到门国际快件服务，时效快，安全有保障。服务范围覆盖美国、加拿大、新加坡、马来西亚、日本、韩国、澳大利亚、泰国、越南、蒙古国、印度、印度尼西亚、俄罗斯、柬埔寨、墨西哥、缅甸和欧洲 15 国（比利时、荷兰、德国、英国、意大利、法国、卢森堡、奥地利、捷克、丹麦、西班牙、匈牙利、爱尔兰、葡萄牙和斯洛伐克）。参考时效为 1～10 个工作日，偏远地区、郊区、岛屿等特殊情况需额外增加配送时效。顺丰国际标快（出口）寄件尺寸和价值限制见

表 5－5。

表 5－5　顺丰国际标快（出口）寄件尺寸和价值限制

<table>
<tr><th>目的地国家</th><th>尺寸限制（单件）</th><th>重量限制</th><th>价值限制（单票）</th></tr>
<tr><td>日本</td><td rowspan="7">200 cm×80 cm×70 cm</td><td>单件≤70 kg</td><td rowspan="2">—</td></tr>
<tr><td>马来西亚</td><td rowspan="7">单件≤70 kg</td></tr>
<tr><td>新加坡</td><td rowspan="4">若为月结账户，且支付方式为寄付月结或寄付转第三方支付的，申报价值不超过 5 000 美元。若为散户，申报价值不超过 2 500 美元</td></tr>
<tr><td>韩国</td></tr>
<tr><td>美国</td></tr>
<tr><td>泰国</td></tr>
<tr><td>墨西哥</td><td rowspan="3">—</td></tr>
<tr><td>越南</td><td>200 cm×120 cm×120 cm</td></tr>
<tr><td>柬埔寨</td><td>140 cm×70 cm×70 cm</td><td>单件≤50 kg</td></tr>
<tr><td>澳大利亚</td><td>单边不超过 105 cm，总长度不超过 140 cm</td><td>单件≤20 kg</td><td>不超过 1 000 澳元</td></tr>
<tr><td>印度</td><td rowspan="3">200 cm×80 cm×70 cm</td><td>单件≤70 kg</td><td>—</td></tr>
<tr><td>印度尼西亚</td><td>单件≤70 kg；单票≤90 kg</td><td rowspan="2">—</td></tr>
<tr><td>蒙古</td><td>单件≤70 kg</td></tr>
<tr><td>俄罗斯</td><td>单边不超过 150 cm，总长度不超过 300 cm</td><td>单件≤30 kg</td><td>—</td></tr>
<tr><td>加拿大</td><td>长+2×(高+宽)< 365 cm，单边长不超过 244 cm</td><td>单件≤70 kg</td><td>无</td></tr>
<tr><td>缅甸</td><td>100 cm×70 cm×70 cm</td><td>单件≤30 kg</td><td>—</td></tr>
<tr><td>欧盟国家</td><td>长+2×(高+宽)≤300 cm；最大边≤175 cm</td><td>单件≤70 kg</td><td>不超过 13 000 欧元</td></tr>
</table>

注：随着时间推移，数据可能发生变化。

顺丰国际特惠（出口）是为满足中国客户较重物品或非紧急物品寄递需求而推出的经济型国际快件服务。服务范围覆盖日本、韩国、新加坡、马来西亚、美国、俄罗斯、巴西以及欧洲 28 国等。

顺丰国际特惠（出口）相比国际标快（出口）价格实惠，不仅免燃油附加费、D 类出口报关服务费，且 20 kg 以上运费递减。参考时效 4～14 个工作日，稍慢于国际标快。顺丰国际特惠（出口）寄件尺寸和价值限制见表 5－6。

表 5-6　顺丰国际特惠（出口）寄件尺寸和价值限制

<table>
<tr><th>国家</th><th>重量限制（单件）</th><th>体积限制（单件）</th><th>价值限制（单票）</th></tr>
<tr><td>日本</td><td>50 kg</td><td rowspan="7">200 cm×80 cm×70 cm</td><td rowspan="5">—</td></tr>
<tr><td>韩国</td><td rowspan="6">70 kg</td></tr>
<tr><td>新加坡</td></tr>
<tr><td>马来西亚</td></tr>
<tr><td>阿联酋</td></tr>
<tr><td>智利</td><td rowspan="2">若为月结账户，且支付方式为寄付月结或寄付转第三方支付的，申报价值不超过 5 000 美元。若为散户，申报价值不超过2 500 美元</td></tr>
<tr><td>美国</td></tr>
<tr><td>俄罗斯</td><td>30 kg，不支持子母件</td><td>单边长度不超过 150 cm，总长度不超过 300 cm</td><td rowspan="2">—</td></tr>
<tr><td>巴西</td><td>32 kg</td><td>200 cm×80 cm×70 cm</td></tr>
<tr><td>欧洲 28 国</td><td rowspan="2">30 kg</td><td>单边不超过 175 cm，总长度不超过 300 cm</td><td>不超 13 000 欧元</td></tr>
<tr><td>新西兰</td><td rowspan="4">150 cm×80 cm×70 cm</td><td rowspan="5">—</td></tr>
<tr><td>菲律宾</td><td>25 kg</td></tr>
<tr><td>文莱</td><td rowspan="2">70 kg</td></tr>
<tr><td>斯里兰卡</td></tr>
<tr><td>孟加拉国</td><td>30 kg</td><td>120 cm×80 cm×70 cm</td></tr>
</table>

注：随着时间推移，数据可能发生变化。

国际标快（出口）和国际特惠（出口）除了对寄件包裹的重量、尺寸和价值有限制外，不可收寄“违法”“违规”禁寄物品。目的国禁寄物品具体标准以当地口岸海关相关法规、要求为准。除了顺丰速运，申通、圆通、中通、韵达等国内快递企业都推出了国际快递业务。

（三）小结

不管是国际快递全球业务还是国内快递国际业务，其出口运作模式存在很大的共性，但也有自身的特点和优势。在寄运限制方面，都不能寄运中国和目的国明令禁止的“违法”“违规”物品，对于限制类物品则需得到快递企业的同意才可邮寄，且不同的快递企业和快递产品发布的限制类物品种类也不一样。

在运费标准方面，不管是国际快递还是国内快递都按照与中国距离的远近、运输的便利和成本、自身运输网络的优势等因素将目的国进行了分区，不同的分区运费收取标准不一样；除了分区运费标准不一样，不同的快递企业设置的物品首重、续重及最大限重的运费标准也不尽相同。

例如，从中国深圳寄一件 0.2 kg 的文件到美国，DHL 环球快递运费为 297 元，FedEx 国际优先快递服务运费为 316 元，顺丰标快运费为 190 元。而从中国深圳寄一件 0.7 kg 的文件到美国，DHL 环球快递运费为 423 元，FedEx 国际优先快递服务运费为 435 元，顺丰标快运费为 235 元（其他区域的运费标准可在各大商业快递官网查询）。

快递企业除了收取运费，在某些情况下还会收取附加费，如燃油附加费、偏远地区附加费、锂电池附加费、海关服务费等。此外，快递企业还能为客户提供不同的增值服务，如报价、截单改派、代付关税等。

由于国际快递和国内快递的快递网络建设上存在优势互补情况，国际快递在海外网络建设优于国内快递，而在国内快递网络建设远不如国内快递。例如，从湖北省十堰市房县姚坪乡寄到赞比亚，没有国际快递收件网络能覆盖到房县下属的乡镇，目前也没有一家中国快递企业在赞比亚建立了快递配送网络。因此，当寄递物品始发地和目的地超过任何一家快递企业的网络覆盖时，就需要国际快递和国内快递企业合作，利用各自的网络覆盖优势，以满足客户的寄递需求。目前，国内快递和国际快递在部分区域已开展了类似的合作服务。

商业快递相比于邮政物流，在速度上具有明显优势。然而商业快递的收费标准非常昂贵，除非购买的物品价值很高，对寄送的时效和安全性要求很高，而且物品的重量不重，才适合用商业快递进行寄递。对于跨境电商来说，大多数物品的价值并不高，商业快递在跨境电商物流市场占有率较低。为了适应跨境电商的需求，大多数商业快递企业也有针对性地推出了类似邮政物流的小包业务，如 DHL eCommerce、顺丰小包。

三、专线物流

（一）专线物流的概念及特点

跨境电商物流已经从单一的包裹模式发展成为以邮政包裹模式为主导，其他模式并存的多元化模式。

专线物流也是跨境电商物流中比较常见的一种出口运作模式。它是指在国内仓库集货，批量发往特定国家或地区进行集中清关，然后再由目的国本地的物流负责配送，具有比商业快递更优惠的价格和比邮政小包更快的时效等特点。

因为不仅弥补了邮政小包速度慢、易丢包等缺点，而且具有相对于商业快递更低廉的价格，专线物流被认为是跨境电商直发模式的理想物流选择。在一些热门市场，专线已经逐渐与邮政包裹平分秋色，甚至成为卖家首选。

（二）专线物流分类

目前，比较热门的专线有俄罗斯专线、北美专线、中东专线、欧洲专线和澳大利亚专线等。专线的营运主体以俄速通、燕文物流等专业的贸易服务商为主。此外，各大跨境电商企业，如全球速卖通、敦煌网、Wish 等也结合自身电商平台优势，采用与跨境物流服务商合作的形式，推出了有针对性的专线物流服务。

1. 俄速通

俄速通（Ruston）是由黑龙江俄速通国际物流有限公司提供的中俄航空小包专线服务，是针对跨境电商客户物流需求的小包航空专线服务，渠道时效快速稳定，全程物流可跟踪。

2. 燕文专线

燕文专线（Special Line-YW）是北京燕文物流有限公司旗下的一项国际物流业务。线上燕文专线目前已开通南美专线和俄罗斯专线等。

3. Aramex 快递

Aramex 快递即中外运安迈世，是发往中东地区的国际快递的重要渠道。Aramex 的总部位于迪拜，是中东地区的国际快递巨头，具有在中东地区清关速度快、时效快、覆盖面广、经济实惠的特点，对货物的限制也较大。

4. Wish 邮- WiseExpress 专线

Wish 邮- WiseExpress 专线是 Wish 邮与万色速递（WiseExpress）合作推出的美国路向妥投类产品，提供头程运输、口岸操作、出口交航、进口接收、实物投递等实时跟踪服务，美国全程时效为 5～8 个工作日，综合妥投率高于 98%，包裹全程可跟踪，支持带电产品配送。

（三）专线物流的优势

（1）时效快：专线物流拥有专线渠道，可控性非常强，一般采取固定包机航班，时效性比邮政国际小包强。

（2）成本低：专线物流通过集货达到规模效应从而降低物流成本。其服务比国际小包更稳定，物流成本较国际快递低。

（3）安全高：专线物流一般有额外赔偿和保险，丢包率远低于邮政国际小包。

（4）可追踪：专线物流服务商通过建立完善的信息系统，可以实现从国内集货到国外妥投的全过程追踪。

（5）易清关：专线物流的主要优势在于专业化的清关，清关一般都由专业人员负责，货物进行统一清关，而且不需要买家解决清关，提升了买家服务体验和清关效率。

（四）专线物流的劣势

（1）覆盖范围有限。由于专业物流是借助集货方式产生的规模效应来降低成本和提高服务效率的，因此只有进出口至与中国贸易量较大的国家或地区，专线物流才能发挥优势。如果贸易量小，专线物流则无利可图，因而其覆盖范围相较于邮政小包和商业快递都要窄。

（2）可托运产品种类有限。虽然我国可提供跨境专线物流服务的公司逐渐增多，但是其可托运的产品种类较为有限。

（五）小结

可以看出，专线物流运作模式和邮政小包、商业快递有着很大的区别。它是将出口跨境电商物流分成三个阶段：国内集货、国际运输和目的地配送。三个阶段并不是由一家物流企业承担，而是将三个阶段的最优物流资源进行整合，从而实现门到门的物流服务。

这种运作模式最大的特点在于资源整合。首先，专线物流要解决的是国内段集货，将客户在跨境电商平台下单的货物进行集中，主要由电商平台或者第三方物流提供服务。其次，国际运输段多采用包机运输，在节约时间的基础上降低成本。到达目的国后，物流企业通过和国外贸易公司合作，采用大包 DDP 清关方法可以在加快清关速度的同时尽可能降低清关成本。最后，清关完成后，再进行拆包并转交当地邮政或者快递负责派送。

专线物流是一种折中的跨境电商物流运作模式，适合运送多批次、小批量、时效性要求高的货物，可以作为一种补充模式为买家提供多样化的物流选择，解决好目的国清关和当地邮政、快递合作是关键。

四、海外仓

一直以来，物流就是跨境电商的痛点，不管是商业快递还是专线物流都无法避免跨境物流过程中的易丢包、易破损、难退换、配送慢、清关慢等问题。大多数差评和投诉都来源于物流，严重影响了跨境电商的服务质量。解决跨境电商物流之痛，关键在于克服物流难题，因而海外仓跨境电商物流运作模式应运而生。

（一）海外仓的概念

海外仓不是单纯的存放跨境货物的仓库，而是对跨境物流运输方案的全面整合，形成一站式的整体解决方案。海外仓不是在海外建设一个仓库那么简单，而是以仓储为核心的综合物流配套体系，包括跨境货物运输、贸易清关、精细化库存管理、个性化订单管理、包装配送及售后服务等。

（二）海外仓的发展现状

1. 海外仓增长迅猛

中国物流与采购网调查数据显示，我国海外仓数量不断增长，从 2013 年 11 月的 50 多个增长至 2016 年 11 月的 500 多个，年均增长率达 77%。2015 年 4 月，京东正式开展全球购业务，并与 EMS 签订合作协议，深入开展跨境仓储、小包裹直邮等方面合作。截至 2022 年 12 月，唯品会在全球拥有 18 个大国际货品仓、11 个海外办公室。此外，顺丰速运、韵达等物流企业也积极涉足海外仓市场。据统计，截至 2021 年 12 月，我国海外仓数量已超过 2 000 个，总面积超过 1 600 万平方米。

2. 海外仓发展不均衡

海外仓的建设与电子商务发展程度密切相关。经济发达的国家消费能力强，跨境购物的需求更大，海外仓发展更为迅速。2020 年，受疫情影响，海外电商需求激增，海外仓曾“一仓难求”。然而，随着库存消耗、需求回落、海运恢复常态，情势在 2022 年急转直下，海外仓行业进入出清和整合阶段，中小海外仓面临空仓窘境。谷仓海外仓、递四方、万邑通等第三方海外仓企业已在北美、欧洲、亚太等市场重资布局。头部海外仓服务商规模化、抗风险能力较强等优势凸显。

（三）海外仓的优势

随着跨境电商的竞争日益加剧，海外仓不仅可以解决直邮物流存在的各种痛点问题，还具有提升本土化优势、拓宽选品范围、降低清关障碍、减少转运流程、降低破损/丢包率等增值服务的优势。

1. 提升曝光率，增加销量

跨境电商客户在选择商品时，一般会优先选择当地发货的商品，存放在海外仓的商品可以实现本地配送，大大缩短收货的时间，从而增加产品的曝光率，提升店铺的销量。据统计，从海外仓发货的同类商品，平均销售量是从中国直接发货销量的 3～4 倍。

2. 缩短运输时间，提高物流服务品质

通过海外仓提前备货，企业可以节省国际运输耗费的时间，加快订单响应及发货速度，提升物流配送品质和效率。假如邮寄一件衣服到美国采用中邮小包方式运送需花费 10～15 天，而通过海外仓从国外仓库直接通过美国邮政发货，到顾客手中仅需 1～2 天，有些商家甚至提供 24 小时送货服务。数据显示，从中国发往英国的商品物流过程损坏率为 12%，通过海外仓发货还可避免商品损坏情况发生，提高物流服务品质。

3. 有助于市场拓展，扩大跨境购物选品范围

传统的跨境物流只能采用空运和陆运方式运输，受制于时效和成本，家居、园艺、汽配、重货等不适合作为跨境购物的选品。而海外仓可以选择海运等多种物流方式将跨境电商货物运到目的国，增加了出口的商品种类。

4. 降低跨境物流成本

通过海运集装箱运输货物，企业能够克服单个商品走普通空运的限制，尤其是由于各种原因不能运输的物品，借助规模效应，批量运至海外，有效降低物流成本。

5. 升级售后服务，提升客户满意度

企业利用海外仓进行售后服务（包括时效、货物退货、换货等），提升了本土化服务的体验度，解决了客户后顾之忧，从而提高了客户满意度。

（四）海外仓的分类

根据海外仓的建设和经营主体不同，可以将海外仓分为 FBA 仓、第三方海外仓和

自建海外仓等。

1. FBA 仓

FBA（Fulfillment By Amazon）是亚马逊为平台卖家提供的短期仓储、拣货、包装以及终端配送等一条龙物流服务。目前，FBA 仓是海外仓标杆，物流服务专业，配送时效快。对于亚马逊卖家来说，使用 FBA 有助于提高站内排名，获取更多流量，同时省去因物流引起的纠纷，而且对于单价超过 300 美元的产品可免除 FBA 的费用。但 FBA 存在以下几个问题：

（1）选品限制，对尺寸、重量、类别有一定程度的限制；

（2）不提供头程清关服务；

（3）不提供仓内作业服务，卖家需在发货前贴好外箱标签及产品标签；

（4）仓储运费成本较高；

（5）无法处理退货商品，无论是销毁还是寄还卖家，都会收取高昂费用；

（6）亚马逊卖家如果因产品问题被封号，存放在 FBA 仓的货物有被查封的风险。

2. 第三方海外仓

相比 FBA 仓，第三方海外仓能提供头程清关和库存管理方面的服务，使得越来越多的卖家考虑使用第三方海外仓，或者将 FBA 仓与第三方海外仓配合使用。虽然第三方海外仓在硬件建设上比较成熟，但服务方面建设相对落后，远未能满足卖家对跨境业务的要求。

3. 自建海外仓

由于第三方海外仓服务水平还有待提升，个性化服务能力较差，而 FBA 仓也有弊端，同时出于降低成本角度考虑，很多卖家开始自建海外仓，以期为买家提供更好的服务。

尽管自建海外仓可以让卖家对海外仓服务有更多的自主权，但在建仓和经营过程中，仍然有很多挑战，特别是在法务、税务、海外员工招聘和管理方面比较薄弱。

虽然很多卖家自建海外仓意愿很强，但不能盲目建仓，从成本角度考虑，日均订单量在 1 000 单以上时建仓才能平衡仓库、人工等成本。

项目三
跨境电商物流进口模式

案例资料

"正规军"入场，海淘逐渐告别小众时代

跨境电商物流进口模式是指为中国消费者通过境外电子商务平台或国内跨境电子商务平台购买的进口商品提供跨境物流服务的运作模式。目前，主流的进口模式包括以下几种。

一、海淘转运

（一）海淘转运的背景

由于国内外商品具有差异性，有很多国外的商品国内不销售，而很多人又有购买这些国内商品的需求，由此诞生了海淘。早期海淘的需求和规模不大，主要是通过留学生群体代购实现。一方面，国内经济飞速发展，人们的生活水平提高，对生活品质有了更高的要求，频繁爆出食品安全和商品质量等问题，使得消费者对国内商品缺乏信任；另一方面，跨境电商的发展，使得消费者足不出户就可以购买国外商品，而且部分相同的商品国外的销售价格远低于国内，从而大大地促进了海淘的需求。

然而在国外电商平台购买商品只是完成了海淘的第一步，要想拿到购买的商品还需要跨境物流的支持和配合。这时候海淘客发现从海外直接邮寄商品回国的物流费用有时候比商品本身价值还高，海淘遇到了障碍。有"需求"就有"供给"，海淘转运应运而生。

（二）海淘转运的概念

海淘转运是指国内海淘客通过海外电商平台将购买的商品邮寄到转运公司的地址，再经转运公司转运（包括国际运输、清关、配送等流程）至海淘客的跨境电商物流进口模式。

（三）主要的转运服务商

我国的海淘市场主要集中在美国，其次是日韩、欧洲，因此，转运服务商在美国分布最广。为了降低成本，转运服务商在美国的海外仓库一般都租赁在靠近海岸线的城市，如俄勒冈州波特兰、加利福尼亚州洛杉矶。目前，主要的转运服务商有转运中国、转运四方、QQ-EX、风雷速递、KK海淘等。每家转运服务商都有其优势线路，消费者选择时需要根据购买商品的性质，综合考虑价格、时效和安全等因素。

（四）海淘转运的优势

海淘转运的兴起得益于海淘需求市场和跨境物流市场的不匹配。海淘转运模式之所以能得到发展是因为它存在独特的优势。

（1）转运费用低廉。转运服务商提供的服务本质上是利用海外仓集货，形成规模效应，降低成本，从而赚取利润。

（2）商品选择面广。尽管越来越多的国外电商平台开始提供直邮服务，但仍有很多国外电商平台不提供直邮服务。而消费者通过海淘可以在几乎所有的国外电商平台下单，然后通过转运服务商寄送。虽然，目前有些国外电商平台为了防止国际串货，严禁转运地址下单，部分转运服务商也可通过提供美国私人地址解决这一问题。

（3）合理避税，提供增值服务。几乎所有的运转服务商都通过合箱、分箱、加固、货物清点、保价等增值服务来满足海淘客的多样化需求，同时获得更多的利润。另外，大多数转运服务商都提供免税州地址和采用不同的清关渠道来尽可能减少征税，提高性价比。

（五）海淘转运的劣势

虽然海淘转运具有相当大的优势，但其劣势也是非常明显的。

（1）操作流程烦琐。从国外电商平台下单到转运，操作流程复杂。首先，由于国外电商平台都是本地语言，因此海淘客需要具备一定的语言能力，特别是英语。其次，在国外电商平台下单后，海淘客还需注册转运账号，进行入库预报、缴费、出库等操作。

（2）转运时效非常慢。通常从国外电商平台下单的包裹到达转运仓库再到国内收货需要一个月左右。如果碰到“黑色星期五”购物节爆仓，两至三个月收不到货的现象也经常发生。

（3）发生丢件、损坏的概率大。为了降低转运成本和费用，海淘客和转运服务商经常会更换或丢弃商品的包装，导致丢件和货损时有发生。

（4）客户服务态度差。转运服务商客服人员在处理客户的咨询时效率低下，经常对客户的疑问不予解答，导致客户体验差。

（5）出现问题维权难。因为不确定性因素很多，特别是部分转运服务商为降低成本，通过各种办法规避关税，行走在灰色地带，容易发生货物被退运的风险，一旦发生问题，维权的难度很大。

（6）无法办理退换货。因为转运服务的提供者并不是电商平台，而且海淘客收到转运商品时往往已超过办理退换货时限，所以转运服务商不提供退换货服务及物流服务。

二、海外直邮

（一）海外直邮的概念

海外直邮是指卖家通过国际快递或物流将买家海淘的商品直接从国外运到国内的方式。经历了一段时期的海淘转运发展，转运爆发的问题日渐突出，海淘客对转运服务越来越不满意。随着国内海淘需求不断增长，有些国外电商平台开始在中国布局海外直邮业务，最早最成功的就是 Amazon，之后 Macy's 百货、Endless 鞋包、Overstock 家居、AshFord 钟表、iHerb 保健品等国外电商平台纷纷效仿 Amazon 开展直邮服务，并提供友好的中文购物界面。

（二）Amazon 的直邮服务

目前，Amazon 的直邮服务主要由 ECMS（易客满）、HSCODE（通关网）、DHL、UPS 四家国际快递和物流企业提供，分为标准配送和加快配送，使得直邮服务的成本和价格降到了很低的水平。对于有些高价值、重量轻的电子产品使用 Amazon 直邮服务，标准配送的运费比转运还低。2016 年 10 月，Amazon 向中国用户推出了 Prime 会员服务。用户只需花费 288 元就可享受全年无限次数海外订单单笔满 200 元免跨境直邮运费的服务（免标准配送的直邮服务费，标准配送直邮服务主要由 ECMS、HSCODE 提供）。自 2024 年 1 月 27 日起 Amazon 不再提供中国 Prime 会员服务。

（三）海外直邮的优势

（1）操作流程简便。大多数支持直邮服务的国外电商平台，都提供中文购物界面，消除了海淘客的语言障碍。再者，电商平台直接发货给客户，只需填写收货地址，购物流程便捷。

（2）运输时效较快。以 Amazon 直邮服务为例，标准直邮配送时效为 7～12 个工作日，且时效稳定，加快配送只需 5～9 个工作日，时效优于转运。

（3）可以退换货。退换货一直是转运的痛点，虽然海外直邮退换货流程比较长且烦琐，但相比转运，其最大的优势是可以提供退换货服务。

（4）售后服务完善。国外电商平台具有完善的售后服务，保证购物体验。

（5）不用担心丢包。国外电商平台直邮的商品不需要担心丢包，且直邮服务由专业的物流公司提供，丢包率很低。

（四）海外直邮的劣势

（1）直邮运费较高。由于大多数电商的直邮服务采用的是国际快递，因此运费价格偏高。

（2）商品选择面窄。一是支持直邮的电商平台不多，二是开展直邮服务的电商平台还有很多商品不支持直邮，限制商品品种选择的范围。

三、保税仓

（一）保税仓的概念

保税仓，又称保税仓库，是指由海关批准设立的供进口货物储存而不受《关税法》和《中华人民共和国进出口管理条例》管控的仓库。保税仓进口模式是先将海外采购进口商品存放在保税仓，并提前走完通关商检流程，待消费者下单后再从保税仓发货，进行清关和国内快递配送。

不管是海淘转运，还是海外直邮，都远没有满足海淘的市场需求。京东、网易、淘宝、洋码头等国内电商平台也开始纷纷开展国际业务。随着相关部门对保税仓政策支持的力度增强，国内电商平台在海外没有运输、仓储等网络优势，因此这些电商平台以保税仓进口物流模式开展业务。

除了直接在中国布局电商平台和直邮网络，还有一些国外电商也采用保税仓进口物流模式扩展跨境商品销售渠道，弥补海外直邮的不足。例如，沃尔玛（Walmart）、卡特（Carter's）等先将商品存放在保税仓，通过和京东、天猫合作共享京东全球购、天猫国际等国际平台进行商品展示。

（二）保税仓的优势

保税仓不仅可以促进转口贸易，还可以为跨境电商提供便利。

（1）购物学习成本为零。保税仓直发模式购物界面和国内电商平台几乎无区别，全部提供中文界面，且界面根据国内电商特点进行设计，更加友好，除了购买下单过程需填写清关身份信息外，购物界面操作与国内电商一样，特别是京东、天猫只是增加了一个国际频道，无须额外注册账号。

（2）配送时效快。利用保税仓将商品提前存放在仓库，当客户下单后直接从保税仓发货，节省了国际运输所需要的时间，比国内电商配送仅多了清关环节，配送时效是几种进口模式中最快的。

（3）退换货周期短。相比海外直邮退换货，客户只需把商品退回保税仓，退换货距离短，电商企业可以很快地处理退换货订单，效率高。

（4）几乎不存在丢包现象。因为减少了物流操作环节，特别是最容易出问题的国际运输，可以大大降低丢包概率。

（5）配送成本低。商品从客户下单、保税仓发货到签收，与国内电商配送成本并无太大差别，几乎所有的采用保税仓直发模式的电商平台都提供满一定金额免运费的政策。

（三）保税仓的劣势

（1）仓储成本较高。一方面，保税仓的租金比普通仓库贵；另一方面，采用保税仓进口模式使商品储存时间更长，增加了仓储成本。

（2）商品选择面窄。保税仓进口模式的进口商品是由电商平台筛选的，客户只能在电商平台提供的商品范围内选择。为保证选品热销，进口电商平台一般只会采购热门商品，商品的选品范围可能比海外直邮还窄。

（3）存在商品质量风险。据多家媒体报道和客户反映，通过电商平台购买的保税仓发货的进口商品和直邮及在国外直接购买的商品有明显的质量区别，甚至有客户表示买到假冒伪劣产品。虽然多家电商平台均表示保税仓发出的商品无假货，并经过调查发现是配送阶段出现调包所致，但是通过媒体曝光的快递公司伪造境外物流信息也再次将其推向了风口浪尖，客户对从保税仓购买的商品质量存在质疑。

模块小结

本模块主要介绍了跨境电商物流的概念、发展现状和发展壁垒，归纳了邮政物流、商业快递、专线物流、海外仓等主流的跨境电商物流出口模式，并比较了各种出口模式的优劣势；分析了海淘转运、海外直邮、保税仓等跨境电商进口模式特点。

知识巩固

一、单项选择题

1. 下列哪项不属于全球速卖通上最受欢迎的三种跨境物流方式？（　　）

A. e 邮宝　　B. 专线物流　　C. 邮政小包　　D. EMS

2. 下列属于商业快递跨境电商出口物流模式的是(　　)。

A. 俄速通　　B. UPS　　C. Special Line-YW　　D. Aramex

3. 下列哪项属于专线物流的劣势？（　　）

A. 价格高　　B. 揽件范围有限　　C. 丢包率高　　D. 效率差

4. 下列哪项不属于保税进口模式的特点？（　　）

A. 货物存放在海关监管场所，可实现快速通关

B. 发货地点为保税区

C. 发货地点为国外

D. 商品种类一般有限制

5. 下列哪项不属于海外直邮的流程？（　　）

A. 保税区仓储　　B. 国内快递派送

C. 跨境通系统生成订单条码　　D. 跨境电子商务区清关

二、多项选择题

1. 下列哪项属于专线物流的优势？（　　）

A. 易清关　　B. 时效快　　C. 成本低

D. 安全高　　E. 可追踪

2. 以下哪项适合使用专线物流？（　　）

A. 笔记本电脑　　B. 高端手机

C. 1 000G 移动硬盘　　D. 旅行箱的样品

3. 下列哪项属于海外仓的优势？（　　）

A. 提升曝光率，增加销量

B. 缩短运输时间，提高物流服务品质

C. 有助于市场拓展，扩大跨境购物选品范围

D. 降低跨境物流成本

4. 保税仓的劣势主要表现在(　　)。

A. 仓储成本较高　　B. 商品选择面广

C. 存在商品质量风险　　　　　　　　D. 降低跨境物流成本

5. 以下（　　）是 FBA 仓运行中存在的问题。

A. 没有选品限制

B. 不提供头程清关服务

C. 不提供仓内作业服务，卖家需在发货前贴好外箱标签及产品标签

D. 仓储运费成本较高

三、判断题

1. 邮政物流占据了 50%左右的跨境电商物流出口市场。（　　）

2. e 邮宝是中国邮政为中国电商卖家量身定制的经济型国际速递业务。（　　）

3. 邮政国际小包是最经济的跨境电商出口物流业务。（　　）

4. 商业快递具有速度快、成本低的优势。（　　）

5. 针对固定路线的跨境电子商务而言，国际快递是一种较好的物流解决方案。（　　）

6. 专线物流在目的国容易出现“最后一公里”运送延误。（　　）

7. 专线物流之所以价格低廉，主要是因为通过陆路运输。（　　）

8. 我国目前开通的主要跨境物流专线是中东专线。（　　）

9. 保税进口模式即商家收到订单后，在国外进行打包，从海外通过快递发货、清关、入境的。（　　）

10. 与保税模式不同，海外直邮模式前期准备中，不需要向海关及国检备案。（　　）

四、简答题

1. 简述跨境电商物流发展现状。

2. 简述邮政物流、商业快递、专线物流的优劣势。

3. 简述保税进口相比于直邮进口模式的优劣势。

五、综合题

查询我国开展跨境电商业务的 5～10 家企业，并分析它们的业务优势。

模块六
国际物流结算业务

知识导图

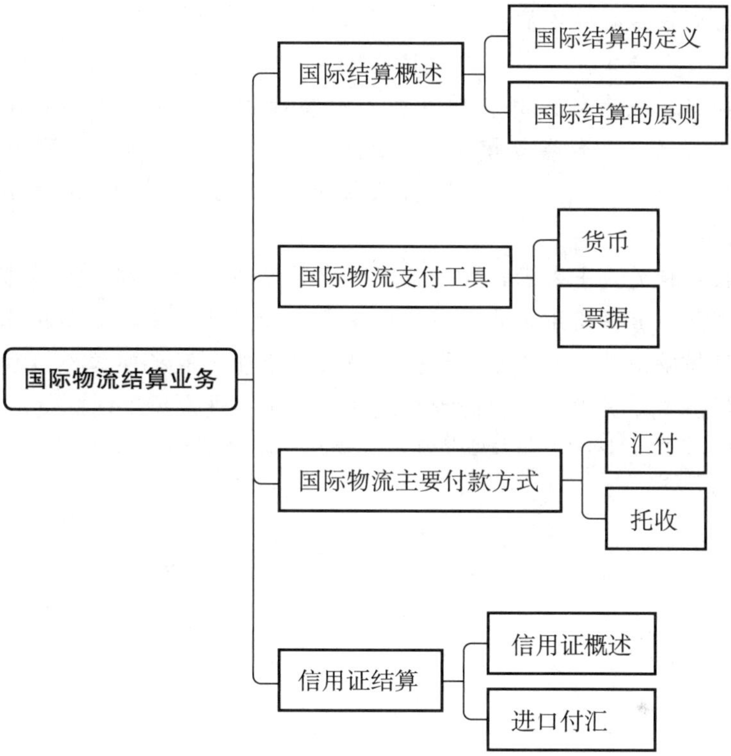

学习目标

※知识目标	※技能目标	※素质目标
1. 理解国际结算的含义和特点； 2. 理解国际结算的主要方式和惯例； 3. 了解出口结算的风险及防范策略； 4. 了解进口国际结算的运行。	1. 能够办理信用证开证业务，解读英文信用证； 2. 能够理解出口业务托收指示书的要求； 3. 能够识别进出口主要结算单据。	1. 具有基本的法律知识、法治意识和遵纪守法的行为习惯； 2. 增强社会责任感、家国情怀。

导读案例

人民币国际货币功能稳步增强

近年来，人民币的跨境支付、投融资、储备等国际货币功能稳步增强，人民币国际使用取得积极进展。中国人民银行2023年11月10日发布的数据显示，跨境人民币业务服务实体经济能力不断提升。2023年1至9月，我国银行代客人民币跨境收付金额为39万亿元，同比增长23%，其中货物贸易人民币跨境收付金额占同期货物贸易本外币跨境收付金额的比重为24.4%，同比上升6.9个百分点，为近年来最高水平。

随着金融市场高水平对外开放的深化，人民币投融资功能逐步增强。2023年9月末，境外机构持有境内股票、债券等人民币金融资产规模合计9.3万亿元。2023年9月，人民币在全球贸易融资中的占比为5.8%，排名升至第二位。

顺应国际储备资产多元化需求，人民币储备货币功能提升。目前已有80多家境外央行或货币当局将人民币纳入外汇储备。根据国际货币基金组织（IMF）数据，截至2023年二季度末，人民币储备规模占比为2.45%，较2016年人民币刚加入SDR时提升1.38个百分点。2022年5月，IMF将人民币在SDR中的权重由10.92%上调至12.28%，排名第三。

中国人民银行相关人士表示，人民币国际化要顺势而为，继续坚持市场驱动、互利共赢的原则，更加注重提高质量和水平，聚焦贸易投资便利化，不断优化人民币跨境投融资、交易结算等基础性制度安排，增强跨境人民币业务服务实体经济和推动高质量发展的能力，为经济主体提供多元化的币种选择，扎实推进人民币国际使用。

资料来源：温源．人民币国际货币功能稳步增强［N］．光明日报，2023-11-13.

项目一
国际结算概述

案例资料

国际结算方式
风险规避

国际结算作为国际物流运作的一个组成部分，要求运用科学、迅速、安全的方法来完成国际债权债务中的票据、单据和货币资金的收付。国际结算起源于国际贸易，最初的国际结算形式是现金结算。在漫长的历史时期中，国际结算的具体形式随着整个社会政治、经济以及科学技术的发展而发展，形成各种为世界大多数国家和地区都能接受的结算工具和方式。

新闻报道

多国启用人民币结算
人民币国际化加快

一、国际结算的定义

国际结算，又称国际清算，是指国际自然人、法人和政府机关以货币表现的债权、债务的清结。国际债权、债务是由于国与国之间政治、经济、文化的交流和联系而产生的，它包括贸易往来，资本和利润的转移，劳务的提供和偿付，国际交通、航运、保险费用的收支，侨汇、旅游、政府的对外事务活动等所引起的国际货币收付行为。

二、国际结算的原则

国际结算的原则是指各种结算方式中具有稳定性、规律性的业务规定与措施，并为一系列特殊的结算程序与多边的结算关系确定的基本责任界限。明确各种结算方式的特定结算原则，有助于深入理解其各自所具有的业务细节。

综观各种结算方式，国际结算原则主要包括以下几个：

（1）资金清偿原则。任何结算方式均需明确它最终采取何种形式为资金的支付进行清偿了结。

（2）资金融通原则。不论何种结算方式均需明确它如何实行以及采取何种形式进行结算各方的资金融通。

（3）纠纷处理原则。不论采用何种结算方式均难以避免结算过程中的争议与纠纷，为此，一种结算方式的设计与实行必然包括它本身对纠纷处理的基本要求。

（4）凭证传递原则。不同的结算方式适应不同的经贸往来需要，并有特定的结算程序，作为结算中的书面依据——结算凭证的运作，必然有其特定的规范要求。只有掌握这些要求，明确其制定依据，才能有效地进行实际业务操作。

项目二
国际物流支付工具

国际结算的支付工具可以分为货币和票据。货币结算的程序简单，不需要太多单据，但是货币结算存在诸多不便和风险。随着社会的进步，票据成为一种更为科学、合理的支付工具。虽然票据结算比货币结算复杂得多，但因其必须遵守许多规则和惯例，因而更具安全性。目前，国际物流中结算业务中采用票据结算方式的占绝大多数。

一、货币

历史上的现金结算就是以货币为工具的支付方式。如今，世界大部分地区仍沿袭现金结算方式，很多大型卖场都有“Cash and Carry”标识，即付现装货。货币在国际结算中可作为计价、结算和支付的手段。但是如前所述，在国际结算中以货币作为支付工具并不多见。因为以货币清偿国际债权债务，不仅涉及直接运送大量现金所引起的各种危险和不便，而且导致资金周转缓慢。所以，现代国际物流中的货币结算是非主流的支付方式。

二、票据

票据（Bill）是指以支付一定金额为标的，依照票据法或国际惯例签发的，可以转让流通的证券（Transferable and Negotiable Instrument），即汇票、本票及支票。在国际结算中，一般都使用一定的票据作为支付工具，票据具有代替现金作为流通手段和支付手段的作用。

（一）汇票

1. 汇票的含义

《中华人民共和国票据法》第十九条规定：汇票是出票人签发的，委托付款人在见票时或者在指定日期无条件支付确定的金额给收款人或者持票人的票据。这里指的顺汇汇票是指票据和款项的流动的方向一致，都是流向收款人或持票人。

汇票（Bill of Exchange/Draft）有 3 个当事人，即出票人、受票人/付款人和收款人。

2. 汇票的基本内容

国际上对于汇票内容的规定不同，一般认为应包括下列基本内容：

（1）注明“汇票”字样；

（2）无条件的支付命令；

（3）汇票金额；

（4）出票日期和地点；

（5）收款人姓名和商号；

（6）付款地点；

（7）付款期限；

（8）付款人姓名和商号；

（9）出票人签字。

3. 汇票缮制的基本要点

汇票是国际贸易中常用的一种支付工具，它是一种无条件的书面支付命令。汇票的缮制和使用需要遵循相关的法律和国际惯例，如国际商会的《跟单信用证统一惯例》（UCP 600），以确保其在国际贸易中的有效性和合法性。以下是汇票缮制的基本要点。

（1）汇票的基本要求：汇票通常包括汇票名称、出票依据、信用证号（L/C 号）、开证日期、金额（大小写）、出票日期和地点、汇票付款期限、收款人、受票人、出票人等信息。

（2）当事人：汇票涉及出票人（Issuer/Drawer）、受票人/付款人/致票人（Drawee/Payer）和收款人（Payee）三方。出票人一般以签字盖章的形式体现，受票人则在汇票的左下方指定，通常为银行或开证行。

（3）时间/期限：包括出票日期、付款期限和开证日期。出票日期通常在提单签发日期之后；付款期限根据信用证的要求填写，如即期或远期；开证日期即信用证开立的日期。

（4）金额：汇票上的大小写金额必须一致，注意货币符号和数字的顺序。大写金额前可加“Say”或“Total”，数字后加“Only”。金额必须与发票一致，除非信用证有其他规定。

（5）出票依据：表明根据什么填写制作汇票，如信用证条件下的开证行名称、信用证号和开证日期。

（6）其他内容：汇票还可能包括汇票号、利息利率、汇票失效条款、对价付讫条款、免予追索、禁止转让规定等。

（7）注意事项：缮制汇票时，必须严格按照信用证的具体条文填写，不能省略或更改。

（8）流转程序：汇票的流转在逆汇时是出口方（受益人）—银行—进口方（申请人），在顺汇时则是进口方—出口方—银行。

（9）汇票种类：常见的汇票有即期/远期的跟单商业汇票，有些汇票可以背书转让。

在缮制汇票时，还需注意汇票的抬头人写法，常见的有记名抬头、限制性抬头和持票人抬头。此外，汇票的金额、期限、当事人等信息的准确性对于汇票的流通和接受至关重要。汇票示例如图 6－1 所示。

BILL OF EXCHANGE

Drawn under: （1）CENTRAL BANK OF SRILANKA_ L/C NO. （2）LLC199110987

Dated: （3）AUG. 20, 2019

No.（4）RS1900681_Exchange for（5） USD56，800.00 SHANGHAI Date:DEC. 10，2019

At （6）****** sight of this FIRST of Exchange(Second of Exchange being unpaid)

pay to the order of （7） BANK OF CHINA, SHANGHAI BRANCH

the sum of (8) SAY U.S.DOLLARS FIFTY SIX THOUSAND AND EIGHT HUNDRED ONLY.

To: (9) CENTRAL BANK OF SRILANKA　　(10) SHANGHAI RONGSHEN TRADING CO.,LTD.

张薇

图 6－1　汇票示例

4. 汇票的种类

（1）按出票人的不同，汇票可分为银行汇票（Banking Bill）和商业汇票（Commercial Bill）。出票人为银行，即为银行汇票；出票人为工商企业或个人，即为商业汇票。

（2）按有无附商业单据，汇票可分为光票（Clean Bill）和跟单汇票（Documentary Bill）。汇票在使用过程中，如不附商业单据，即为光票；如附有商业单据，即为跟单汇票。

（3）按付款时间的不同，汇票可分为即期汇票（Sight Draft）和远期汇票（Time Bill or Usance Bill）。如果付款人见到汇票后立即付款，即为即期汇票；如果付款人见到汇票后在一定期限或者特定日期付款，则为远期汇票。远期汇票的付款时间一般有以下四种规定方式：

1）见（汇）票后××天付款（at ×× days after sight）；

2）出（汇）票后××天付款（at ×× days after date of issue）；

3）提单日期后××天付款（at ×× days after date of B/L）；

4）指定日期（fixed date）。

要注意上述 1）～3）三种情况下付款时间的不同，假如期限都为 60 天，那么，3）最早，2）其次，1）最迟，因为在通常情况下，提单日期最早，汇票日期不得早于提单日期，而见票日期是在国外收到汇票时的日期，从出票日期到见票需要一个邮程。

值得注意的是，一张汇票往往可以同时具备几种性质。例如：一张商业汇票同时又可以是即期的跟单汇票。

5. 汇票的使用程序

（1）出票（Issue）。出票是指出票人在汇票上填写付款人、付款金额、付款日期和地点及收款人等项目，经签字交付给收款人的行为。出票是票据的基本行为。在出票时，对收款人（即汇票抬头）通常有三种写法：

1）限制性抬头，如 Pay to ××× Co. only，限定了汇票的收款人，该汇票在市场上不能转让和流通。

2）指示性抬头，如 Pay to order 或 Pay to the order of ×× Co. or ××× bank，该汇票通过持票人在背面签字（背书），即可转让给他人。该汇票在服装贸易结算中比较常用。

3）持票人或来人抬头，如 Pay to the bearer，该汇票无须持票人背书就可以转让给他人。

（2）提示（Presentation）。提示是指持票人将汇票提交付款人要求承兑或付款的行为。付款人见到汇票称为见票（Sight）。提示可以分付款提示和承兑提示。如果是即期汇票，付款人应做出付款提示；如果是远期汇票，付款人先做出承兑提示，到期时再付款。

（3）承兑（Acceptance）。承兑是指付款人对远期汇票表示承担到期付款责任的行为。即期汇票不需要该程序。

（4）付款（Payment）。付款是指受票人（付款人）对即期汇票在见票后立即履行支付责任或对已经承兑的汇票在到期时履行支付责任的行为。

（5）背书（Endorsement）。背书是转让汇票权利的一种法定手续，是指由汇票持有人在汇票的背面签上自己的名字或再加上受让人的名字，并把汇票交给受让人的行为。

（6）贴现（Discount）。在国际市场上，一张远期汇票的持有人如想在付款人付款前取得票款，可以经过背书将汇票转让给贴现的银行或金融公司，由它们将扣除一定贴现利息后的票款付给持有人，这就叫贴现。

（7）拒付（Dishonor）。拒付，又称退票，是指持票人提示汇票要求承兑时，遭受拒绝承兑（Dishonor by No-acceptance）或持票人提示汇票要求付款时，遭到拒绝付款（Dishonor by Non-payment）。除了拒绝承兑和拒绝付款外，付款人拒而不见、死亡或宣告破产，以致付款事实上已不可能时，也称拒付。

（8）追索（Recourse）。当持票人遭到拒付时就可向出票人或汇票背书人行使追索权。汇票的善意持有人有权向所有“前手”追索，一直可追索到出票人。

上文介绍的汇票属于顺汇汇票，还有逆汇汇票。英国票据法规定，汇票是无条件的书面支付命令，命令受票人在见票时或在规定的期限内，按照票面金额，向出票人付出款额。这种汇票与前述顺汇汇票不一样，其票据和款项的流动方向相反。票据由出票人流向受票人，款项却由受票人流向出票人。例如：信用证付款方式下，受益人（收款人）就得开具 Bill of Exchange 这种汇票，相当于一种“账单式收款汇票”，因为汇票有“命令”之意，所以这实际上也是“无条件的书面支付命令”。

（二）本票

1. 本票的定义

本票（Promissory Note）是指由一人向另一人签发的约定在见票时或在指定的或可以确定的将来时间向特定的人或其指定的人或持票人无条件支付一定金额的书面承诺，它属于顺汇票据，即支付工具和款额流向一致。

2. 本票的必要项目

（1）注明“本票”字样；

（2）无条件的支付承诺；

（3）确定的金额；

（4）收款人姓名和商号；

（5）出票日期；

（6）出票人签字。

3. 本票的种类

按出票人的不同，本票可分为商业本票（Commercial Note）和银行本票（Banking Note）。企业和个人签发的本票为商业本票，银行签发的本票为银行本票。由于银行本票都是即期的，而且银行信用度较高，因此较为常用。

4. 本票与汇票的区别

（1）本票是无条件支付承诺，汇票是无条件支付命令。

（2）本票票面有两个当事人，即出票人和收款人，本票的出票人即付款人，汇票票面有三个当事人，即出票人、付款人和收款人。

（3）本票在任何情况下，出票人是主要债务人；汇票承兑前，出票人是主要债务人；在承兑后，承兑人是主要债务人。

（4）本票只能开出一张，汇票可以开出一式两份或一套几张。

（三）支票

1. 支票的定义

支票（Check/Cheque）是银行存款户对银行签发的要求银行对特定的人或其指定人或持票人在见票时无条件支付一定金额的书面命令。签发支票是以存款者在银行存款账户上有足够数额存款或事先同银行洽订有一定的透支额度作为前提条件的。实际上，支票是以银行为付款人的即期汇票。

2. 支票的必要项目

（1）注明“支票”字样；

（2）无条件的支付委托；

（3）确定的金额；

（4）付款人姓名和商号；

（5）出票日期；

（6）出票人签字。

3. 支票的种类

支票分为现金支票和转账支票。现金支票可以向银行提取现金，转账支票通过银行将票款收入账户。支票是存款人对银行签发的无条件支付命令，出票人与付款人（银行）必须有资金关系，付款人必须是银行，其用途是结算。支票是即期付款，流通期极短，不需要承兑手续。

国际上还有一种划线支票（Crossed Cheque）。划线支票是在支票正面划两道平行线的支票。划线支票与一般支票不同。一般支票可委托银行收款入账，而划线支票只能委托银行代收票款入账。使用划线支票的目的是在支票遗失，被人冒领时，还可能通过银行代收的线索追回票款。划线支票只能用于转账，不能支取现金。

（四）电汇单据

电汇单据也属于票据类结算工具之一。电汇是汇款人将一定款项交存汇款银行，汇款银行通过电报或电传给目的地的分行或代理行（汇入行），指示汇入行向收款人支付一定金额的一种汇款方式。

电汇是汇兑结算方式的一种，汇兑结算方式除了适用于单位之间的款项划拨外，也可用于单位对异地的个人支付有关款项，如退休工资、医药费、各种劳务费、稿酬等，还可用于个人对异地单位所支付的有关款项，如邮购商品、书刊等。

项目三
国际物流主要付款方式

国际结算的付款方式基本上有汇付、托收、信用证和现金等。这些付款方式已经多年实践和规范，大都形成了国际惯例，一般会在国际贸易合同中以付款条款（Terms of Payment）确定。值得注意的是：惯例并非法律，只有选定了它，才属于法律规范。所以，正如前面开篇案例所述，同样的支付方式，不同的国家有不同的解释或习惯做法，或根本不遵守任何惯例。因而，在国际物流实践中，首先要选择客户和银行，其次才是选择支付方式。本项目主要介绍汇付和托收两种方式。

一、汇付

（一）汇付业务概述

汇付（Remittance）是指付款人（买方或进口方）通过银行将款项汇交收款人。在出口贸易中如采用汇付，通常是由买方按合同规定的条件和时间（如预付货款、货到付款或凭单付款）通过银行将货款汇交卖方。其汇款结算工具的传送方向与资金流向相同，属于顺汇。汇付有四个当事人，即汇款人、汇出行、汇入行和收款人。汇付流程见图6－2。

图6－2　汇付流程

汇出行向汇入行发出付款委托的方式有以下三种：

1. 电汇（T/T）

电汇是指汇出行接受汇款人委托后，以电传方式将付款委托通知收款人当地的汇入行，委托它将一定金额的款项解付给指定的收款人。电汇因其交款迅速，在三种汇付方式中使用最广。但因为银行利用在途资金的时间短，所以电汇的费用比以下两种方式高一些。电汇流程见图6－3。

2. 票汇（D/D）

票汇是以银行即期汇票为支付工具的一种汇付方式，由汇出行应汇款人的申请，开立以其代理行或账户行为付款人，列明汇款人所指定的收款人名称的银行汇票。票汇有即期和远期之分，即期汇票也称为本票。汇款人相当于从银行买入汇票，自行寄给收款

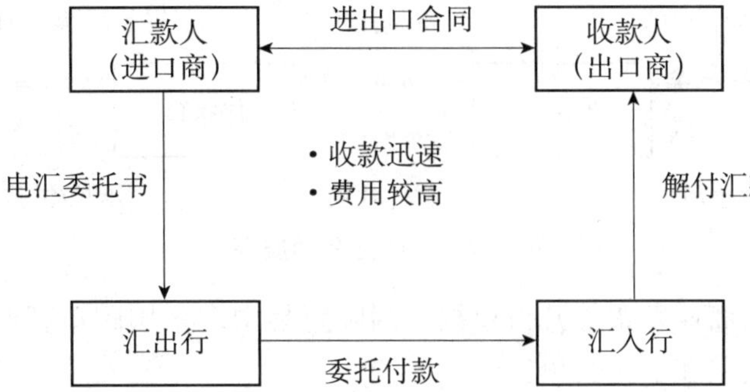

图 6-3　电汇流程

人。收款人凭票向汇票上的付款人（银行）取款。

3. 信汇（M/T）

信汇是指汇出行向汇入行以航空邮件寄送付款委托，所以汇款速度比电汇慢。因信汇方式人工手续较多，目前欧洲银行已不再办理信汇业务，其他地区也很少办理这种汇付业务。

（二）汇付的应用

汇付的优点在于手续简便、费用低廉。汇付的缺点是风险大、资金负担不平衡。因为以汇付方式结算，可以是货到付款，也可以是预付货款。如果是货到付款，卖方向买方提供信用并融通资金。而预付货款则是买方向卖方提供信用并融通资金。不论哪一种方式，风险和资金负担都集中在某一方。在我国的外贸实践中，汇付一般只用来支付订金货款尾数、佣金等项费用，不是一种主要的结算方式。在发达国家之间，由于大量的贸易是跨国公司的内部交易，而且外贸企业在国外有可靠的贸易伙伴和销售网络，因此，汇付是主要的结算方式。

二、托收

（一）托收的含义

托收（Collection）是债权人（出口方）委托银行向债务人（进口方）收取货款的一种结算方式。其基本做法是出口方先行发货，然后备妥包括运输单据（通常是海运提单）在内的货运单据并开出汇票，把全套跟单汇票交出口地银行（托收行——Remitting Bank），委托其通过进口地的分行、代理行或进口人指定的银行（代收行——Collecting Bank）向进口方收取货款。大部分国家和地区一般遵守《托收统一规则》。托收业务的流程见图 6-4。

（二）托收的种类

根据是否随附货运单据，托收分为光票托收和跟单托收。光票托收通常只有一张汇

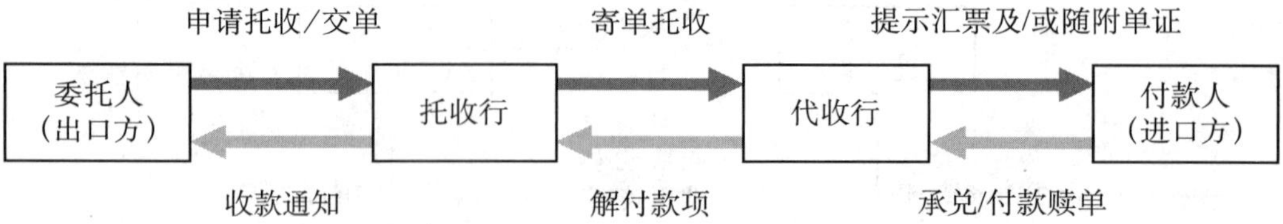

图 6-4 托收业务的流程

票，有时也跟随一张商业发票等几份单据。国际贸易中多采用跟单托收。跟单托收有两种交单方式：付款交单和承兑交单。

1. 付款交单

付款交单（Documents against Payment，D/P）是指出口方在委托银行收款时，指示银行只有在付款人（进口方）付清货款时，才能向其交出货运单据，即交单以付款为条件。

按付款时间的不同，付款交单可分为即期付款交单（D/P Sight）和远期付款交单（D/P after Sight）。

即期付款交单是指出口方按合同规定日期发货后，开具即期汇票（或不开汇票）连同全套货运单据，委托银行向进口方提示，进口方见票（或单据）后立即付款。银行在其付清货款后交出货运单据。

远期付款交单是指出口方按合同规定日期发货后，开具远期汇票连同全套货运单据，委托银行向进口方提示，进口方审单无误后在汇票上承兑，于汇票到期日付清货款，然后从银行处取得货运单据。D/P after Sight 也可以这样处理，即银行可以先放单给进口方，但到期一定要付款。如果进口方到期拒付，托收行承担付款责任。还要注意，D/P 远期既可以做成付款交单，也可以做成承兑交单。所以托收时，一定要在银行的面函上注明，是付款交单还是承兑交单，承兑交单的远期 D/P 实际上就是 D/A。如没有说明，便被认为是付款交单。

远期付款交单是卖方给予买方的资金融通，融通时间的长短取决于汇票的付款期限。通常有两种规定期限的方式：一种是付款日期和到货日期基本一致。买方在付款后，即可提货。另一种是付款日期比到货日期要推迟许多。买方必须请求代收行同意其凭信托收据（T/R）借取货运单据，以便先行提货。所谓信托收据，是进口方借单时提供的一种担保文件，表示愿意以银行受托人身份代为提货、报关、存仓、保险、出售，并承认货物所有权仍归银行。货物售出后所得货款应于汇票到期时交银行。代收行若同意进口方借单，万一汇票到期不能收回货款，则代收行应承担偿还货款的责任。但有时出口方主动授权代收行凭信托收据将单据借给进口方。这种做法将由出口方自行承担汇票到期拒付的风险，与代收行无关，称为“付款交单，凭信托收据借单（D/P，T/R）”。从本质上看，这已不是“付款交单”的做法了，所以现已极少使用。

2. 承兑交单

承兑交单（Documents against Acceptance，D/A）是指出口方发运货物后开具远期汇票，连同货运单据委托银行办理托收，并明确指示银行，进口方在汇票上承兑后即可领取全套货运单据，待汇票到期日再付清货款。承兑交单只有远期，一般为 D/A 30 天、60 天、90 天等。

承兑交单是在买方未付款之前，即可取得货运单据，凭以提取货物。一旦买方到期不付款，出口方可能银货两空；或到期后，买方少付款，银行都没有任何干预义务，纯属商业信用。因而，出口方对采用此种方式，一是持严格控制的态度，二是无可选择时而采取的无奈之策。

（三）托收的使用

托收方式对买方比较有利，费用低，如日本对于小额托收有时甚至不收取银行费用。托收对于买方来说，资金负担小，甚至可以取得卖方的资金融通。对卖方来说，即使是付款交单方式，因为货已发运，万一对方因市场价格下跌或财务状况不佳等原因拒付，卖方将遭受来回运输费用的损失和货物转售的损失。远期付款交单和承兑交单方式下，卖方承受的资金负担很重，而且承兑交单风险更大。托收是卖方给予买方一定优惠的一种付款方式。对卖方来说，是一种促进销售的手段，但必须对其中存在的风险持慎重态度。

在国际物流实践中，以托收方式出口，主要采用付款交单方式，并应着重考虑三个因素：商品市场行情、进口方的资信情况即经营作风和财务状况，以及相适应的成交金额。其中，特别重要的是商品的市场行情。因为市场价格下跌往往是造成经营作风不好的商人拒付的主要动因。在市价坚挺的情况下，较少发生拒付，即使拒付，处置货物也比较方便。我国企业一般不采用承兑交单方式出口。在进口业务中，尤其是对外加工装配和进料加工业务中，往往对进口料件采用承兑交单方式付款。

此外，托收方式还因地区、国别不同，而风险各异。南美和东盟等一些国家，往往将 D/P 远期处理成 D/A，根本不遵守《托收统一规则》的规定。美国往往将 D/A 处理成 D/P 远期。与发达国家企业采用 D/P 方式结算一般都很安全，极少发生拒付现象。

项目四 信用证结算

一、信用证概述

目前，信用证已成为国际物流中的一种主要结算方式。信用证（Letter of Credit，L/C）方式是银行信用介入国际货物买卖价款结算的产物。它的出现不仅在一定程度上解决了买卖双方之间互不信任的矛盾，而且能使双方在使用信用证结算货款的过程中获得银行资金融通的便利，从而被广泛应用于国际结算中。信用证业务一般遵循 UCP 600（《跟单信用证统一惯例》2007 年修订版，国际商会第 600 号出版物）。至于信用证的偿付事宜，一般遵守 URR 525（《国际商会跟单信用证项下银行间偿付统一规则》，国际商会第 525 号出版物）。一般而言，规范的信用证被拒付的可能性很小，因为其开证与撤证规则的严格性。

（一）信用证的含义及主要内容

1. 信用证的含义

信用证是银行做出的有条件的付款承诺，即银行根据开证申请人的请求和指示，向受益人开具的有一定金额并在一定期限内凭规定的单据承诺付款的书面文件；或者是银行在规定金额、日期和单据的条件下，愿代开证申请人承购受益人汇票的保证书。信用证属于银行信用，采用的是逆汇法。

2. 信用证的主要内容

信用证虽无定式，但其主要内容基本上是相同的，大体包括：

（1）对信用证自身的说明：信用证的种类、性质、编号、金额、开证日期、有效期及到期地点、当事人的名称和地址、使用本信用证的权利可否转让等。

（2）汇票的出票人、付款人、期限以及出票条款等。

（3）货物的名称、品质、规格、数量、包装、运输标志、单价等。

（4）对运输的要求：装运期限、装运港、目的港、运输方式、运费应否预付、可否分批装运和中途转运等。

（5）对单据的要求：单据的种类、名称、内容和份数等。

（6）特殊条款：根据进口国政治、经济、贸易情况的变化或每一笔具体业务的需要，可做出不同的规定。例如：阿拉伯国家的信用证大都规定，不得委托以色列或与以色列合资、合作，或使用与以色列有任何关系的运输公司或运输工具、运输信用证列明的货物。

（7）开证行对受益人和汇票持有人保证付款的责任文句。

（二）信用证的特点

1. 信用证是一项自足性文件

信用证虽以贸易合同为基础，但它一经开立，并为对方所接受，就成为独立于贸易合同的另一种契约。贸易合同是买卖双方之间签订的契约，只对买卖双方有约束力；信用证则是开证行与受益人之间的契约，开证行和受益人以及参与信用证业务的其他银行均应受信用证的约束，但这些银行当事人与贸易合同无关，故不受合同的约束。对此，《跟单信用证统一惯例》规定：信用证与其可能依据的销售合约或其他合约是性质上不同的业务。即使信用证中包含有关于该合约的任何援引，银行也与该合约完全无关，并不受其约束。

2. 信用证是银行信用

信用证支付方式是一种银行信用，由开证行以自己的信用做出付款保证，开证行提供的是信用而不是资金，其特点是在符合信用证规定的条件下，首先由开证行承担付款的责任。《跟单信用证统一惯例》规定：信用证是一项约定，根据此约定，开证行依照开证申请人的要求和指示，在规定的单据符合信用证条款的情况下，向受益人或其指定人付款，或支付或承兑受益人开立的汇票；也可授权另一家银行进行该项付款，支付、承兑或议付该汇票。后一种情况并不能改变开证行作为第一性付款人的责任。

3. 信用证业务是单据买卖

《跟单信用证统一惯例》明确规定：在信用证业务中，各有关方面处理的是单据，而不是与单据有关的货物、服务及/或其他行为。可见，信用证业务是一种纯粹的凭单据付款的业务。就是说，只要单据与单据相符、单据与信用证相符，银行就得凭单付款。因此，单据成为银行付款的唯一依据，也就是说，银行只认单据是否与信用证相符，而对于任何单据的形式、完整性、准确性、真实性、伪造或法律效力，或单据上规定的或附加的一般及/或特殊条件，一概不负责任，对于货物是否存在，品质、包装是否完好，数（重）量是否完整等，也不负责任。所以，在使用信用证支付的条件下，受益人要想安全、及时地收到货款，必须做到单单一致、单证一致。

（三）信用证的当事人及出口信用证业务的一般程序

1. 信用证的当事人

（1）开证申请人（Applicant），又称开证人（Opener），指向银行申请开具信用证的人，即进口人或实际买主。

（2）开证行（Opening Bank/Issuing Bank），指受开证人之托开具信用证、保证付款的银行，一般在进口人所在地，也可以是出口人所在地的任何银行，有些被称为“离岸银行”。

（3）通知行（Advising Bank/Notifying Bank），指受开证行之托将信用证通知或转交出口人的银行，它只证明信用证的真伪，并不承担其他义务。通知行一般在出口人所在地，通常是开证行的分行或代理行，也可以是受益人指定的银行。

（4）受益人（Beneficiary），指信用证指定的有权使用该证的人，即出口人或实际供货人。

（5）议付行（Negotiating Bank），指愿意买入或贴现受益人跟单汇票的银行，它可以是指定银行，也可以是非指定银行，视信用证条款的规定。如果规定为“any bank by negotiation”，则可以是任何银行。

（6）付款行（Paying Bank/Drawee Bank），指开证行指定的付款银行，一般是开证行本身，也可以是开证行指定的另一家银行（代付行），视信用证条款的规定。

此外，还可能涉及保兑行、偿付行、受让人等其他当事人，上述当事人通常都会涉及信用证支付的过程。这个过程从开证人申请开证直到开证行收回垫款。

2. 出口信用证业务的一般程序

出口信用证业务的一般程序见图 6－5。

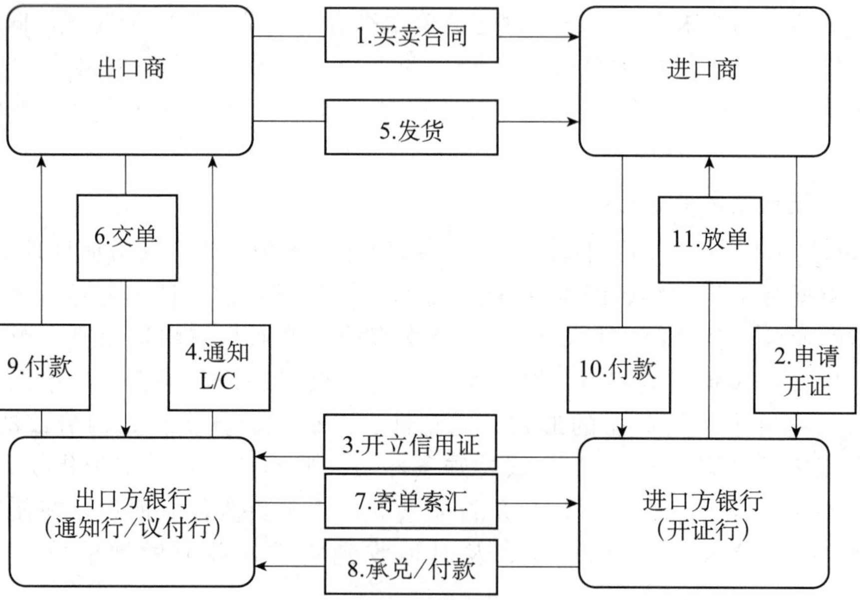

图 6－5 出口信用证业务的一般程序

（四）信用证的种类

信用证的种类很多，从其性质、用途、期限、流通方式等不同角度，可分为：

1. 跟单信用证和光票信用证

这是按照信用证项下是否随附货运单据划分的。

(1) 跟单信用证（Documentary Credit）是凭跟单汇票或仅凭单据付款的信用证。此处的单据是指代表货物所有权的单据（如海运提单等），或证明货物已交运的单据（如铁路运单、航空运单、邮包收据）。

(2) 光票信用证（Clean Credit）是凭不随附货运单据的光票（Clean Draft）付款的信用证。银行凭光票信用证付款，也可要求受益人附交一两项非货运单据，如发票、垫款清单等。

在国际贸易的货款结算中，绝大部分使用跟单信用证。

2. 保兑信用证和不保兑信用证

这是按照信用证是否加以保证兑付货款划分的。

(1) 保兑信用证（Confirmed Credit）是指由另一家银行即保兑行（通常是通知行，也可以是其他第三方银行）对开证行开立的不可撤销信用证加负保证兑付责任的信用证。其要点是：

第一，对信用证加保的银行，称为保兑行（Confirming Bank）。

第二，对开证行开立的信用证进行加保，一般是应受益人的要求而做的，因为受益人对开证行的资信不够了解或不够信任。也有的开证行担心自己开立的信用证不被受益人所接受，而主动要求加保。

第三，信用证一经保兑，受益人便取得了开证行和保兑行的双重付款保证，收汇更为稳妥；经过保兑的信用证，首先由保兑行承担付款责任，故保兑行在此成为"第一性付款人"（First Drawee），即只要受益人提供了符合信用证规定的单据，保兑行必须付款、承兑或议付。

这种信用证只是对于那些不发达国家或地区的要求，不能一概而论，对谁都要求其"保兑"，硬性要求发达国家或地区的买方开具保兑信用证，会使对方产生被侮辱的感觉。

(2) 不保兑信用证（Unconfirmed Credit）是指未经另一家银行加以保兑的信用证。日本等发达国家开出的信用证属于这一类，是一种金融信用很高的信用证，无须保兑。

3. 即期信用证和远期信用证

这是按照付款期限的不同划分的。

(1) 即期信用证（Sight Credit）是指受益人根据信用证的规定，可凭即期跟单汇票或仅凭单据收取货款的信用证。其特点是受益人收汇安全、迅速。

即期信用证又可分为单到付款信用证和电汇索偿条款信用证（L/C with T/T Reimbursement Clause）两种。前者是指开证行或其指定付款行一旦收到符合信用证规定的汇票和单据，便立即付款，开证人也应于单据到时立即向开证行付款赎单；后者是指开证行将最后审单付款的权利交给议付行，只要议付行审单无误，在对受益人付款的同时，即以电报或电传向开证行或其指定付款行索偿，开证行或其指定付款行接到通知后立即以电汇方式向议付行偿付。买卖双方使用电汇索偿条款信用证，比一般即期信用证收汇快，通常只需2～3天时间，有时当天即可收回货款。

（2）远期信用证（Usance Credit）是指开证行或其指定付款行收到受益人交来的远期汇票后，并不立即付款，而是先行承兑，待汇票到期再付款的信用证。

承兑远期信用证（Banker's Acceptance Credit）是指以开证行或其指定的另一家银行为付款人的信用证。使用这种信用证时，一般由出口地的议付行对受益人交来的符合信用证规定的远期汇票和单据进行审查，无误后再送交开证行或其指定付款行在议付行所在地的分行或代理行，请求承兑；如无此分行或代理行，议付行也可将汇票和单据寄给开证行或其指定付款行，请求承兑。承兑后，到期付款。开证行、其指定付款行或其在议付行所在地的分行或代理行承兑远期汇票后，留下单据，退还汇票；在汇票到期前，受益人或议付行可持退回的承兑汇票向当地贴现市场进行贴现，扣除贴现日至到期日的利息，立即收入现金；如当地无贴现市场，可向承兑银行要求贴现，也可等到汇票到期日再向承兑银行兑款。

假远期信用证（Usance Credit Payable at Sight）是指买卖双方签订的贸易合同原规定为即期付款，但来证要求出口人开立远期汇票，同时在来证上又说明该远期汇票可即期议付，由付款行负责贴现，其贴现费用和延迟期付款利息由开证人负担的信用证。这种信用证对出口人来说，仍属于即期收款的信用证；但对开证人来说，则属于远期付款的信用证，故也称为“买方远期信用证”（Buyer's Usance Credit）。进口人使用假远期信用证是因为：其一，可以利用贴现市场或国外银行资金以解决资金周转不足的困难；其二，摆脱进口国外汇管制法令的限制。

至于是否接受国外开来的假远期信用证，关键取决于来证中是否说明下述两项内容：其一是出口人的远期汇票由付款行保证贴现；其二是贴现费用和迟期付款利息由开证人负担。同时具备这两条，就可以接受。

4. 可转让信用证和不可转让信用证

这是根据受益人对信用证权利可否转让来划分的。

（1）可转让信用证（Transferable Credit）是指受益人有权将议付来证的全部或部分金额转让给另一个或两个以上的第三者（即第二受益人）使用的信用证。

按照国际商会《跟单信用证统一惯例》的解释，只有开证行明确指出“可转让”的信用证才能转让，除非另有规定，有关转让的银行费用应由第一受益人交付；可转让信用证只能转让一次，如信用证不禁止分批装运，可转让信用证可以分别转让给多个受益人（总和不得超过信用证金额），该转让的总和将被认为只构成信用证的一次转让。信用证的转让限转一次。

可转让信用证的受益人往往是中间商，将信用证转让给实际出口人办理装运交货，以便从中赚取差价和利润。我国有些出口商品由总公司统一对外成交，由几个口岸分公司交货，即可在合同中规定国外进口人给我总公司开来可转让信用证，再由总公司转让给有关分公司就地装运交货，就地议付结汇。

（2）不可转让信用证（Non-transferable Credit）是指受益人不能将信用证权利转让给第三者的信用证。

凡可转让信用证，必须注明“可转让”（Transferable）字样；如未注明，则被视为不可转让信用证。

5. 循环信用证

循环信用证（Revolving Credit）是指信用证被受益人全部或部分使用后，又恢复到原金额，再被受益人继续使用，直至用完规定的使用次数或累计总金额为止的信用证。它与一般信用证的不同之处在于它可以多次循环使用，而一般信用证在使用后即告失效。

循环信用证主要是用于长期或较长期内分批交货的供货合同。使用这种信用证，买方节省了开证押金和逐单开证的手续及费用，卖方也避免了等证、催证、审证的麻烦，因而有利于买卖双方业务的开展。

循环信用证按运用的方式分为按时间循环信用证和按金额循环信用证两种：

（1）按时间循环信用证，是指受益人在一定时间内可多次支取信用证规定金额的信用证。这种信用证有两种做法：一是受益人上次因故未交或未交足货物从而未用完信用证规定的金额，其货物可移至下一次一并补交，其金额可移至下次一并使用的，称为可积累使用的循环信用证（Cumulative Revolving Credit）；二是受益人上次因故未交或未交足货物，该批货物的支款权也相应取消，其金额不能移至下次一并使用的，称为非积累使用的循环信用证（Non-cumulative Revolving Credit）。

（2）按金额循环信用证，是指受益人按信用证规定金额议付后，仍恢复原金额再继续使用，直至用完规定的循环次数或总金额为止。在该信用证项下，恢复到原金额的做法有 3 种：

第一，自动式循环。信用证规定的每次金额使用后，无须等待开证行通知，即可自动恢复到原金额，可再次使用。

第二，半自动循环。信用证规定的每次金额使用后，必须等待若干天，若在此期间开证行未发出停止循环使用的通知，即可自动恢复到原金额，可继续使用。

第三，非自动循环。信用证规定的每次金额使用后，必须等待开证行的通知到达后，方能恢复到原金额，继续使用。

6. 背对信用证

背对信用证（Back to Back Credit），又称从属信用证（Subsidiary Credit/Secondary Credit），是适应中间商经营进出口业务的需要而产生的一种信用证。它是指出口人（中间商）收到进口人开来的信用证（称为母证）后，要求该证的通知行或其他银行以原证为基础，另开一张内容近似的新证（称为子证）给另一受益人（实际供货人）。另开的新证就是背对信用证。

新证开立后，原证仍有效，由新证开证行代原受益人（中间商）保管。原证开证行与原开证人与新证毫无关联，原因在于新证开证人是原证的受益人，而不是原证的开证人与开证行。因此，新证的开证行在对其受益人（供货人）付款后，便立即要求原证受益人（中间商）提供符合原证条款的商业发票与汇票，以便与新证受益人提供的商业发票与汇票进行调换，然后附上货运单据，并寄原证的开证行收汇。

7. 对开信用证

对开信用证（Reciprocal Credit）是指买卖双方各自开立的以对方为受益人的信用证。即在对等贸易中，交易双方互为买卖双方，双方各为自己的进口部分互为对方开立信用证，这两张互开的信用证便是对开信用证。

对开信用证从生效时间看，有两种：一是同时生效的对开信用证，即一方开出的信用证，虽已为对方所接受，但暂不生效，待另一方开来回头信用证被该证受益人接受时，通知对方银行两证同时生效；二是分别生效的对开信用证，即一方开出的信用证被受益人接受后随即生效，无须等待另一方开来回头信用证。

对开信用证的特点：一是双方必须承担购买对方货物的义务，一方的出口必须以另一方的进口为条件，互相联系、互相制约，而且两证的金额要相等或大致相等；二是第一张信用证的受益人（出口人）和开证人（进口人）就是第二张信用证的开证人（进口人）和受益人（出口人），两方位置刚好对调，第一张信用证的通知行常常就是第二张信用证的开证行，反过来也是一样。

这种信用证在易货贸易、补偿贸易、来料加工、来件装配业务中的使用居多。

8. 预支信用证

预支信用证（Anticipatory Credit/Prepaid Credit）是指开证行允许受益人在货物装运前，可凭汇票或其他有关证件向指定付款行（通常为通知行）提前支取货款的信用证。它与远期信用证刚好相反，是开证人付款在先，受益人交单在后。开证人之所以愿意开出预支信用证，主要原因是：市场上指定货物紧缺，进口人求购心切；出口人资金短缺，进口人借机压价；通过银行向外转移外汇，不失时机地抓住有利价格购进指定现货；订购投资大、生产周期长的大型机械设备、船舶、飞机等货物，出口人需要先备料并要求进口人预付部分价款等。

预支信用证分为全部预支和部分预支两种。

（1）全部预支信用证是指仅凭受益人提交的光票预支全部货款，实际上等于预付货款，也有的要求受益人在凭光票预取货款时，附交一份负责补交货运单据的声明书。

（2）部分预支信用证是指凭受益人提交的光票和以后补交装运单据的声明书预支部分货款，待货物装运后货运单据交到银行再付清余款，但预支货款要扣除利息。

为醒目起见，预支信用证的预支条款常用红字打出，习惯上称其为“红条款信用证”（Red Clause Credit）。不过，现在使用的预支信用证的预支条款，并非都用红字打出，即使用黑字打出，同样能起红条款信用证的作用。

（五）合同中信用证支付条款选例

信用证支付条款因进出口合同种类的不同而各异，又因信用证种类各异而不同。仅选择几例来示范出口合同中信用证支付条款的具体拟定方法。

（1）即期信用证支付条款："买方应于装运月份前××天，开立并送达卖方即期信用证，有效期至装运日期后 15 天在中国议付。"（The Buyers shall open to the Sellers a Sight Letter of Credit to reach the Sellers ×× days before the month of shipment，valid for negotiation in China until the 15th day after the date of shipment.）

（2）远期信用证支付条款："买方应于××年×月×日前（或接到卖方通知后×天内或签约后×天内）开立以卖方为受益人的可转让的见票后××天（或装船日后××天）付款的信用证，信用证议付有效期延至上述装运期后 15 天在中国到期。"［The Buyers shall arrange for opening a Transferable Letter of Credit in favour of the Sellers before××（or within××days after receipt of the Sellers' advice；or within××days after signing of this contract），the said Letter of Credit shall be available by draft(s) at ________ days' sight（or after date of shipment）and remain valid for negotiation in China until the 15th day after the aforesaid time of shipment.］

（3）假远期信用证支付条款："本信用证项下的远期汇票由付款人承兑和贴现，所有费用由买方负担，远期汇票可即期收款。"（Drawee will accept and discount usance drafts drawn under this Credit. All charges are for buyers' account，usance draft payable on sight basis.）

（4）循环信用证支付条款："买方应于第一批货物装运月份前，开立并送达卖方即期循环信用证，该证在 2023 年期间，每月自动可兑付________（金额），并保持有效至 2024 年 1 月 15 日在中国议付。"［The Buyers shall open a Revolving Letter of Credit at sight to reach the Sellers ×× days before the month of first shipment. The Credit Shall be automatically available during the period of 2023 for ________（value）per month，and remain valid for negotiation in China until Jan. 15，2024.］

尽管信用证是出口结算的首选方式，但是也非绝对保险。例如：软条款信用证就要求受益人交付的单据中，有申请人的代表或授权人签发的"装船合格证书"，其签字必须与开证行预留印鉴一致，而这个印鉴又不预先展示给受益人。并且届时是谁来签发，如何交接这张证书，事前无可奉告。往往就因为这张证书来不了，或与开证行的预留印鉴不一致，而导致买方拒付，卖方受到拒收或压价的威胁。

二、进口付汇

进口付汇是进口物流的最后环节，付汇方式包括 T/T 电汇、D/D 票汇、托收和信用证等。其中以信用证对外支付业务占多数。本书重点介绍信用证付汇业务。

（一）进口信用证付汇

1. 进口信用证的定义

进口信用证是指我国银行（开证行）根据进口商的申请向受益人（国外出口商）开具的，保证在一定期限内，凭议付行/寄单行寄来的符合信用证规定的全套单据，按照信用证条款对外付款的书面承诺。

信用证是比较完善的国际贸易结算方式，由于银行信用的介入，为出口商安全收款、进口商凭合格的单据提货提供了保障。

2. 信用证开证条件

（1）申请人必须是具有法人资格和进口经营权的企业和单位，在开证行开立本币或外币账户，财务、经营状况正常，资信良好，与开证行保持稳定的结算业务往来，并获得该行给予的进口开证授信额度；

（2）进出口双方选择以信用证作为结算方式；

（3）系“对外付汇进口单位名录”在册企业；

（4）提供一定比例的保证金，一般要求开证总额的30%，其余部分需要担保，对于资信良好的优质客户，可少收或免收保证金。

3. 信用证开证手续

在提出进口开证申请时，企业除提供流动资金贷款所需的材料以外，还需向开证行提供以下材料：

（1）首次开证，需要提交营业执照、外贸企业审定证书、外贸经营权批文等；

（2）提交进口合同、代理协议（如有）、进口批件（进口许可证、机电产品进口登记证等）、代理协议、进口付汇核销单等有关文件，如需要还应提供国家外汇管理局核发的进口付汇备案表；

（3）填写银行提供的进口开证申请书和开证申请人声明与保证，缮打信用证条款，加盖公司公章及财务预留印鉴章并经有权签字人签字后提交给开证行。

4. 进口信用证付款

按照国际惯例《关于审核UCP 600下单据的国际标准银行实务》（ISBP 821），开证行应在收到单据翌日起5个工作日内对外办理付款、承兑。因此，企业在收到银行的到单通知书后，应立即审单，如果单据无误，应在到单通知书规定的日期内向开证行承付或承兑，不得无故拒付或退单。

（二）其他进口汇付方式

电汇与票汇均属于汇付，企业都要向汇款行提交进口合同、批文，并填写汇付申请书，再向付款行购汇。如果汇款银行是开户行，汇款行则按照当日外汇牌价，直接由汇款人账户划收等值人民币金额。如果汇款人开有外汇现汇账户，则将划付外币金额。

（1）电汇申请书样本（见表6-1）。

表 6－1　海外电汇申请书

（客户回单）

致：中国银行 武汉 分行　　　　　　　　　　　　日期：2023 年 1 月 1 日
TO：BANK OF CHINA ______ BRANCH　　　　　　　DATE：________

户名	Marglida Yesainia	
账号 ACCOUNT NO.	外　币	USD667664664646
	人民币	

付款金额	牌价	汇款金额
USD12,000.00		USD12,000.00
（汇款）大写金额 SAY U. S. DOLLARS TWELVE THOUSAND ONLY.		

请按照背页所列条款代办下列汇款

起息日	如无特别要求，由银行填写	本行编号	TT
汇款人	注：此处用拼音大写填姓名　MARGLIDA YESAINIA		
中转行之名称及地址	名称　　此栏不用填写 地址 收款人开户银行在中转行账号		
收款人开户银行名称及地址	名称 ESCG BANQUE CREDIT AGRICOLE 地址 15 RUE PAUL CLAUDEL，38000 GRENOBLE	SWIFT CODE：AGRIFRPP839	
	收款人账号 FR76 13906 00105 77248309000 86（EUROS）		
收款人名称及地址	名称 GRENOBLE ECOLE DE MANAGEMENT 地址 EUROPOLE-12，RUE PIERRE SEMARD，BP 127，38003 GRENOBLE CEDEX 01，FRANCE		
汇款附言	COMPTABILITE/MIB 0904MIB23093	国外费用承担人 收款人 汇款人	
申请人名称		申请人签章	
地址及邮编		Marglida Yesainia	
联系人及电话			
费用支付方式　现金　支票　账户√			
银行专用栏			
申请审核	核印		

（2）汇票（顺汇）样本（见表6－2）。

表6－2 汇票

中信银行 CHINA CITIC BANK 上海分行 SHANGHAI BRANCH	NO. 188104900
DATE：JUL. /09/2023 Pay against this note AMOUNT AUD1,745.00	
TO：AUSTRALIAN MANGANESE COMPANY，LTD. or order	
The sum of AUD ONE THOUSAND SEVEN HUNDRED AND FORTY FIVE ONLY.	
Payable at ANZ BANK MELBOURNE，AUSTRALIA CORRESPONDENT ACCT. SVCS CRSEUUSADD	
	BY 王大侠 朱小伟 AUTHORISED SIGNATURE CHINA CITIC BANK SHANGHAI BRANCH

模块小结

科学、安全、迅速地完成国际结算是国际物流的重要环节。本模块介绍了国际结算的定义、遵循的原则、支付工具、付款方式等内容；着重阐述了国际结算单证的缮制要领及国际结算的惯例，以及信用证和托收指示书的解读和风险防范、国际汇付等基础知识。

知识巩固

一、单项选择题

1. 根据 UCP 600，信用证主要体现了(　　)的契约关系。

A. 开证申请人与开证行之间　　B. 受益人与开证行之间

C. 开证申请人与受益人之间　　D. 议付行与开证行之间

2. 在国际贸易支付中，托收属于商业信用，信用证属于银行信用，下面说法正确的是(　　)。

A. 托收使用的汇票是商业汇票，信用证使用的汇票是银行汇票

B. 两者使用的汇票都是商业汇票

C. 两者使用的汇票都是银行汇票

D. 托收使用的汇票是银行汇票，信用证使用的汇票是商业汇票

3. 一张汇票规定见票后 60 天付款，持票人于 2023 年 9 月 28 日提示承兑，则付款到期日为(　　)。

A. 2023 年 11 月 26 日　　B. 2023 年 11 月 27 日

C. 2023 年 11 月 28 日　　D. 2023 年 11 月 29 日

4. 在国际结算中，汇付结算工具的传送方向与资金流向相同，所以汇付属于(　　)。

A. 外汇　　B. 结汇　　C. 逆汇　　D. 顺汇

5. 承兑交单的托收方式只适用于(　　)的跟单托收。

A. 即期汇票　　B. 远期汇票　　C. 商业汇票　　D. 银行汇票

二、多项选择题

1. 国际结算是办理国际(　　)而进行的业务活动。

A. 货币收付　　B. 商品交易　　C. 信用往来

D. 清偿债权债务　　E. 资金融通

2. 汇付业务的当事人一般有(　　)。

A. 委托人　　B. 汇款人　　C. 收款人

D. 汇出行　　E. 汇入行

3. 按是否附有单据划分，托收可以分为(　　)。

A. 汇票托收　　B. 信汇托收　　C. 证券托收

D. 光票托收　　E. 跟单托收

4. 按委托人交单条件不同，跟单托收可分为(　　)。

A. 付款交单　　B. 结算交单　　C. 承兑交单

D. 即期交单　　E. 委托交单

5. 根据付款时间的不同，信用证可分为(　　)。

A. 预支信用证　　B. 即期信用证　　C. 延期付款信用证

D. 承兑信用证　　E. 保兑信用证

三、判断题

1. UCP 600 等国际贸易惯例本身不是法律，对于买卖双方来说，不具有强制约束力。如果买卖双方在合同中都同意采用这种惯例来约束，那么这种惯例就具有强制约束力。(　　)

2. 使用汇付方式成交时，进出口双方应在合同中明确规定汇付的时间、具体的汇付方式和金额等。(　　)

3. 保兑信用证中的保兑行和开证行一样，负第一性的付款责任。(　　)

4. 使用票汇支付方式时，买方是以银行即期汇票为支付工具，因此票汇属于银行信用。(　　)

5. 根据 URC 522，代收行向进口商提示付款时遭到拒付，代收行可将单据退回给托收行，不承担任何的责任。(　　)

四、简答题

1. 请简述信用证有哪些类型。

2. 请描述出口贸易术语采用 CIF、结算方式采用信用证的基本操作流程。

3. 请简述汇付和托收的异同。

五、综合题

1. 案例分析。

甲国出口商 A 向乙国进口商 F 出口一批货物，发货后，出口商 A 将汇票连同货运单据一起交托收银行托收货款，交单方式为付款交单（D/P）。请回答：

(1) 出口商 A 所采用的托收方式是(　　)。

A. 光票托收　　B. 跟单托收　　C. 电汇托收　　D. 信汇托收

(2) 出口商 A 出具的“委托申请书”应明确列明受限于(　　)。

A. 《巴塞尔协议》　　B. 《托收统一规则》

C. 委托行的指示　　D. 付款人的指示

E. 代收行的指示

(3) 根据交单方式（D/P）的要求，代收行只有在(　　)后，才能将代表货权的货运单据交给进口商。

A. 进口商付清货款　　B. 代收行收到委托书

C. 托收行同意　　D. 进口商检查货物

(4) 进口商 F 在接到代收行或提示行的通知后，其主要责任是(　　)。

A. 依交单条件及时付款　　B. 选定提货代理人

C. 拒绝付款时向提示行申明理由　　　　D. 要求托收行投保出口信用险

2. 阅读信用证并回答相关问题。

（1）信用证文本：

MT700
SENDER：
CZNBKRSE
KOOKMIN BANK（HEAD OFFICE），SEOUL
RECEIVER：
PCBCCNBJHPX
CHINA CONSTRUCTION BANK HUBEI BRANCH
L/C ARRIVAL DATE：12 MAY 2023

27：SEQUENCE OF TOTAL	1/1
40A：FORM OF L/C（Y/N/T）	IRREVOCABLE
20：DOCUMENT CREDIT NO.	M07PQ905NS20089
31C：DATE OF ISSUE	230511
40E：APPLICABLE RULES	UCP LATEST VERSION
31D：DATE AND PLACE OF EXPIRY	230701 AT NEGOTIATING BANK
50：APPLICANT	SINHAN STEEL CO.，LTD. 511-14 GAMJUN-DONG，SASANG-GU，BUSAN，KOREA
59：BENEFICIARY	HUBEI METALLURGICAL EQUIPMENTS CO.，LTD. NO. 316，HUANGSHI AVE.，HUANGSHI，HUBEI，CHINA PC：435000
32B：CURRENCY CODE，AMOUNT	USD3,600,000.00
41D：AVAILABLE WITH…BY	ANY BANK BY NEGOTIATION
42C：DRAFTS AT	SIGHT
42A：DRAWEE	CZNBKRSEXXX
43P：PARTIAL SHIPMENTS	ALLOWED
43T：TRANSSHIPMENT	PROHIBITED
44E：PORT OF LOADING	MAIN PORT OF CHINA
44F：PORT OF DISCHARGE	BUSAN PORT，KOREA
44C：LATEST DATE OF SHIPMENT	230610

45A：DESCRIPTION OF GOODS
　2 SETS OF MOTORS FOR THINNER ALLOY BAR HOT ROLLING MILL.
　DETAILED LISTS ARE ATTACHED BY CONTRACT NO. GKR917.
　ORIGIN：P. R. CHINA
　INCOTERMS（2020）CIF BUSAN，KOREA

46A：DOCUMENTS REQUIRED
　＋SIGNED COMMERCIAL INVOICE IN 3 FOLD.
　＋FULL SET OF CLEAN ON BOARD OCEAN BILLS OF LADING MADE OUT TO THE

ORDER OF KOOKMIN BANK (HEAD OFFICE), SEOUL. MARKED 'FREIGHT PREPAID' AND NOTIFY THE APPLICANT.

+SIGNED PACKING LIST IN 3 FOLD.

+FULL SET INSURANCE POLICY OR CERTIFICATE, ENDORSED IN BLANK FOR 110 PCT OF THE INVOICE VALUE COVERING ALL RISKS OF PICC1981-1-1 CLAUSES.

+MANUFACTURER'S CERTIFICATE.

47A: ADDITIONAL CONDITIONS

+T/T REIMBURSEMENT IS NOT ALLOWED.

71B: CHARGES

+ALL BANKING CHG. /COMM. INCLUDING REIM CHG OUTSIDE KOREA FOR ACCOUNT OF BENEFICIARY.

48: PERIOD FOR PRESENTATION

WITHIN 21 DAYS AFTER THE DATE OF SHIPMENT BUT WITHIN THE CREDIT VALIDITY.

49: CONFIRMATION INSTRUCTION

WITHOUT

78: INSTR TO PAY/ACCEP/NEG

+THE AMOUNT OF EACH DRAWING MUST BE NOTED ON THE REVERSE OF THIS CREDIT BY NEGOTIATING BANK.

+A FEE OF USD70 OR EQUIVALENT IS TO BE DEDUCTED FROM EACH DRAWING FOR THE ACCOUNT OF BENEFICIARY IF DOCUMENTS ARE PRESENTED WITH DISCREPANCY.

+ALL DOCUMENTS MUST BE MAILED IN ONE LOT TO KOOKMIN BANK, SASANG CORPORATE BANKING BRANCH, 578 GWAEBEOP-DONG SASANG-GU, BUSAN, KOREA.

+ON RECEIPT OF DOCUMENTS IN ORDER, WE SHALL REMIT THE PROCEEDS AS PER YOUR INSTRUCTIONS.

UNLESS OTHERWISE STIPULATED, THIS L/C IS SUBJECT TO UNIFORM CUSTOMS AND PRACTICE FOR DOCUMENTARY CREDITS (2007 REVISION) ICC PUBLICATION NO. 600.

XX/YY OUR REF. 42060110001363

（2）回答问题：

①请说出本信用证的开证行行名。

②本信用证使用什么币种？金额是多少？

③本信用证规定的汇票的受票人（即付款人）是谁？

④本信用证是否允许分批装运和转运？

⑤请说出本信用证的装运港与卸货港的名称。

⑥本信用证的最迟装运期是哪一天？

⑦本信用证结算时必须提交的单证有哪些？

⑧本信用证是否保兑与安全？

模块七
国际物流货物运输业务

知识导图

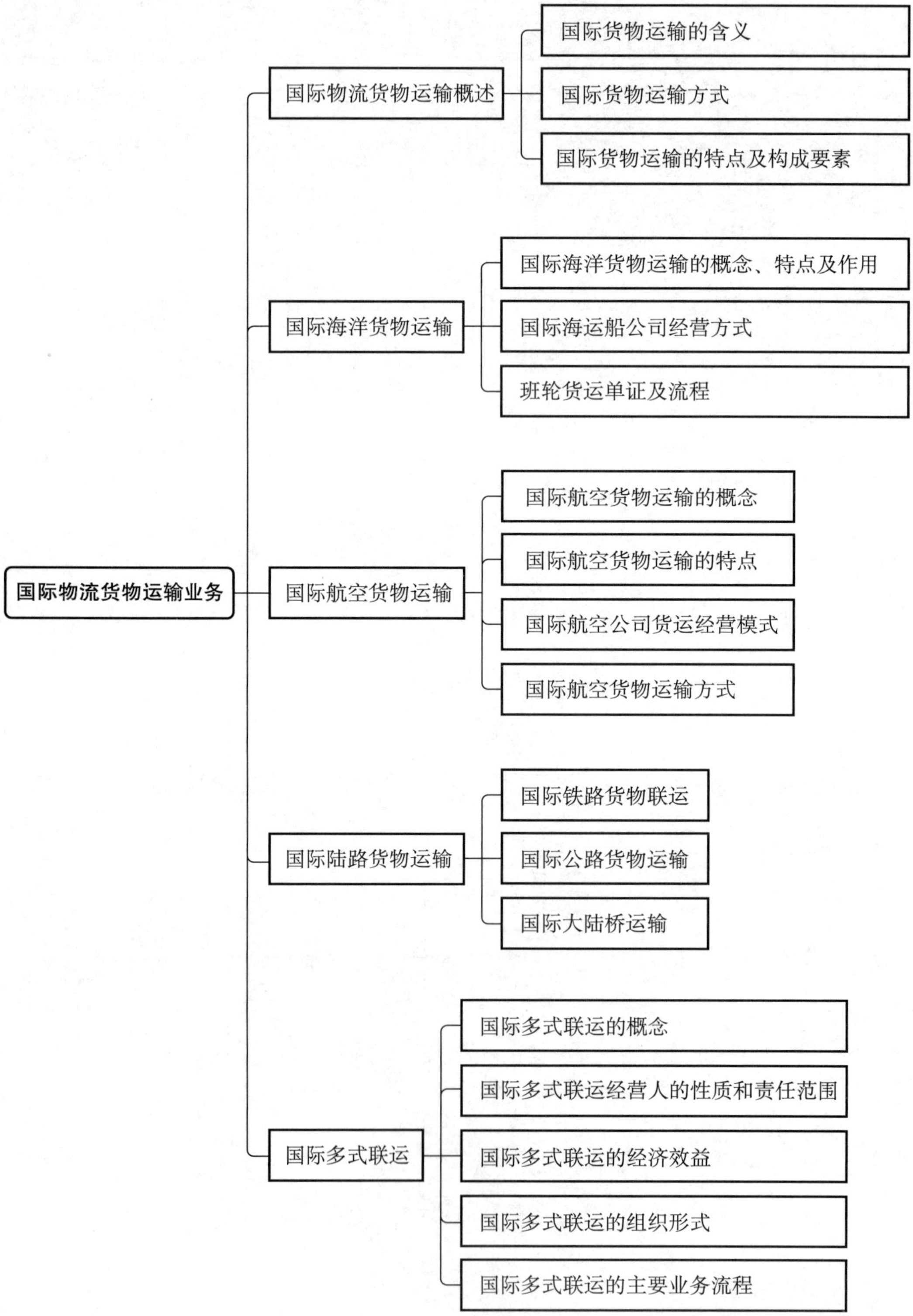
国际物流货物运输业务
国际物流货物运输概述
国际货物运输的含义
国际货物运输方式
国际货物运输的特点及构成要素
国际海洋货物运输
国际海洋货物运输的概念、特点及作用
国际海运船公司经营方式
班轮货运单证及流程
国际航空货物运输
国际航空货物运输的概念
国际航空货物运输的特点
国际航空公司货运经营模式
国际航空货物运输方式
国际陆路货物运输
国际铁路货物联运
国际公路货物运输
国际大陆桥运输
国际多式联运
国际多式联运的概念
国际多式联运经营人的性质和责任范围
国际多式联运的经济效益
国际多式联运的组织形式
国际多式联运的主要业务流程

学习目标

※知识目标	※技能目标	※素质目标
1. 了解国际物流货物运输的概念； 2. 熟悉国际物流货物运输方式； 3. 掌握国际物流运输方式的作用、特点。	1. 能够为中国进出口货物选择合理的运输方式； 2. 熟悉中国进出口货物各种运输方式的操作流程； 3. 能够掌握中国进出口货物各种运输方式的关系方和运输单证。	1. 遵守国际贸易规则、海关法规等； 2. 增强国家安全意识，在国际货物运输中严守国家秘密； 3. 尊重和理解不同文化，具备在国际物流中的沟通能力。

导读案例

汉欧国际物流园货物 1 小时内可发往世界各地

2023 年 12 月 28 日，武汉市国家综合货运枢纽补链强链重点公铁水联运项目汉欧国际物流园（一期）宣布完工。今后，通过中铁联集、中欧班列（武汉）进出湖北的货物，“下车”后可立即进入该园，经储存、集并和分拣，分拨运往目的地。

汉欧国际物流园项目是国家综合货运枢纽补链强链重点建设项目，规划总用地面积约 14.36 万平方米，配备有常温库和冷库。项目全面运营后，将为华中地区进出口货物集散提供更大便利。

“项目投产运营后，将成为集班列服务、公铁集运、智能仓配、冷链加工、平台信息服务、供应链金融等多业态为一体的国际现代化综合物流园。”汉欧国际相关负责人介绍，该物流园利用水铁公空立体化交通优势，可实现与中欧班列（武汉）无缝衔接，1 小时内，园区货物可搭乘江海直达航线以及国际货运航班发往世界各地。

据悉，中欧班列（武汉）共拥有 52 条稳定的跨境运输线路，辐射欧亚大陆 40 个国家、115 个城市，基本形成了“通道并行、多点直达”的国际物流网络体系。未来，汉欧国际物流园将围绕“一平台十三基地”的功能定位，打造国际物流服务中心、东盟水果交易中心、进口肉类冷链分拨中心以及资源性产品集散中心，加快构建“通道＋枢纽＋网络”现代物流体系，为地方产业发展集聚增添新动能。

资料来源：张亚蓓．汉欧国际物流园项目一期完工　货物 1 小时可发往世界各地［EB/OL］．中国水运网，2023-12-29.

项目一
国际物流货物运输概述

众所周知，现在国际经济越来越全球化，各国之间的经济交往越来越频繁。各地区互通有无，通过交往可以达到优势互补。国际货物运输就是伴随着国际贸易和国际物流的产生、发展而逐渐形成并壮大起来的。可以说，没有发达、便捷的国际货物运输网络，国际贸易乃至世界经济也不可能发展到今天这种水平。国际货物运输是国际物流的一个十分重要的环节。

一、国际货物运输的含义

国际货物运输主要是指在国际贸易中，以一定的运输方式，使用必要的运输工具和设备，实现货物在国际的运输。

二、国际货物运输方式

国际货物运输涉及的运输方式很多，其中包括海洋运输、航空运输、铁路运输、公路运输、管道运输，以及由各种运输方式组合的国际多式联运等。现将我国常用的几种方式加以介绍。

（一）海洋运输

在国际货物运输中，运用最广泛的是海洋运输（Ocean Transport）。目前，海运量在国际货物运输总量中占80%以上。

（二）航空运输

航空运输（Air Transport）是一种现代化的运输方式，它与海洋运输、铁路运输相比，具有运输速度快、货运质量高且不受地面条件的限制等优点。因此，它最适宜运送急需物资、鲜活商品、精密仪器和贵重物品。

（三）铁路运输

在国际货物运输中，铁路运输（Rail Transport）是仅次于海洋运输的主要运输方式，海洋运输的进出口货物，也大多是靠铁路运输进行货物的集中和分散的。

（四）公路运输

公路运输（Road Transport）是一种现代化的运输方式，它不仅可以直接运进或运出对外贸易货物，而且是车站、港口和机场集散进出口货物的重要手段。

（五）管道运输

管道运输（Pipeline Transport）是用管道作为运输工具的一种长距离运输液体和气体物资的运输方式。管道运输具有安全、密闭等特点。

（六）国际多式联运

国际多式联运（International Multimodal Transport）是在集装箱运输的基础上产生和发展起来的一种综合性的连贯运输方式，它一般是以集装箱为媒介，将海、陆、空各种传统的单一运输方式有机地结合起来，组成一种国际连贯运输。集装箱运输（Container Transport）是以集装箱作为运输单位自动化货物运输的一种现代化的先进的运输方式，适用于海洋运输、铁路运输及国际多式联运等。

我国国际货物运输的进出口货物，大部分是通过海运，少部分通过铁路或公路与内陆邻国间运输，也有些货物是管道运输。随着航空业的不断发展，通过航空运输的货运量在快速增长，货物种类和范围也在不断扩大。

三、国际货物运输的特点及构成要素

（一）国际货物运输的特点

国际货物运输是国家与国家、国家与地区之间的运输，与国内货物运输相比，它具有以下几个主要特点：

1. 国际货物运输涉及国际关系问题，是一项政策性很强的涉外活动

国际货物运输是国际贸易的关键部分，涉及与国外频繁的直接或间接业务联系，这种联系不仅是经济上的，还常涉及国际政治问题，是政策性很强的涉外活动。这意味着国际货物运输既是经济活动，也是重要的外事活动。因此，除了用经济观点处理业务，还需要有政策观念，根据我国的对外政策进行国际运输业务。

2. 国际货物运输运距长，而且往往涉及多个中间环节

国际货物运输是国家与国家、国家与地区之间的运输，一般来说，运输的距离都比较长，往往需要使用多种运输工具，通过多次装卸、搬运，要经过许多中间环节，如转船、变换运输方式等，经由不同的地区和国家，要适应各国不同的法规和规定。如果其中任何一个环节发生问题，就会影响整个运输过程，这就要求企业做好组织、环环紧扣，避免在某环节上出现脱节，给运输带来损失。

例如，我国出口到东南亚和非洲各国的货物，由于船公司航线铺设原因，往往需要从我国香港或者新加坡中转，那么这些货物不仅要符合目的地国家海关、检验检疫部门的要求，作为过境货物经过我国香港或者新加坡时，还要满足中转地海关、商品检验检疫部门对过境货物的要求，否则将面临货物被滞留等处罚。

3. 国际货物运输涉及面广、情况复杂多变

国际货物运输涉及国内外许多部门，企业需要与不同国家和地区的货主、交通运输、商检机构、保险公司、银行或其他金融机构、海关、港口以及各种中间代理商等打交道。同时，各个国家和地区的法律、政策规定不一，贸易、运输习惯和经营做法不同，金融货币制度的差异，加之政治、经济和自然条件的变化，都会对国际货物运输产生较大的影响。

4. 国际货物运输的时间性强

按时装运进出口货物，及时将货物运至目的地，对履行进出口贸易合同、满足商品竞争市场的需求、提高市场竞争能力、及时结汇都有着重大意义。特别是一些鲜活商品、季节性商品和敏感性强的商品，更要求迅速运输，不失时机地组织供应，才有利于提高出口商品的竞争能力，有利于巩固和扩大销售市场。因此，国际货物运输必须增强时间观念，争时间、抢速度，以快取胜。

5. 国际货物运输的风险较大

由于在国际货物运输中环节多、运输距离长、涉及的面广、情况复杂多变，加之时间性又很强，运输沿途国际形势的变化、社会的动乱，各种自然灾害和意外事故的发生，以及战乱、封锁禁运或海盗活动等，都可能直接或间接地影响国际货物运输，以至于造成严重后果，因此，国际货物运输的风险较大。为了转嫁运输过程中的风险损失，企业应为各种进出口货物和运输工具办理运输保险。

（二）国际货物运输的构成要素

1. 收发货人

进出口货物的买卖双方是国际货物运输必不可少的要素。出口商将货物委托承运人运输到目的地并交付给进口商，国际货物运输的全过程才算真正完结，而仅仅将货物运抵目的地而无法交付，或者说因为没有收货人而面临诸多的麻烦，都不算完成了国际货物运输的全过程。

2. 货物

国际货物运输完成的工作主要是将外贸货物进行位移，因此货物是构成国际运输的要素之一。

3. 承运人及其代理人

在国际货物运输中，承运人及其代理人是十分重要的角色。承运人接受收发货人的委托，将货物由发货地运输至目的地；承运人的代理人包括船代、货代（某种程度上也

可以认为是收发货人的货运代理），在整个运输环节中，他们接受收发货人和承运人的委托，沟通信息、办理海关、商检、港口的相关手续，因此他们是必不可少的环节。

4. 商检机构

买卖双方在办理货物交接手续时，通常并不直接接触，因此对于商品的品质等内容无法当面交代清楚，需要通过有资格的、无利害关系的第三者进行检验或鉴定后，出具一定的证明文件，方可作为买卖双方交接货物和结算货款的依据。同时为了保证出口货物的质量，维护出口商品在国际市场上的声誉，增强出口商品的竞争力，我国商检法也明确规定对列入商检机构实施检验的进出口商品种类表的进出口商品或其他法规规定须经检验的进出口商品，必须经指定机构检验合格后，方能进出口。因此，进出口商品的检验检疫是对外贸易合同履行的一个基本环节和要素。

5. 保险公司

国际货物运输运距长、金额高、风险大，因此买卖双方为维护自身利益，向保险公司进行投保一般是必不可少的环节。国际货物运输保险以海洋运输保险为主，属于财产保险类；国际货物运输保险的金额一般为货物 CIF 价值的 110%。我国海洋运输货物保险的基本险分为平安险、水渍险和一切险三种。

6. 银行或其他金融机构

国际货物买卖中，货款的收付要涉及一系列问题，如支付工具、支付时间、支付地点和方式等。这些问题都关系到交易双方的切身利益。在实际业务中，货款结算的方式有很多种，且大都以外汇票据作为主要工具来流通。货款的结算还涉及信用问题。有的结算方式属于商业信用，有的属于银行信用。因此，银行不可避免地成为国际货物运输的要素，参与到国际货款结算中来。

国际货物买卖涉及外汇收支，而外汇管理是一个国家授权一家或多家专门机构如中央银行、外汇管理局等，依据所制定的法律法规或制度，对在境内或其管辖地区的外汇收支、转移、买卖、结算和本币的进出境等进行管理。相应的外汇管理机构也成为国际货物运输的要素之一。

7. 海关

海关是设在关境上的国家行政管理机构，它所奉行的基本职责是货运监管、稽征关税、查缉走私和统计业务。国际货物运输要跨越国境和关境，因此海关代表国家对跨关境货物进行监管，并按照国家规定的税则予以征免税，同时打击走私和偷税漏税行为。国际货物运输的整个流程和节点都处于海关的监管之中，因此海关是不可或缺的要素之一。

8. 港口场站

港口场站的主要业务工作是办理货物的集并、装卸、转运、装箱、拆箱、收发、交接保管、堆存、捆扎、搬运等，此外还洽办货物的包装、唛头和有关衡量等工作。沿海沿江的码头、堆场是海运、河运的港口场站，机场是空运的港口场站，铁路货运站是铁路运输的港口场站，港口场站是必不可少的货运环节和要素。

项目二 国际海洋货物运输

海洋运输在我国对外经济贸易中起着重要的作用。特别是集装箱运输在我国发展势头迅猛，这是因为它具有装卸效率高、船舶周转快、货损货差少、包装费用节省、劳动强度低和手续简便等优点。我国海岸线长约 18 000 千米，沿海有许多优良的不冻港口，具有发展国际海洋运输的有利条件。目前，我国与世界各国主要港口之间已开辟了许多定期或不定期的海上航线。

一、国际海洋货物运输的概念、特点及作用

认知

国际海运全流程步骤

（一）国际海洋货物运输的概念

国际海洋货物运输是国际物流中最主要的运输方式。它是指使用船舶通过海上航道在不同国家和地区的港口之间运送货物的一种方式，在国际货物运输中使用最广泛。目前，国际贸易总运量中的 70%以上、中国进出口货运总量的 80%以上都采用海洋运输。海洋运输对世界的改变是巨大的。

（二）国际海洋货物运输的特点

1. 运输量大

国际货物运输是在全世界范围内进行的商品交换，地理位置和地理条件决定了海洋货物运输是国际货物运输的主要手段。国际贸易总运量的 70%以上是利用海洋运输来完成的，有的国家的对外贸易运输海运占运量的 90%以上。主要原因是船舶的载运能力远远大于火车、汽车和飞机，是运输能力最大的运输工具。

2. 通过能力大

海洋运输利用天然航道，四通八达，不像火车、汽车要受轨道和道路的限制，因而其通过能力要超过其他运输方式。

3. 运费低廉

船舶的航道天然构成、船舶运量大、船舶经久耐用且节省燃料，所以货物的单位运输成本相对低廉。据不完全统计，海运运费一般为铁路运费的 1/5、公路运费的 1/10、航空运费的 1/30，这就为低值大宗货物的运输提供了有利的竞争条件。

4. 对货物的适应性强

上述特点使海洋货物运输基本上能适应各种货物的运输。如石油井台、火车、机车车辆等超重大货物，粮食、钢材、矿石等大宗散货，以及其他运输方式无法装运的货物，船舶一般都可以装运。

5. 运输速度慢

由于海船的体积大、水流的阻力大，加之装卸时间长等其他各种因素的影响，海运的速度比其他运输方式慢。

6. 风险较大

由于船舶海上航行受自然气候和季节性影响较大，海洋环境复杂、气象多变，随时都有遇上狂风、巨浪、暴风、雷电、海啸等人力难以抗衡的海洋自然灾害袭击的可能，海洋运输遇险的可能性比陆地、内河要大。

（三）国际海洋货物运输的作用

国际海洋货物运输虽然存在速度较低、风险较大的不足，但是由于它的通过能力大、运量大、运费低，以及对货物适应性强等长处，加上全球特有的地理条件，因此成为国际贸易中主要的运输方式。我国进出口货物运输总量的80%以上是通过海洋运输进行的。

另外，海洋货物运输是国家节省外汇支付、增加外汇收入的重要渠道之一。海洋运输船队也是国防的重要后备力量。

总之，国际海洋货物运输在我国的外贸运输和国际物流货物运输中都承担着主力军的作用。

二、国际海运船公司经营方式

从事国际海洋货物运输的船公司的经营方式主要有班轮运输和租船运输两大类。

（一）班轮运输

班轮运输，又称定期船运输，是指船舶在特定的航线上和既定的港口之间，按照事先规定的船期表进行有规律的、反复的航行，以从事货物运输业务并按照事先公布的费率表收取运费的一种运输方式。其服务对象是非特定的、分散的众多货主。班轮公司具有公共承运人的性质。

1. 班轮运输的特点

（1）班轮运输有固定的船期、航线、停靠港口和相对固定的运费率；

（2）班轮运费中包括装卸费，故班轮的港口装卸由船方负责；

（3）班轮承运货物的数量比较灵活，货主按需订舱，特别适合于一般件杂货和集装箱货物的运输。

2. 承运人与托运人的责任划分

班轮承运人是指班轮运输合同中承担提供船舶并负责运输的当事人。托运人是在班轮运输合同中委托承运人运输货物的当事人。承运人同托运人责任和费用的划分界限一般在船上吊杆所能达到的吊钩底下。换言之，托运人将货物送达吊钩底下后就算完成交货任务，然后由承运人负责装船。但风险的划分一般以船舷为界，即货物在装运港越过船舷以前发生的风险由托运人负责，越过船舷以后的风险由承运人负责。

（二）租船运输

租船运输，又称不定期船运输，是指租船人向船东租赁船舶用于货物运输的一种方式，通常适用于大宗货物运输。有关航线和港口、运输货物的种类以及航行的时间等，都按照承租人的要求，由船舶所有人确认。租船人与出租人之间的权利义务以双方签订的租船合同确定。

1. 租船运输的特点

国际贸易运输中另一种重要的船舶经营方式是租船运输，船东（或二船东）向租船人之间提供的不是运输劳务，而是船舶的使用权。船东和租船人之间所进行的租船业务是对外贸易的一种商业行为，也叫无形贸易，租船通常在租船市场上进行。在那里，船东、租船人、船舶经纪人聚集在一起，互通情报，提供船舶和货源，进行租船活动。

租船运输具有以下特点：

（1）属于不定期船，没有固定的航线、装卸港及航期。

（2）没有固定的运价。

（3）租船运输中的船舶港口使用费、装卸费及船期延误费按租船合同规定划分及计算，而班轮运输中船舶中的一切正常营运支出均由船方负担。

（4）租船主要是用来运输国际贸易中的大宗货物。

2. 租船方式

租船方式主要有程租、期租和光船租三种。

（1）程租。程租是船舶所有人按双方事先议定的运价与条件向租船人提供船舶全部或部分舱位，在指定的港口之间进行一个或多个航次运输指定货物的租船业务。程租又可分为：

1）单航次程租，即只租一个航次的租船方式。船舶所有人负责将指定货物由一港口运往另一港口，货物运到目的港卸货完毕后，合同即告终止。

2）来回航次租船，即洽租往返航次的租船方式。一艘船在完成一个单航次后，紧接着在上一航次的卸货港（或其附近港口）装货，驶返原装货港（或其附近港口）卸货，货物卸毕，合同即告终止。

3）连续航次租船，即洽租连续完成几个单航次或几个往返航次的租船方式。在这种方式下，同一艘船舶，在同方向、同航线上，连续完成规定的两个或两个以上的单航次，合同才告结束。

4）包运，即只确定承运货物的数量及完成期限，不具体规定航次数和船舶艘数的一种租船方式。

（2）期租。期租是船舶所有人把船舶出租给承租人使用一定时期的租船方式，在此期限内，承运人可以利用船舶的运载能力来安排货运。租期内的船舶燃料费、港口费用以及拖轮费用等营运费用都由租船人负担，船东只负责船舶的维修、保险、配备船员和供给船员的给养和支付其他固定费用。期租船的租金在租期内不变。

（3）光船租。光船租是一种比较特殊的租船方式，也是按一定的期限租船，但与期租不同的是船东不提供船员，仅将一条船交租船人使用，由租船人自行配备船员，负责船舶的经营管理和航行各项事宜。在租赁期间，租船人实际上对船舶享有支配权和占有权。

三、班轮货运单证及流程

（一）班轮货运单证

在班轮运输中，从办理物品的托运手续开始，到物品装船、卸船直至交付的整个过程，都需要编制各种单证。这些单证是货方（包括托运人和收货人）与船方之间办理货物交接的证明，也是货方、港方、船方等有关单位之间从事业务工作的凭证，又是划分货方、港方、船方各自责任的必要依据。

在这些单证中，有的是受国际公约和各国国内法规约束的，有的则是按照港口当局的规定和航运习惯而编制使用的。尽管这些单证种类繁多，而且因各国港口的规定会有所不同，但主要单证是基本一致的，并能在国际航运中通用。现将目前国际上通用的及我国航运于国际航线船舶所使用的主要单证分述如下：

1. 托运单

托运单（Booking Note，B/N）是指由托运人根据买卖合同和信用证的有关内容向承运人或其代理人办理货物运输的书面凭证。经承运人或其代理人对该单的签认，即表示已接受这一托运，承运人与托运人之间对货物运输的相互关系即告建立。

托运单的主要内容包括：托运人名称，收货人名称，货物的名称、数量、尺码、件数、包装式样、标志及号码，目的港，装船期限，信用证有效期，能否分批装运，对运输的要求及对签发提单的要求等。

2. 装货单

装货单（Shipping Order，S/O）是指由托运人按照托运单的内容填制，交船公司或其代理人审核并签章后，据以要求船长将货物装船承运的凭证。

但是，托运人凭船公司或其代理人签章后的装货单要求船长将货物装船之前，还必须先到海关办理货物装船出口的报关手续，经海关查验后，在装货单上加盖海关放行章，表示该票货物已允许装船出口，才能要求船长将货物装船。故装货单习惯上又称为“关单”。船长或大副亦只能依据“关单”接受货物装船承运。

装货单是国际航运中通用的单证，多数是由三联组成，称为“装货联单”。其中，第一联是船公司留底（Counterfoil），用于缮制装货清单；第二联是装货单（Shipping Order），作用如上所述；第三联是收货单（Mate's Receipt），亦称“大副收据”，是船方接收货物装船后由大副签发给托运人的凭据。

3. 装货清单

装货清单（Loading List，L/L）是指船公司或其代理人根据装货单留底联，将全船待装货物按目的港和货物性质归类，依航次靠港顺序排列编制的装货单的汇总清单。

装货清单既是船舶大副编制积载计划的主要依据，又是供现场理货人员进行理货、港方安排驳运、进出库场以及承运人掌握托运人备货及货物集中情况等的业务单据。

装货清单的内容包括装货单号码、货名、件数及包装、毛重、估计立方米及特种货物对运输的要求或注意事项的说明等。

4. 积载计划

积载计划（Stowage Plan，S/P），又称货物积载图，即以图示形象、具体地模拟货物在船舱内的装载位置。它是在货物装船以前由大副根据船公司或其代理人送来的装货清单上记载的货物资料制成的，实质上是计划的积载图，这样可以使港口和装卸公司、理货人员等有关方进行货物装船工作时有据可依，能按照这一计划的要求来安排装船作业，使装船工作得以有条不紊地进行。因此，它是装船作业中一份十分重要和必备的资料。然而，在实际装船过程中，往往会因各种客观原因无法完全依照计划装载。因此，当每一票货物装船后，理货长都应重新标出货物在舱内的实际装载位置，并注明卸货港名、装货单（提单）号、货名及数量，最后再重新绘制一份货物在舱内的实际积载图。

5. 收货单

收货单（Mate's Receipt，M/R）是指货物装船后，承运船舶的大副签发给托运人的，表示已收到货物并已装上船舶的货物收据，故又称为“大副收据”。托运人取得了大副签署的收货单后，即可凭以向船公司或其代理人换取正本已装船提单。其主要作用有：划分船货双方责任的重要依据，换取正本已装船提单的凭证。

收货单是前述装货联单的第三联，它除了增加大副签署一栏外，其所记载的内容和格式与装货单完全一样。

6. 提单

提单（Bill of Lading，B/L）是指船公司或其代理人签发给托运人，用以证明海上货运合同和货物已经由承运人接收或者装船，以及承运人保证在目的港据以交付货物，且可以转让的单证。货物由承运人接收或者装船后，应托运人的要求，承运人应当签发提单。提单也可以由承运人授权的人签发。提单由载货船舶的船长签发的，视为代表承运人签发。

7. 载货清单

载货清单（Manifest，M/F），又称“舱单”，是在货物装船完毕后，由船公司的代理人根据大副收据或提单编制的一份按卸货港顺序逐票列明全船实际载运货物的汇总清单。载货清单编妥后应送交船长签字认可。其内容包括船名及国籍、开航日期、装货港及卸货港，同时逐票列明所载货物的详细情况（包括提单号、标志和号数、货名及包装、重量、尺码等）。

载货清单是国际通用的一份十分重要的单证。船舶办理出口（进口）报关手续时，必须递交一份经过船只负责人签字确认的载货清单。在我国，载货清单还是出口企业在办理货物出口后申请退税，海关据以办理出口退税手续的单证之一。如果在载货清单上增加运费项目，则可制成载货运费清单。

8. 载货运费清单

载货运费清单（Freight Manifest，F/M），简称“运费清单”或“运费舱单”，是由船公司在装货港的代理人按卸货港及提单顺序号逐票列明所载运货物应收运费的明细表。它是船舶代理人向船公司结算代收运费明细情况的单证，是船公司营运业务的主要资料之一。该单也可直接寄往卸货港船公司的代理人，供其收取到付运费或处理有关业务之用。

载货运费清单的内容除包括载货清单上记载的内容外，还增加了计费吨、运费率、预付或到付的运费额等项内容。由于载货运费清单上包括载货清单上所记载的内容，因此其不仅可以代替载货清单作为船舶出口、进口报关及在卸货港安排卸货应急之用，还可以作为核对全船有关航次装载货物之用。因此，当前不少国家的港口，为了简化制单工作，常将“载货清单”和“载货运费清单”两单合并使用。作为载货清单使用时，将该单上有关运费计收的栏目空出；而作为运费清单使用时，则将有关运费计收栏目填入具体内容。

9. 提货单

提货单（Delivery Order，D/O），又称“小提单”，是收货人或其代理人凭正本提单或副本提单随同有效的担保向船公司在卸货港的代理人处换取的，据以向现场（码头仓库或船边）提取货物的凭证。

提货单的性质与提单完全不同，它只不过是船公司或其代理人指令码头仓库或装卸公司向收货人交付货物的凭证而已，不具备流通及其他作用。为了慎重，一般都在提货单上记有“禁止流通”的字样。

（二）班轮货运流程

班轮货运流程及主要单证的流转程序如图 7－1 所示。

为方便叙述，现结合该图说明如下：

（1）托运人向船公司在装货港的代理人（也可直接向船公司或其营业所）递交 B/N 提出货物托运申请，并填写装货联单。

（2）船公司在装货港的代理人同意承运后，指定船名，核对单证内容无误后，将 B/N和装货联单的第一联留下，在第二联装货单（S/O）上加盖船公司印章连同第三联收货单（M/R）一并退还给托运人，并要求托运人将货物送至指定的码头仓库。

（3）托运人持船公司在装货港的代理人签发的 S/O、M/R 及其他有关单证向海关办

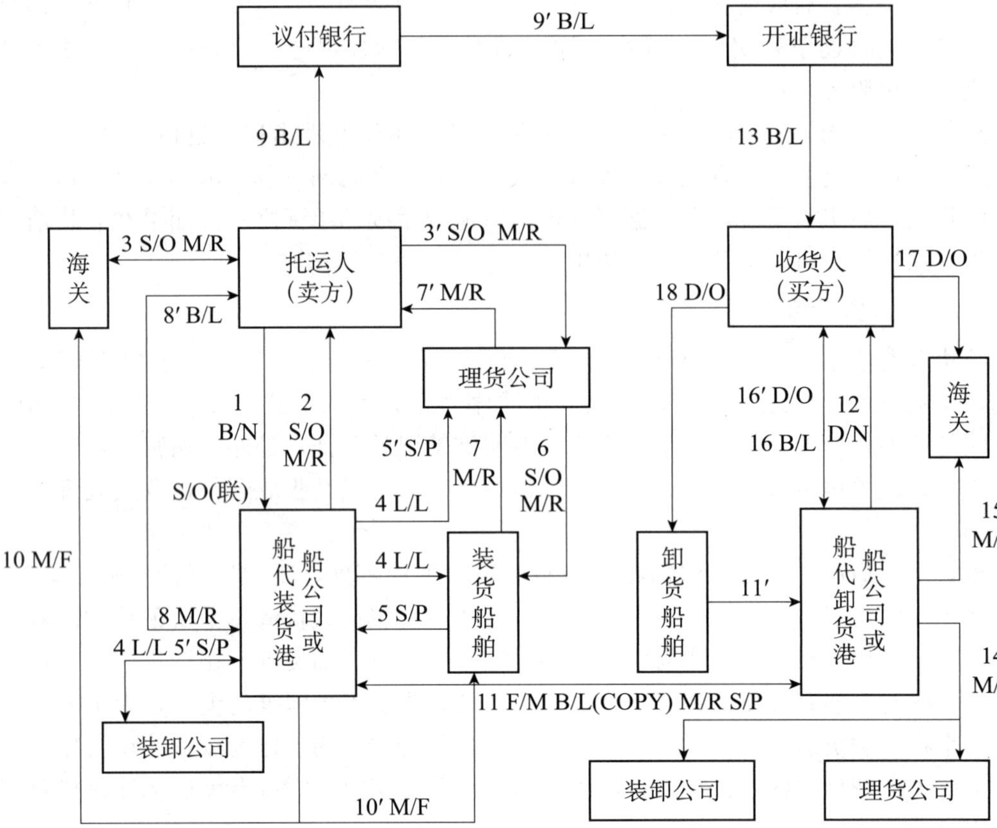

图 7-1　班轮货运流程及主要单证的流转程序

理货物出口报关手续，海关审核无误后，在 S/O 上加盖海关放行章，然后，托运人将 S/O 和 M/R 送交理货公司，并将货物送至码头仓库，海关到港口对货物进行检验、验关。

（4）船公司在装货港的代理人根据装货联单的留底联编制装货清单（L/L）送装货船舶、理货公司、装卸公司。

（5）船上大副根据 L/L 编制货物积载图（S/P），并交由船公司在装货港的代理人分送理货公司、装卸公司等按计划装船。

（6）货物装船后，理货长将 S/O 和 M/R 交大副，大副核对无误后，留下 S/O，签发 M/R。

（7）理货长将大副签发的 M/R 交托运人。

（8）托运人持 M/R 到船公司在装货港的代理人处支付运费（在预付运费情况下）拟换取已装船提单（B/L），船公司在装货港的代理人审核无误后，留下 M/R，签发B/L 给托运人。

（9）托运人持 B/L 及有关单证到议付银行结汇，议付银行将 B/L 及有关单证邮寄开证银行。

（10）货物装船完毕后，船公司在装货港的代理人编妥出口载货清单（M/F）送船长签字后，向海关办理船舶出口手续，之后将 M/F 交船随带，船舶启航。

（11）船公司在装货港的代理人根据 B/L 副本（或 M/R）编制出口载货运费清单（F/M），连同 B/L 副本、M/R 一并送交船公司结算代收运费，并邮寄或将有关卸货港所需的单证通过船舶带交船公司在卸货港的代理人。

（12）船公司在卸货港的代理人接到船舶抵港电报后，以提货通知书（Delivery Notice，D/N）通知收货人船舶到港时间。

（13）收货人到开证银行付清货款及其他应付费用，取得正本 B/L。

（14）船公司在卸货港的代理人根据装货港代理人寄来的货运单证，编制进口载货清单等卸货单据，约定装卸公司、理货公司，联系安排泊位，做好接船及卸货准备工作。

（15）船舶抵港后，船公司在卸货港的代理人随即办理船舶进口报关手续，船舶靠泊后即开始卸货。

（16）收货人向卸货港船代付清应付费用后，以正本 B/L 换取提货单（D/O）。

（17）收货人持 D/O 送海关办理货物进口报关手续。

（18）收货人持 D/O 到码头仓库或船边提取货物。

项目三
国际航空货物运输

一、国际航空货物运输的概念

视频

湖北花湖机场打造国际一流航空货运枢纽：一季度货邮吞吐量中部第一

国际航空货物运输是指使用飞机、直升机及其他航空器在国际运送货物、邮件的一种运输方式，是国际贸易中的贵重物品、鲜活货物和精密仪器运输所不可缺的。

二、国际航空货物运输的特点

国际航空货物运输虽然起步较晚，但发展极为迅速，这是与它所具备的许多特点分不开的，这种运输方式与其他运输方式相比，具有以下特点：

（1）运送速度快。航空线路不受地面条件限制，一般可在两点间直线飞行，航程比地面短得多，而且运程越远，快速的特点就越显著。

（2）安全准确。航空运输管理制度比较完善，货物的破损率低，可保证运输质量，如使用空运集装箱，则更为安全。飞机航行有一定的班期，可保证按时到达。

（3）手续简便。航空运输为了体现快捷、便利的特点，为托运人提供了简便的托运手续，也可以由货运代理人上门取货并为其办理一切运输手续。

（4）节省包装、保险、利息和储存等费用。由于航空运输速度快，商品在途时间短、周期快，存货可相对减少，因此资金可迅速收回。

（5）航空运输的运量小、运价较高。但是由于这种运输方式的优点突出，可弥补运费高的缺陷，加之保管制度完善、运量又小，货损货差较少。

三、国际航空公司货运经营模式

目前，在全球范围内，国际航空公司货运经营模式主要有以下四种：

（1）全货运航空公司经营定期或不定期航班，如 FedEx、DHL、UPS 等。

（2）客货兼营航空公司经营全货机，如大韩航空公司、中国国际航空公司以及中国东方航空公司等。

（3）客货兼营航空公司经营“COMBINE”（康比）机型，即上舱半截货机型（主要是 B747)，如中国国际航空公司、荷兰皇家航空公司等。

(4) 客货兼营航空公司使用客运航班飞机从事腹舱载货。目前，国内航空公司在深圳开展货运业务所选用的经营模式就是这种。此外，还有的航空公司使用“QC”机型(QC 即快速拆装)，根据市场需要临时拆装座椅，“一机两用”，如德国汉莎航空公司。

四、国际航空货物运输方式

国际航空货物运输方式主要有班机运输、包机运输、集中托运和航空快递四种。

(一) 班机运输

班机运输(Scheduled Airline)是指具有固定开航时间、航线和停靠航站的飞机运输。班机通常为客货混合型飞机，货舱容量较小，运价较贵，但由于航期固定，有利于客户安排鲜活商品或急需商品的运送。

(二) 包机运输

包机运输(Chartered Carrier)是指航空公司按照约定的条件和费率，将整架飞机租给一个或若干个包机人(包机人指发货人或航空货运代理公司)，从一个或几个航空站装运货物至指定目的地。包机运输适合于大宗货物运输，费率低于班机运输，但运送时间则比班机运输要长些。

(三) 集中托运

集中托运(Consolidation)可以采用班机或包机运输方式，是指航空货运代理公司将若干批单独发运的货物集中成一批向航空公司办理托运，填写一份总运单送至同一目的地，然后由其委托当地的代理人负责分发给各个实际收货人。这种托运方式可降低运费，是航空货运代理的主要业务之一。

(四) 航空快递

航空快递(Air Express)是指航空快递企业利用航空运输，收取收件人的快件并按照向发件人承诺的时间将其送交指定地点或者收件人，掌握运送过程的全部情况并能将即时信息提供给有关人员查询的门对门速递服务。

项目四
国际陆路货物运输

一、国际铁路货物联运

（一）国际铁路货物联运的概念

在两个或两个以上国家铁路运输中，使用一份运送票据，并以连带责任办理货物的全程运送，并且在由一国铁路向另一国铁路移交货物时，无须发货人、收货人参加，这种运输方式称为国际铁路货物联运。欧洲国家的铁路联运开始较早，19 世纪的后半期，欧洲国家之间就已开办了国际铁路货物联运。

（二）国际铁路货物联运的范围和办理种别

1. 国际铁路货物联运的范围

（1）同参加《国际铁路货物联运协定》（简称《国际货协》）和未参加《国际货协》但采用《国际货协》规定的铁路间的货物运送，铁路从始发站以一份运送票据负责运送至最终到站交付给收货人。

（2）同未参加《国际货协》铁路间的货物运送，发货人在发送路用《国际货协》运送票据办理至参加《国际货协》的最后一个过境路的出口国境站，由该站站长或收货人、发货人委托的收转人转运至最终到站。

（3）通过过境铁路港口站的货物运送，从参加《国际货协》铁路的国家，通过参加《国际货协》的过境铁路港口，向其他国家（不论这些国家的铁路是否参加《国际货协》）或者相反方向运送货物时，用《国际货协》运送票据只能办理至过境铁路港口站止，或者从这个站起开始办理，由港口站的收转人办理转发送。

2. 国际铁路货物联运办理种别

国际铁路货物联运办理种别分为整车、零担和大吨位集装箱。

（1）整车：是指按一份运单托运的，按其体积或种类需要单独车辆运送的货物。

（2）零担：是指按一份运单托运的一批货物，重量不超过 5 000 千克，按其体积或种类不需要单独车辆运送的货物。但如果有关铁路之间另有商定条件，也可不适用《国际货协》整车和零担货物的规定。

（3）大吨位集装箱：是指按一份运单托运的，用大吨位集装箱运送的货物或空的大吨位集装箱。

二、国际公路货物运输

国际公路货物运输是指启运地点、目的地点或约定的经停地点位于不同的国家或地区的公路货物运输。在我国，只要公路货物运输的启运地点、目的地点或约定的经停地点不在我国境内，即构成国际公路货物运输。

（一）国际公路货物运输的特点

国际公路货物运输，除了适应性强、机动灵活、直达性能好、运输成本高、运行持续性较差、对环境污染影响较大之外，还具有以下特点：

（1）可以广泛参与国际多式联运；

（2）是邻国间边境贸易货物运输的主要方式；

（3）按有关国家之间的双边或多边公路货物运输协定或公约运作。

（二）国际公路货物运输的业务类型

目前，货物运输企业主要利用公路运输在中短途货物运输方面的优势，承担以下三种进出口货物运输业务：

（1）公路过境运输。公路过境运输是指根据相关国家政府间有关协定，经过批准，通过国家开放的边境口岸和公路进行过境的汽车运输。根据途经国家多少，公路过境运输可分为双边汽车运输和多边汽车运输。

（2）我国内地与港澳之间的公路运输。由于香港、澳门的特殊性，对于香港、澳门与内地之间的公路运输，并不完全按照国内货物运输进行运作和管理，而是依照国际公路运输进行管理，但管理模式又不是完全一样。

（3）内陆口岸间的公路集疏运。公路承担我国出口货物由内地向港口、铁路、机场集中，进口货物从港口、铁路、机场向内地疏运，以及省级行政区与省级行政区之间、省级行政区内各地间的外贸物资的调拨。

（三）国际公路货物运输的业务范围

国际公路货物运输企业根据客户的委托，办理货物出口前后的一切业务；审核客户提供的各类清单和批件；缮制各类单证；订舱、报关；办理产地证、保险单和商检证；国内运输、进站、装车；签发提单、运杂费结算，快邮国内、外单证；办理在国外的进口报关、纳税、拆箱/转运、送货；办理在国外的代理业务。

三、国际大陆桥运输

大陆桥运输（Land Bridge Transport）是指使用横贯大陆的铁路、公路运输系统为中间桥梁，将大陆两端的海洋连接起来的运输方式。从形式上看，大陆桥运输是海陆海的连贯运输，但实际在做法上已在世界集装箱运输和多式联运的实践中发展成多种多样。

视频

大陆桥运输小百科

大陆桥运输一般都是以集装箱为媒介，因为采用大陆桥运输，中途要经过多次装卸，如果采用传统的海陆联运，不仅增加了运输时间，而且大大增加了装卸费用和货损货差，而以集装箱为运输单位，则可大大简化理货、搬运、储存、保管和装卸等操作环节。由于集装箱是经海关验封，中途不用开箱检验，可以迅速直接转换运输工具，因此采用集装箱是开展大陆桥运输的最佳方式。

（一）大陆桥运输的优势

大陆桥运输是以集装箱为媒介，将海运和陆运结合起来、一票到底的多式联合运输。因此，大陆桥运输将多种运输方式的优点融为一体，具体表现为以下几方面。

1. 运输里程缩短，节省运输时间

大陆桥运输与海洋运输相比，大大缩短了运输里程。以日本至英国的运输为例，日本至英国的海运，有几条海运路线可供通行。西行可经过苏伊士运河，东行可穿过巴拿马运河，也可绕道非洲好望角或者南美合恩角。

再以中国天津港至德国汉堡港为例，海上运输距离超 2 万千米，而大陆桥运输距离仅为 1 万多千米，不到海上运输距离的一半。再从时间看，海上运输一般约需 60 天左右，而大陆桥运输只需 35 天左右。大陆桥运输线的里程大大短于海运里程，里程的缩短又明显节省了运输时间。

2. 运输速度加快，降低运输成本

尽管在大陆桥运输中途须转换运输工具，但在换装作业中，集装箱装卸效率高，加之铁路运输速度快、时间准确，使货运速度加快，相应地又降低了运输成本。

3. 保证货运质量，节省包装费用

大陆桥运输充分体现了集装箱运输的优越性。集装箱运输有利于保证货运质量，减少货损货差。利用大陆桥运输方式，货物运输企业在转换不同运输工具时，只需对集装箱进行装卸，无须搬动箱内货物。另外，集装箱本身坚固耐用、强度大，能很好地保护货物，装入集装箱的货物不必再作运输包装，因此又节省了包装费用。

4. 简化货运手续，利于资金周转

在门到门运输方式下，发货人只需将货物交给总承运人（或多式联运经营人），办理一次托运，无须费时费力，即可取得货运单据，货物的全程运输则由总承运人负责。大陆桥运输同海上运输相比，可提前结汇，有利于发货人的资金周转。

（二）大陆桥运输与国际铁路货物联运的区别

国际铁路货物联运，主要是欧亚大陆国家之间通过《国际铁路货物联运协定》和《国际铁路货物运输公约》来组织货物的单纯铁路运输。承运人系各国的铁路部门。而大陆桥运输一般是包括铁路运输在内的海—陆—海的运输方式。我国大陆内地至欧亚内陆国家之间的大陆桥运输，没有海运部分，不具备上述海—陆—海的特点，而完全采用铁铁或铁卡的运输形式。例如，从中国北京运至德国法兰克福一批货物，货物运输企业既可采用国际铁路货物联运，又可采用大陆桥运输。两者的运行路径既可为满洲里—后贝加尔斯克—布列斯特—特雷斯波尔—法兰克福，又可为二连浩特—扎门乌德—苏赫巴托—纳乌什基—布列斯特—特雷斯波尔—法兰克福，这两条路线都表现为铁铁方式。尽管如此，属于多式联运的大陆桥运输，同国际铁路货物联运相比较，还是存在明显的区别。

1. 承运人不同

国际铁路货物联运的承运人是铁路，大陆桥运输的承运人是无船承运人或多式联运经营人。作为实际承运人的铁路，则是受多式联运经营人的委托来负责货物运输。

2. 运输合同名称不同

国际铁路货物联运运输合同是联运运单，而大陆桥运输的运输合同是多式联运单据。

3. 结汇所用单据不同

国际铁路货物联运采用联运运单副本结汇，而大陆桥运输则采用多式联运单据结汇。

4. 承运货物种类不同

国际铁路货物联运承运的货类，按其种别分为整车、零担和大吨位集装箱。国际铁路货物联运集装箱分为小吨位、中吨位和大吨位集装箱三种，而小吨位和中吨位集装箱只能按整车或零担种别办理托运。大陆桥运输以国际标准集装箱为运输单位，此类集装箱便于各种不同运输工具之间的转换，在国境站办理货物交接时，无须拆箱、倒载，仅办理集装箱交接即可。

5. 承运人责任不同

国际铁路货物联运的承运人为铁路，铁路负连带责任，但仅负责各自运输区段的责任；大陆桥运输的承运人为多式联运经营人，对全程运输负责。

6. 运费构成和计算方法不同

国际铁路货物联运的运送费用由发送路、到达路和过境路三段费用构成，运费按照发送国铁路、到达国铁路和过境国铁路的不同规定来计算；大陆桥运输的运费由国内段运费、过境俄罗斯铁路运费、过境蒙古铁路和过境哈萨克斯坦铁路等运费构成。上述费用除国内段运费按有关运输规定收取外，国外的运费均与代理签订运费协议，按协议费率向代理支付。

项目五 国际多式联运

视频

湖北武汉首次利用中欧班列运输国际邮件

一、国际多式联运的概念

《联合国国际货物多式联运公约》给国际多式联运下的定义为："国际多式联运是指按照多式联运合同，以至少两种不同的运输方式，由多式联运经营人将货物从一国境内接管货物的地点运至另一国境内指定交付货物的地点。为履行单一方式运输合同而进行的该合同所规定的货物接送业务，不应视为国际多式联运。"

根据以上定义，国际多式联运必须具备以下条件：

（1）必须具有一份多式联运合同，明确规定多式联运经营人（承运人）和托运人之间的权利、义务、责任、豁免的合同关系和多式联运的性质。

（2）必须使用一份全程多式联运单据，证明多式联运合同已经成立、多式联运经营人已经接管货物并负责按照合同条款交付货物。

（3）必须是至少两种不同运输方式的连贯运输。这是确定一票货运是否属于多式联运的最重要的特征。为履行单一方式运输合同而进行的货物接送，则不应视为多式联运。如航空运输中从仓库到机场的这种陆空组合则不属于多式联运。

（4）必须是国际货物运输。

（5）必须由一个多式联运经营人对全程运输负总的责任。

（6）必须执行全程单一运费费率。多式联运经营人在对货主负全程运输责任的基础上，还需制定一个货物从发运地至目的地的全程单一费率并以包干形式一次向货主收取。

二、国际多式联运经营人的性质和责任范围

（一）国际多式联运经营人的性质

办理国际多式联运离不开多式联运经营人，多式联运经营人不是发货人的代理人或代表，也不是参加联运的承运人的代理人或代表，而是多式联运的当事人，是一个独立的法律实体。对于货主来说，它是货物的承运人，但对分承运人来说，它又是货物的托运人。它一方面同货主签订多式联运合同，另一方面又与分承运人以托运人身份签订各段运输合同，所以它具有双重身份。在多式联运方式下，根据合同规定，多式联运经营

人始终是货物运输的总承运人，对货物负有全程运输的责任。

（二）国际多式联运经营人的责任范围

国际多式联运经营人的责任期间是从接收货物时起至交付货物时为止，在此期间，对货物负全程运输责任。根据目前国际上的做法，国际多式联运经营人的责任范围可以分为以下三种类型。

1. 统一责任制

在统一责任制下，多式联运经营人对货主负不分区段运输的统一原则责任。即货物的灭失或损失，包括隐蔽损失（即损失发生的区段不明），不论发生在哪个区段，多式联运人经营人按一个统一原则负责并一律按一个约定的限额赔偿。

2. 分段责任制

分段责任制，又称网状责任制，多式联运经营人的责任范围以各区段运输原有责任为限，如海上区段按《海牙规则》，航空区段按《华沙公约》办理。在不适用国际法时，则按相应的国内法办理。赔偿也是分别按各区段的国际法或国内法规定的限额执行，对不明区段货物隐蔽损失，或作为海上区段，按《海牙规则》办理，或按双方约定的原则办理。

3. 修正统一责任制

修正统一责任制是介于上述两种责任制之间的责任制，故又称混合责任制。它在责任范围方面与统一责任制相同，而在赔偿限额方面又与分段责任制相同。

三、国际多式联运的经济效益

（1）手续简便。国际多式联运从根本上简化了单一运输方式中的种种繁杂手续，货主只需办理一次委托，支付一笔费用，取得一张全程运输单证即可实现全程运输。在运输过程中如果出现问题，货主只需同总承运人即多式联运经营人交涉即可。

（2）货运安全。国际多式联运是以集装箱为运输单位，虽经多段运输和多次装卸，却无须倒载箱中货物，保证了货物安全。

（3）运送迅速。由于集装箱自身的标准化和规格化，以及集装箱装卸和转换过程中高度机械化，国际多式联运运输成本大大降低，运输时间明显缩短。

（4）包装节省。货物使用集装箱装载，简化了外包装，使发货人节省了包装费用，由此货价降低，使收货人从中得利。

（5）收汇提早。货物装上第一程运输工具后，发货人即可取得联合运输单据，并凭此向银行办理收汇手续。而过去在单一方式运输下，只有等货物装船后才能取得装运单据，然后再去办理结汇。

（6）路线合理。多式联运经营人在业务实践中积累了丰富的经验，建立了合理的、经济的联运路线。货主向联运经营人托运，即可利用它们经过选择和多次试验建立起来的联运路线，组织合理运输，缩短运输里程和运送时间，降低运输成本，增强货物在国际市场上的竞争能力。

四、国际多式联运的组织形式

新闻报道

京津冀“中吉乌”多式联运国际班列开行

国际多式联运的组织形式主要有：

（一）海陆联运

这是国际多式联运的一种形式。其做法是：以海运为主，由海上货物运输公司签发联运提单，与航线两端的内陆运输部门开展联运业务。

（二）陆桥运输

陆桥运输是国际多式联运最主要的一种运输方式，它采用集装箱专用列车或卡车，将大陆两端的海洋连接起来，实行连贯运输。目前，国际上的陆桥运输分为大陆桥、小陆桥和微桥运输几种类型。在欧亚大陆的一些国家，陆桥运输又分为铁海、铁铁和铁卡几种方式。

（三）海空联运

海空联运开始于20世纪60年代，当时由远东地区运往美国东海岸和内陆地区的货物，先海运至美国西部口岸，再航运至目的地。采用这种运输方式，运输时间比全程海运时间节省，运输费用又比全程空运低廉。目前，由远东至欧洲、中南美及非洲的货物运输，多采用这种海空联运方式。

五、国际多式联运的主要业务流程

一票多式联运业务是多式联运经营人即全程运输的组织者受托运人委托，从接受货物起至交付货物为止对货物负全程运输责任。

（一）接受托运申请，订立多式联运合同

多式联运经营人根据货主的托运申请和自己的实际情况，判断是否接受申请。如果接受，则双方议定有关事项后，在交给发货人和代理人的场站收据副本上签章（必须是海关能接受的），证明接受托运申请，多式联运合同已经订立并开始执行。

发货人或其代理人根据双方就货物交接方式、时间、地点、付费方式等达成协议，填写场站收据，并把其送至多式联运经营人处编号。多式联运经营人编号后留下货物托运联，将其他联交还给发货人或其代理人。

（二）空箱的发放、提取和运送

国际多式联运使用的集装箱一般应由多式联运经营人提供。这些集装箱来源主要有三个途径：一是承运人自己购置使用的集装箱；二是向租箱公司租用的集装箱（这类集装箱一般在货物启运地点附近提箱，在交货地点附近还箱）；三是由全程运输中的某一分运人（一般是海上区段承运人）提供（这类集装箱一般需要在多式联运经营人为完成合同运输与该分运人订立分运合同后获得使用权）。

如果双方协议由发货人自行装箱，则多式联运经营人应签发提箱单或者把租船公司或分公司签发的提箱单交给发货人或其代理人，由它们在规定的日期内到指定的堆场提箱并自行将空箱托运到货物装箱地点，准备装货。如果发货人委托装箱，亦可由经营人办理从堆场到装箱地点的空箱托运（这种情况需加收空箱托运费）。

如果是拼箱货或整箱货，而发货人无装箱条件不能自装时，则由多式联运经营人将所用空箱调运至接收货物的集装箱货运站，做好装箱准备。

（三）出口报关

若联运从港口开始，则在港口办理报关。若从内陆地区开始，应在附近的内地海关办理报关。出口报关事宜一般由发货人或其代理人办理，也可委托多式联运经营人代为办理（这种情况需要加收报关服务费及报关手续费，并由发货人负责海关派员所产生的全部费用）。报关时应提供场站收据、装箱单、出口许可证等有关单据和文件。

（四）货物装箱及接受货物

若是发货人自行装箱，发货人或其代理人提取空箱在自己的工厂或仓库组织装箱，装箱工作一般要在报关后进行，并请海关派员到装箱地点监装和办理加封事宜。如需理货，还应请理货人员现场理货并与之共同制作装箱单。

若发货人不具备装箱条件，可委托多式联运经营人或货运站装箱（指整箱货情况），发货人应将货物以原来形态运至指定的货运站由其代为装箱。

若是拼箱货物，发货人应负责将货物运至指定的集装箱货运站，由货运站按多式联运经营人的指示装箱。

无论装箱工作由谁负责，装箱人均需制作装箱单，办理海关监装与加封事宜。

（五）订舱和安排货物运送

多式联运经营人在合同签订后，应制订该合同涉及的集装箱货物的运输计划。该计划包括货物运输的路线、区段的划分、各区段实际承运人的选择和确定、各区段衔接地点的到达及启运时间等内容。这里订舱是指多式联运经营人要按照运输计划安排洽谈各区段的运输工具，与选定的各实际承运人订立各区段的分运合同。这些合同的订立由经营人本人或委托的代理人办理，也可请前一区段的实际承运人作为代表向后一区段的实际承运人订舱。

（六）办理保险

发货人应该投保货物运输险。该保险由发货人自行办理，或由发货人承担费用由经营人代为办理。货物运输保险可以是全程的，也可分段投保。

多式联运经营人应该投保货物责任险和集装箱保险，由经营人或其代理人向保险公司或以其他形式办理。

（七）签发多式联运提单、组织完成货物的全程运输

多式联运经营人的代表收取货物后，经营人应向发货人签发多式联运提单。在把提单交给发货人之前，多式联运经营人应注意按双方协定的付费分工及内容、数量向发货人收取全部应付费用。

多式联运经营人有完成或组织完成全程运输的责任和义务。在接收货物后，多式联运经营人要组织各区段实际承运人、各派出机构及代表人共同协调工作，完成全程中各区段的运输以及各区段之间的衔接工作，运输过程中所涉及的各种服务性工作和运输单据、文件及有关信息等组织和协调工作。

（八）运输过程中的海关业务

按惯例，国际多式联运的全程运输（包括进出口国内陆段运输）均应视为国际货物运输。因此，该环节工作主要包括货物及集装箱进口国的通关手续、进口国内陆段保税（海关监管）运输手续及结关等内容。如果陆上运输要通过其他国家海关和内陆运输线路，还应包括这些海关的通关及保税运输手续。

这些海关业务一般由多式联运经营人的派出机构或者代理人办理，亦可由各区段的实际承运人作为多式联运经营人的代表代为办理。由此产生的全部费用应该由发货人或者收货人负担。

如果货物在目的港交货，则结关应该在港口所在地海关进行。如果在内地交货，则应该在口岸办理保税（海关监管）运输手续，海关加封后方可运往内陆目的地，在内陆海关办理结关手续。

（九）货物交付

当货物运至目的地后，由目的地代理通知收货人提货。收货人凭多式联运提单提货，经营人或其代理人需按合同规定，收取收货人应付的全部费用。收回提单后签发提货单（交货记录），提货人凭提货单到指定的堆场（整箱货）和集装箱货运站（拼箱货）提取货物。如果是整箱提货，则收货人要负责至掏箱地点的运输，并在货物掏出后将集装箱运回指定的堆场，至此运输合同终止。

（十）货物运输事故处理

如果全程运输过程中发生了货物灭失、损害和运输延误，无论能否确定损害发生区段，发（收）货人均可向多式联运经营人提出索赔。多式联运经营人根据提单条款及双方协议确定责任并作出赔偿。如果能够确定发生事故的区段和实际责任者，可向其进一步索赔。如果不能确定事故发生区段时，一般按在海运段发生处理。如果已经对货物及其责任投保，则存在要求保险公司赔偿和保险公司进一步追索问题。如果受损人和责任人之间不能取得一致，则需要在诉讼时效内提起诉讼和仲裁解决。

模块小结

本模块先总述了国际货物运输的含义、方式、特点和构成要素；再分述了国际海洋货物运输、国际航空货物运输的概念、特点、作用及经营方式；介绍了国际公路、国际铁路、国际大陆桥等国际陆路货物运输方式；分析了国际多式联运的特征、责任范围、经济效益、组织形式、业务流程。

知识巩固

一、单项选择题

1. 国际货物运输中，按时装运进出口货物并运至目的地，对于履行进出口贸易合同的意义是(　　)。

A. 满足商品竞争市场的需求　　B. 提高市场竞争能力
C. 及时结汇　　D. 以上都是

2. 国际货物运输中，商检机构的主要职责是(　　)。

A. 对进出口商品进行检验和鉴定　　B. 协助收发货人办理海关、商检手续
C. 提供货物保险服务　　D. 负责货物的包装和唛头工作

3. 下列关于国际货物运输中海关的描述，正确的是(　　)。

A. 海关负责对跨关境货物的监管和征免税工作
B. 海关负责货物的集并、装卸、转运等工作
C. 海关代表国家进行外汇管理和收支监管工作
D. 海关负责洽办货物的包装、唛头和有关衡量等工作

4. 班轮运输中，承运人与托运人责任的划分依据是(　　)。

A. 货物价值　　B. 货物数量　　C. 货物装卸时间　　D. 货物交接地点

5. 在程租中，只租一个航次的租船方式是(　　)。

A. 单航次程租　　B. 来回航次租船　　C. 连续航次租船　　D. 包运合同

6. 在租船运输中，船舶的燃料费、港口费用和拖轮费用通常由谁承担？(　　)

A. 船东　　B. 租船人　　C. 经纪人　　D. 托运人

7. 国际航空货物运输的特点不包括(　　)。

A. 运送速度快　　B. 安全准确　　C. 手续烦琐　　D. 运量小、运价高

8. 关于航空货运方式，以下哪项描述是错误的？(　　)

A. 班机运输适合于大宗货物运输，费率低于包机运输，但运送时间则比包机要长些
B. 包机运输适合于大宗货物运输，费率低于班机，但运送时间则比班机要长些
C. 集中托运是航空货运代理的主要业务之一
D. 航空快递是一种门对门速递服务

9. 大陆桥运输不具有以下哪些优势？(　　)

A. 缩短运输里程　B. 扩大运输货量　C. 保证货运质量　D. 节省包装费用

10. 关于国际多式联运经营人的责任范围，以下选项正确的是（　　）。

A. 在统一责任制下，多式联运经营人对货主负不分区段运输的统一原则责任

B. 在分段责任制下，多式联运经营人对货主不负任何责任

C. 在修正统一责任制下，多式联运经营人只需对海上区段负责

D. 多式联运经营人只在赔偿限额方面与分段责任制相同

11. 海空联运开始于（　　）。

A. 20 世纪 50 年代　B. 20 世纪 60 年代　C. 20 世纪 70 年代　D. 20 世纪 80 年代

二、多项选择题

1. 包机运输相对于其他航空运输方式，其特点有（　　）。

A. 快速　B. 运量大　C. 航期固定　D. 费率低

2. 租船方式主要有（　　）。

A. 程租　B. 期租　C. 光船租　D. 整船租

3. 航空运输的特点有（　　）。

A. 速度快　B. 安全、准确　C. 节省运杂费　D. 不受气候影响

4. 空运的主要经营方式有（　　）。

A. 班机　B. 包机　C. 集中托运　D. 快递

5. 对香港地区的货物运输，主要有以下几种方式（　　）。

A. 海运　B. 铁路运输　C. 公路运输　D. 航空运输

6. 国际铁路货物联运办理种别分为（　　）。

A. 整车　B. 零担　C. 大吨位集装箱　D. 一般集装箱

7. 内地对港澳地区的铁路运输，概括起来有哪些特点？（　　）

A. 商品结构的特殊性　B. 贸易方式的特殊性

C. 运输费用的特殊性　D. 运输方式的特殊性

8. 大陆桥运输的优势包括（　　）。

A. 运输里程缩短，节省运输时间　B. 运输速度加快，降低运输成本

C. 保证货运质量，节省包装费用　D. 简化货运手续，利于资金周转

9. 国际多式联运的组织形式主要有（　　）。

A. 海陆联运　B. 海铁联运　C. 海空联运　D. 陆桥运输

10. 以下（　　）是国际多式联运的必备条件。

A. 一份多式联运合同　B. 一份全程多式联运单据

C. 短程单一运费率　D. 一个货主

三、判断题

1. 国际多式联运一般是以集装箱为媒介，将海、陆、空各种传统的单一运输方式有机地结合起来，组成一种国际连贯运输。（　　）

2. 国际货物运输单纯只是物流业务问题，不是政策性很强的涉外活动。（　　）

3. 银行也是国际货物运输的要素之一。（　　）

4. 班轮运费中包括装卸费，故班轮的港口装卸由船方负责。（　　）

5. 国际铁路货物联运办理种别分为整车、零担和大吨位集装箱。（　　）

四、简答题

1. 简述国际货物运输的构成要素。

2. 简述国际航空货物运输的特点。

五、综合题

假设你是一家制造企业的物流主管，欲将生产的主控芯片寄给远在欧洲的客户，打算通过多式联运运输这批货物，希望在1个月之内寄到。你可以从哪里获取多式联运信息？请列出找到的信息。

模块八

国际物流单证体系

知识导图

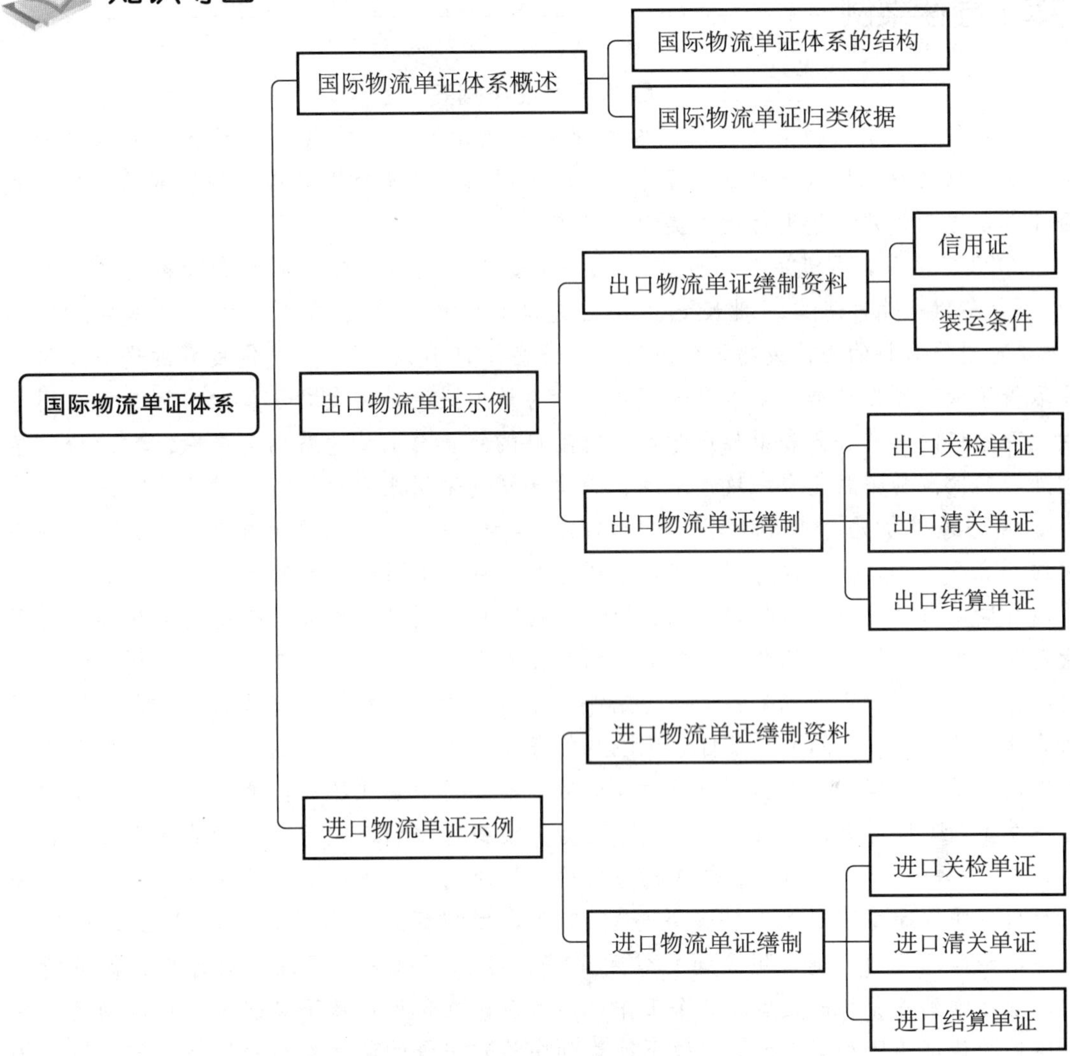

学习目标

※知识目标	※技能目标	※素质目标
1. 了解国际物流单证体系的结构； 2. 认知国际物流单证的特征与分类； 3. 了解国际物流单证的流转。	1. 建立国际物流单证体系的初步应用能力； 2. 懂得进出口信用证业务的单证缮制； 3. 知晓出口托收业务的单证缮制； 4. 基本了解加工贸易单证的缮制。	1. 具有提质、增效、降本的职业素养； 2. 善于系统、全面地发现、分析和解决问题； 3. 树立精益求精的工匠精神和严谨细致的工作态度。

导读案例

跟单信用证诈骗案

跟单信用证是一种由银行依照客户要求和指示开立的有条件的承诺付款的书面文件。银行只负责审核纸质单据是否符合信用证要求，并不负责审核单据的真伪和单货是否相符，这为不法分子进行欺诈提供了可乘之机。

2023 年 7 月，香港甲公司受内地乙公司委托，代理乙公司从加拿大再生能源公司（以下简称供应商）进口一批废钢。我国进口废钢要求卖方必须取得海关总署颁发的《进口可用作原料的固体废物国外供货商注册登记证书》，甲公司凭借良好的进口废料资质取得了该项注册证书。由于是代理业务，为最大限度地避免贸易风险，因此甲公司与供应商签订的采购合同和甲公司与乙公司签订的销售合同均为背对背条款。即除价格条款外，其他贸易条款完全一致，采购、销售合同均采用跟单信用证结算方式。采购单价为每吨 288.46 加元，按当时美元兑加元的汇率为 1∶1.10，约合每吨 262 美元，合同金额约 663.5 万加元。而当时国际市场上同等级废钢的中国到岸价为 280 美元左右。

合同签订后，甲公司收到了乙公司开出的跟单信用证，甲公司据此向供应商开出了背对背的跟单信用证。不久，甲公司收到委托人乙公司的邮件，要求在甲公司开给供应商的信用证中增加可保兑条款。同时允许保兑行电索，并在 2 个工作日内付款。甲公司认为这样的条款极大地增加了付款风险，但考虑到乙公司在业界的良好声誉及已向甲公司提供了足额的担保，在乙公司书面确认后，甲公司同意在已开出的跟单信用证中增加可保兑条款，同时允许电索。但付款时间为开证银行收到保兑行电文后的 5 个工作日之内，保兑行电文需说明所有装船单据与信用证要求一致，并已通过快递寄给甲公司开证银行（列明快递寄出日期及快递单号）。其后，供应商又提出了 3 次信用证修改要求。最终，经与乙公司协商，甲公司将信用证修改为：可保兑信用证，同时允许保兑行电索，并在收到保兑行电文后的 3 个工作日内付款；在信用证项下装船单据中，由装运港中国检验认证集团加拿大公司（以下简称加中检）出具的装运前检验证书和质量证书均由一份正本改为一份副本。甲公司信用证的最后一次修改日期为 2023 年 9 月 11 日。

在改证期间，甲公司与供应商联系，安排装运港由加中检进行装运前的检验事宜。但事情进展并不顺利，一开始，供应商说加中检由于未配备合格的检验设备而无法进行检验。但经甲公司了解，该说法并不正确，加中检完全具备独立检验能力。于是，甲公司将加中检的联系人方式告知供应商，并请他们尽快为加中检开具装运港准入证明，以便检验机构可以进入港口进行采样。但到 9 月 10 日，甲公司了解到供应商仍未安排人员配合加中检进行装港检验。

9 月 24 日，甲公司的开证银行突然收到供应商的保兑行——加拿大皇家银行的电索电文，陈述货物已于 9 月 16 日装出，全套装船单据与信用证要求一致，并已寄往甲公司开证银行，要求开证银行按信用证要求在收到电文的 3 个工作日内，即不迟于 9 月 28 日支付货款 675 万加元。

收到开证银行通知后，甲公司感到非常意外，难道加中检的装运前检验报告和装港质量报告这么快就出具了吗？虽然开证银行还未收到正本装船单据，甲公司一方面立即要求开证银行就保兑行发来的装船单据复印件进行审单，发现存在三处微小的瑕疵；另一方面，甲公司于9月24日当晚，紧急与加中检联系，加中检表示并未就该批货物出具过任何证书。显然，这是信用证项下的诈骗。

9月25日，甲公司紧急向其开证银行说明情况，提出是否就单据中的问题作为不符点先予以拒付。但开证银行认为即使是假单据，由于这是在保兑信用证并允许保兑行电索的情况下，保兑行不负责辨别装船单据的真伪，只要所有装船单据与信用证要求一致，开证行便无理由拒付，除非获得香港法院出具的止付令。

为争取时间，甲公司一方面要求其开证银行于最迟支付期限9月28日，向保兑行就装船单据复印件中的不符点发出拒付通知，同时提醒保兑行信用证受益人有诈骗行为；另一方面，紧急请加中检协助出具一份书面证明，证实其并未签发过保兑行提供的装船单据复印件中的两份检验证书；与此同时，在其他公司的协助下，查到供应商所提供的受载船舶的即时卫星动态图，证实该船舶目前的位置并非中国航向，并联络该船舶的船长出具邮件，证明此船舶过去、目前和未来并没有装运废钢的航次。根据以上书面证据，甲公司紧急联络律师，向香港法院申请止付令。在甲公司开证银行于9月28日以不符点拒付保兑行的电文发出的当晚，开证银行收到保兑行的电文回复，表示受益人已就装船单据中的不符点做出修改，目前全套装船单据清洁，保兑行不接受拒付，请开证银行务必于香港时间9月29日付款。

幸运的是，在各方的努力和配合下，甲公司终于在北京时间9月29日拿到了香港法院的止付令，最终使这笔跟单信用证诈骗案化险为夷。

资料来源：国际贸易中的信用证诈骗案例分析［EB/OL］. 供应链管理培训，2024-09-26.

项目一 国际物流单证体系概述

国际大流通是由国际商流和国际物流所构成的。在国际商流的贸易过程中，双方签署合同或以其他方式达成交易后，接下来的工作就全靠国际物流来完成了。国际物流可以整合国际商流，而成为国际流通的统领。国际物流的中枢指导文件就是“单证”。

一、国际物流单证体系的结构

国际物流单证体系的结构可以用“三层三分法”对其进行科学、合理的分类归纳（见图 8－1）。

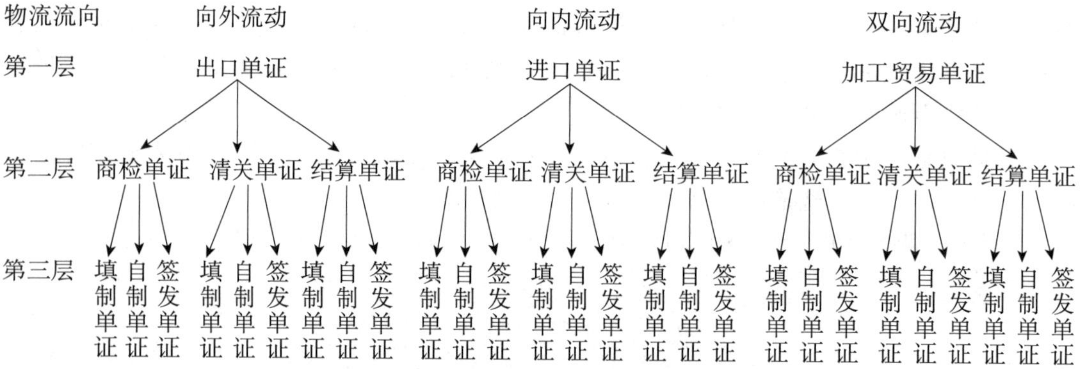

图 8－1　国际物流单证“三层三分法”体系

从图 8－1 可以看出，第一层是根据货物的流向不同分为出口单证、进口单证和加工贸易单证三个系统；第二层是根据运作目的不同分为商检单证、清关单证和结算单证三套；第三层是根据各运作环节的单证性质不同分为填制单证、自制单证和签发单证三组。应当指出，填制单证包括官方或民间组织印制的表格。自制单证是完全由进出口人自己制作的单据。签发单证也可以被称为第三方单证，其签发机构众多，大体上有：官方机构，如商务部、商务厅、中国海关和国外领事馆等；半官方性质机构，如中国国际贸易促进委员会、商会和商检公司等；物流企业，如船务公司、空运公司、铁路运输部门和货运代理等。这一体系基本涉及进出口和加工贸易业务的所有环节。

如上就是国际物流单证的体系，其特点是“成组成套成系统”，它使国际物流单证总体概念科学、完备、明晰。

二、国际物流单证归类依据

“三层三分法”体现于国际物流主干环节，最具“四流”整合之特征：商流、物流、资金流和信息流。这四流也是当今最高物流阶段——供应链运营与管理中的流动要素。将单证体系归于国际物流范畴，应属恰当。

案例资料

宁夏—天津
“一单制”
铁海联运
班列开行

从发达国家，如欧、美、日的商业流通公司的运营结构来看，一般都由商务部和物流部两大部门支撑。商务部签订合同后，一切剩余工作均由物流部来完成，包括进口的开证、检验、报关接货、配送和对外支付；出口的审证、备货、储运、检验、清关及结算等。这些作业活动都靠充满信息特征的单证系统来指挥，无时无刻不伴随着“四流”而运行。

（一）商流

单证的操作本身就代表着“商流”，也就是商流的执行环节，是从所有权到货物实体移动的必然步骤。首先，商检单证是为清关做准备，因为很多流进流出的商品都需要申领通关单，这一单证必须通过检验检疫机构办理；同时，这也是为结算准备条件。例如：某些结算方式下需要提交商检品质、数量或重量证书等。而且其中的商业发票（Commercial Invoice）就是典型的商流单据，它既是卖货收款的凭据，也是商检和报关的必备文件。商业发票的样本见表 8-1。商业发票里的 QUANTITY（数量）2 SETS（2 台），就是售货计价的总量，而 AMOUNT（金额）USD174,728.00，就是收取价款的总数。

表 8-1 商业发票

HUANGSHI HUAXIN MACHINERY AND EQUIPMENT CO.，LTD.
黄石华新机械设备有限公司

COMMERCIAL INVOICE

TO：SB PRODUKSJON A/S. POSTBOKS 736301
ANDALSNES NORWAY
DATE：2023-01-05
NO.：YSDNORHSHBI
L/C NO.：ILU412137

MARKS&NO.	DESCRIPTION	QUANTITY	UNIT PRICE	AMOUNT
N/M	HYDRAULIC GUILLOTINE SHEARS GHS31/30 GHN31/13	SET 1 1	CIF ALESUND PORT NORWAY	USD 174,728.00
TOTAL		2		USD 174,728.00

HUANGSHI HUAXIN MACHINERY AND EQUIPMENT CO.，LTD.
黄石华新机械设备有限公司
周力宏

（二）物流

商检与清关的目的是让货物合法移向目的地。无论采用何种结算方式，不管是进口、出口还是对流式加工贸易，清关的要求大体一致。因而，需要制作成套的报关单证，虽然可能大部分使用本国文字，但毕竟此程序带有一定的严肃性，必须按照海关要求办理，做到“单货一致”，并听从其调遣，配合查验，方可顺利清关，装载出境货物，而后取得货运单证，或者提取进境货物，或者先进后出，完成国际物流的关键步骤——跨境流动的实际启动。其中的装箱单是典型的物流单证，它一方面对发票进行补充说明，另一方面表述了货物运送的总量。表 8－2 中，件数（PACKAGE）为 9 件，毛重（G. W.）为 39 000 千克，尺码（MEAS.）为 60 立方米。

表 8－2 装箱单

HUANGSHI HUAXIN MACHINERY AND EQUIPMENT CO.，LTD.
黄石华新机械设备有限公司

PACKING LIST

TO：SB PRODUKSJON A/S. POSTBOKS 736301　　DATE：2023－01－05
ANDALSNES NORWAY　　NO.：YSDNORHSHBI
L/C NO.：ILU 412137

MARKS&NO.	DESCRIPTION	QUANTITY	PACKAGE	G. W.	N. W.	MEAS.
N/M	HYDRAULIC GUILLOTINE SHEARS	SET	PIECE	KG	KG	CUBIC METRE
	GHS31/30	1	3			20
	GHN31/13	1	6			40
	AS PER PROFORMA INVOICE NO.					
TOTAL		2	9	39,000	38,000	60

HUANGSHI HUAXIN MACHINERY AND EQUIPMENT CO.，LTD.
黄石华新机械设备有限公司
周力宏

（三）资金流

取得货运单证后，便可以缮制成套的结算单证。这些单证是根据信用证、托收指令书、合同或客户的其他要求来制作的。其目的是收款（出口及加工贸易的出口环节），或者是付款（进口及加工贸易的进口环节），而资金的流动是顺汇（电汇、票汇、现金付汇）方向，或者是逆汇（信用证、托收）方向，这些都与资金流密切相关。其中，信用证项下的汇票逆汇就是典型的资金（金融）单证，它是无条件的书面支付命令。表 8－3 中，是要向挪威 SPARE 银行（To：SPARE BANK 1 SHN，NORWAY）收取款项 USD174,728.00；

其依据（Drawn Under）是该行于 2023 年 1 月 1 日开出的信用证，编号为 ILU412137。

表 8－3　汇票（Bill of Exchange）

No. YSDNORHSHBI　　　　**Wuhan** 2023－01－07

Exchange for USD174,728.00

At *** **sight of this First of Exchange (Second of the same tenor and date unpaid) pay to the order of** CHINA CONSTRUCTION BANK HUBEI BRANCH **the sum of** SAY UNITED STATES DOLLARS ONE HUNDRED SEVENTY-FOUR THOUSAND SEVEN HUNDRED AND TWENTY-EIGHT ONLY.

Drawn under SPARE BANK 1 SHN，NORWAY，L/C NO. ILU412137 DATED 20230101

To: SPARE BANK 1 SHN，NORWAY

HUANGSHI HUAXIN MACHINERY AND EQUIPMENT CO.，LTD.
黄石华新机械设备有限公司
周力宏

（四）信息流

本体系的单证带有与生俱来的信息属性，不管是纸质单证还是电子单证，都从一处流向另一处，并逐步产生经济效益，最后成为文档资料，作备查之用，展示了交易的执行全过程。无论执行前、执行中还是执行后，单证都伴随国际物流的全过程，只有从单证中才能对一笔具体的交易了如指掌，方能知晓：此笔交易何时何地签约、交易双方为谁、交易何物、金额多大、如何包装、条款如何、由何地运往何地、何种运输方式、何处进出关境、哪家银行开证或结算，甚至在物流过程中有无差错与事故等细节都记录在案。

项目二
出口物流单证示例

本项目仅举出口信用证结算业务项下的单证缮制，即在信用证结算方式下，与出口物流必须涉及的商检、清关与结算环节相对应的商检单证、清关单证和结算单证缮制。

在信用证结算方式下，解读信用证是一项重大技能和基础工作，它对商检、清关与结算三个环节的单证缮制，对于顺利结算与收汇至关重要。因为实际业务中信用证容易存在不符点的问题，轻则被扣费，重则遭到拖延支付，甚至出口方遭遇威胁压价，被弃货不收。而托收与汇付方式下，没有不符点，结算单据缮制比较容易处理，商检和清关单证业务与信用证业务也没有区别，在此省略。

一、出口物流单证缮制资料

（一）信用证

MT700
SENDER：
CZNBKRSE
KOOKMIN BANK（HEAD OFFICE），SEOUL
RECEIVER：
PCBCCNBJHPX
CHINA CONSTRUCTION BANK HUBEI BRANCH
L/C ARRIVAL DATE：31 JAN 2023
27：SEQUENCE OF TOTAL
1/1
40A：FORM OF L/C（Y/N/T）
IRREVOCABLE
20：DOCUMENT CREDIT NO.
M07PQ905NS20089
31C：DATE OF ISSUE
230131
40E：APPLICABLE RULES
UCP LATEST VERSION
31D：DATE AND PLACE OF EXPIRE
230522 AT CHINA
50：APPLICANT
SINHAN STEEL CO.，LTD.
511-14 GAMJUN-DONG，SASANG-GU，BUSAN，KOREA

59：BENEFICIARY
HUBEI METALLURGICAL EQUIPMENTS CO.，LTD.
NO. 316，HUANGSHI AVE.，HUANGSHI，HUBEI，CHINA，PC：435000
32B：CURRENCY CODE，AMOUNT
USD1,600,000.00
39A：PERCENTAGE CREDIT AMOUNT
0/0
41D：AVAILABLE WITH...BY
ANY BANK
BY NEGOTIATION
42C：DRAFTS AT...
AT SIGHT
42A：DRAWEE
CZNBKRSEXXX
43P：PARTIAL SHIPMENTS
ALLOWED
43T：TRANSSHIPMENT
PROHIBITED
44E：PORT OF LOADING
MAIN PORT OF CHINA
44F：PORT OF DISCHARGE
BUSAN PORT，KOREA
44C：LATEST DATE OF SHIPMENT
230501
45A：DESCRIPTION OF GOODS
2 SETS OF MOTORS FOR THINNER ALLOY BAR HOT ROLLING MILL.
DETAILED LISTS ARE ATTACHED BY CONTRACT NO. GKR917.
ORIGIN：P. R. CHINA
INCOTERMS（2020）CIF BUSAN，KOREA
46A：DOCUMENTS REQUIRED
+SIGNED COMMERCIAL INVOICE IN 3 FOLD.
+FULL SET OF CLEAN ON BOARD OCEAN BILLS OF LADING MADE OUT TO THE ORDER OF KOOKMIN BANK（HEAD OFFICE），SEOUL. MARKED 'FREIGHT PREPAID' AND NOTIFY THE APPLICANT.
+SIGNED PACKING LIST IN 3 FOLD.
+FULL SET INSURANCE POLICY OR CERTIFICATE，ENDORSED IN BLANK FOR 110 PCT OF THE INVOICE VALUE COVERING ALL RISKS OF PICC 1981-1-1 CLAUSES.
+MANUFACTURER'S CERTIFICATE.
47A：ADDITIONAL CONDITIONS
+T/T REIMBURSEMENT IS NOT ALLOWED.
71B：CHARGES
+ALL BANKING CHG. /COMM. INCLUDING REIM CHG OUTSIDE KOREA FOR ACCOUNT OF BENEFICIARY.
48：PERIOD FOR PRESENTATION
WITHIN 21 DAYS AFTER THE DATE OF SHIPMENT BUT WITHIN THE CREDIT VA-

LIDITY.

49：CONFIRMATION INSTRUCTION

WITHOUT

78：INSTR TO PAY/ACCEP/NEG

+THE AMOUNT OF EACH DRAWING MUST BE NOTED ON THE REVERSE OF THIS CREDIT BY NEGOTIATING BANK.

+A FEE OF USD70 OR EQUIVALENT IS TO BE DEDUCTED FROM EACH DRAWING FOR THE ACCOUNT OF BENEFICIARY IF DOCUMENTS ARE PRESENTED WITH DISCREPANCY.

+ALL DOCUMENTS MUST BE MAILED IN ONE LOT TO KOOKMIN BANK，SASANG CORPORATE BANKING BRANCH，578 GWAEBEOP-DONG SASANG-GU，BUSAN，KOREA.

+ON RECEIPT OF DOCUMENTS IN ORDER，WE SHALL REMIT THE PROCEEDS AS PER YOUR INSTRUCTIONS. UNLESS OTHERWISE STIPULATED，THIS L/C IS SUBJECT TO UNIFORM CUSTOMS AND PRACTICE FOR DOCUMENTARY CREDITS.

(2010 REVISION) ICC PUBLICATION NO. 600.

XX/YY　　　　OUR REF. 42060110001363

（二）装运条件

货　　名：小型合金棒材热轧机马达/2 台。

签 约 地：釜山，韩国　　签约日期：2023－01－01

生产厂家：湖北冶金设备有限公司　　法人代表：王理红

地　　址：湖北黄石市黄石大道 316 号，邮编 435000

海关代码：4204558981　　电话：87863541　　E-mail：hbme@yahoo. com

出关口岸：洋山港区　　提单号：HSW098　　签发承运人：沈力

船　　名：HAILONG V-06　　海段运费：300 美元/20

集装箱号：COSU790873　　封志号：SH7586301

总 毛 重：19 000 KG　　总体积：20 立方米　　总件数：2 木箱

唛　　头：S H S C

BUSAN

GKR917

NO. 1-2

二、出口物流单证缮制

（一）出口关检单证

关检要在清关日期前半个月左右完成。关检的目的：一是顺利通关，二是取得证书（数量、重量或质量证书等）。办理关检必须提交以下单证：

(1) 厂检单（Manufacturer's Certificate），自制单证（在由公司代理出口项下，此单证为厂家签发给出口商的单证）；

（2）商业发票（Commercial Invoice），自制单证；

（3）装箱单（Packing List），自制单证；

（4）合同副本（Contract Copy），自制单证；

（5）信用证副本（L/C Copy），签发单证，托收项下不提交。

各种关检单证格式（填制）如下：

1. 厂检单（自制/填制/签发单证）

厂检单见表 8－4。

表 8－4　湖北冶金设备有限公司品质检验报告

质量检验科（盖章）　　　　日期：2023－02－03

品名：小型合金棒材热轧机马达　　　　数量：2 台

交货：韩国

结果：经常规检测，符合 GB/T 20421.2—2006 标准，准予出厂。

　　检测指标：转速、启动转矩、均衡性、散热性、外壳强度等。

检验员：吴大强　　　　主管：肖文　　　　2023 年 2 月 3 日

2. 商业发票（自制单证）

商业发票见表 8－5。

表 8－5　商业发票

湖北冶金设备有限公司

HUBEI METALLURGICAL EQUIPMENTS CO.，LTD.

NO. 316，HUANGSHI AVE.，HUANGSHI，435000

TEL：87863541　　E-mail：hbme@yahoo.com

COMMERCIAL INVOICE

TO：SINHAN STEEL CO.，LTD.　　　　DATE：2023－02－03

L/C NO. M07PQ905NS20089　　　　NO. GKR917

MARKS & NO.	DESCRIPTION OF GOODS	QUANTITY	UNIT PRICE	AMOUNT
S H S C BUSAN GKR917 NO. 1-2	MOTORS FOR THINNER ALLOY BAR HOT ROLLING MILL	2 SETS	CIF BUSAN USD800,000/SET	USD1,600,000.00
TOTAL				USD1,600,000.00

湖北冶金设备有限公司

HUBEI METALLURGICAL EQUIPMENTS CO.，LTD.

王理红

3. 装箱单（自制单证）

装箱单见表 8－6。

表 8－6 装箱单

湖北冶金设备有限公司

HUBEI METALLURGICAL EQUIPMENTS CO.，LTD.

NO. 316，HUANGSHI AVE.，HUANGSHI，435000

TEL：87863541　　E-mail：hbme@yahoo.com

PACKING LIST

TO：SINHAN STEEL CO.，LTD.　　DATE：2023－02－03

L/C NO. M07PQ905NS20089　　NO. GKR917

MARKS & NO.	DESCRIPTION OF GOODS	QUANTITY	PACKAGE	G. W.	N. W.	MEASUREMENT
S H S C BUSAN GKR917 NO. 1-2	MOTORS FOR THINNER ALLOY BAR HOT ROLLING MILL	SET 2	WOODEN BOX 2	KG 19,000	KG 18,000	CUBIC METER 20
	TOTAL	2	2	19,000	18,000	20

湖北冶金设备有限公司

HUBEI METALLURGICAL EQUIPMENTS CO.，LTD.

王理红

4. 合同副本（自制单证）

合同副本见表 8－7。

表 8－7 合同副本

SALES CONTRACT

PLACE：HUBEI，CHINA　　CONTRACT NO.：GKR917

DATE：JAN. 1，2023

SELLERS：HUBEI METALLURGICAL EQUIPMENTS CO.，LTD.

FAX：　　TEL：87863541

BUYERS：SINHAN STEEL CO.，LTD.

FAX：　　TEL：

兹经买卖双方同意，由卖方出售如下货物，买方购进下列货物，并按下列条款签订本合同。

This contract is made by and between the sellers and buyers，whereby the buyers agree to buy and the sellers agree to sell the undermentioned commodity according to the terms and conditions stipulated below：

1）NAME OF COMMODITY AND SPECIFICATION，QUANTITY，UNIT PRICE，TOTAL VALUE AND TIME OF SHIPMENT.

续表

货号 Article No.	商品品名/规格 Name of Commodity and Specification	数量 Quantity	单价 Unit Price	金额 Amount	装运期 Time of Shipment
	MOTORS FOR THINNER ALLOY BAR HOT ROLLING MILL	2 SETS	CIF BUSAN USD800,000/SET	USD1,600,000.00	MAY 10,2023
数量及总值均得有　%的增减 Amount and Quantity　% More or Less Allowed		总值 Total Amount		USD1,600,000.00	

2）装运口岸和目的地：

Loading Port and Destination：HUANGSHI/BUSAN

3）付款条款：买方应按本合同所规定的装运期前 90 天开出即期付款的、允许转让的、可分割的信用证。信用证应规定数量和金额允许 0%的增减，信用证的议付有效期应规定在装运期后至少 21 天在受益人国家到期。信用证应规定允许分批装运，不允许转运。

Terms of Payment：The buyers should according to the contractual stipulations 90 days before the date of shipment open the letter of credit at sight，transferable and dividable. And L/C must stipulate 0% both in amount and quantity. Acceptable and expires at least 21 days after the shipping date in beneficiary's country and partial shipments permitted，transshipment prohibited.

4）保险：由卖方投保。

Insurance：TO BE EFFECTED BY THE SELLERS.

5）运输标志：　S H S C

Shipping Marks：　BUSAN

GKR917

NO. 1-2

6）仲裁：本合同所引起的所有争议将提交到中国国际贸易促进委员会对外贸易仲裁委员会仲裁。

Arbitration：DISPUTES，IF ANY，WILL BE PRESENTED TO THE ARBITRATION COMMISSION UNDER CCPIT，IN CHINA.

7）其他：

Others：

买方 The Buyers	卖方 The Sellers
金正勇	王理红

（二）出口清关单证

清关期间一般在临近交货日期（信用证上的最迟交货期）一周至二周，甚至更早。出口企业可以在网上的电子平台预申报，待初审通过后再将纸质全套单证提交海关，办理现场报关与查验、缴税与放行等手续，当然也可以直接进入现场纸质申报环节。不管以何种方式报关，要想清关，单证的缮制内容都是一样的，而且提交的单证必须符合我国海关法规的相关规定。除了交易合同可以提交副本外，其余都要求正本。注意：要做到单货一致。出口国海关做出的货物清关文件关封，将随货到达进口国口岸，接受其海关查验。有些地区已实行电子关封。向海关提交的出口货物的清关单证一般包括以下若干项：

（1）托运单/出口货物明细单（Shipping Note），填制单证。货代预配车、船名或飞机航班后转为装货单。有时货运公司自己另做一份装货单，由海关加盖放行章后，作为合法装货凭证。一般提交 2 份。

（2）出口货物报关单（Entry Outward），填制单证。出口单位一般只提交 1 份，由海关指定的报关行代制 3 份提交，另 2 份分别为出口退税专用联、留底联。

（3）商业发票（Commercial Invoice），自制单证，一般提交 2 份。

（4）装箱单（Packing List），自制单证，一般提交 2 份。

（5）合同副本（Sales Contract Copy），提交 1 份。

（6）熏蒸证书（Fumigation Certificate），签发单证，提交 1 份，如果包装外层有“IPPC”专用标识，可免提交。

（7）出境货物通关单（Customs Access），签发单证，提交 1 份，深加工机电装备等产品免提交。

（8）出口货物许可证（Export Permits，视规定办理/提交），签发单证，提交 1 份。

各种清关单证格式（填制）如下：

1. 托运单/出口货物明细单

托运单见表 8－8。

表 8－8　托运单

<table>
<tr><td>经营单位
（托运人）</td><td colspan="5">HUBEI METALLURGICAL EQUIPMENTS CO.，LTD.</td><td>合同协议号</td><td>GKR917</td></tr>
<tr><td rowspan="3">提/运单
项目</td><td colspan="2">发货人（SHIPPER）</td><td colspan="5">HUBEI METALLURGICAL EQUIPMENTS CO.，LTD.
NO. 316，HUANGSHI AVE.，HUANGSHI，HUBEI，CHINA PC：435000</td></tr>
<tr><td colspan="2">收货人（CONSIGNEE）</td><td colspan="5">TO THE ORDER OF KOOKMIN BANK（HEAD OFFICE），SEOUL</td></tr>
<tr><td colspan="2">通知人（NOTIFY）</td><td colspan="5">SINHAN STEEL CO.，LTD.
511-14 GAMJUN-DONG，SASANG-GU，BUSAN，KOREA</td></tr>
<tr><td colspan="2">海运费（√）
SEA FREIGHT</td><td colspan="2">预付（√）或到付（ ）
PREPAID/COLLECT</td><td>提单
份数</td><td>3/3</td><td>寄送地址</td><td>本公司</td></tr>
<tr><td>启运港</td><td>HUANGSHI，
CHINA</td><td>目的港</td><td>BUSAN PORT，
KOREA</td><td>可否
转船</td><td>NO</td><td>可否分批</td><td>YES</td></tr>
<tr><td>标 记
唛 码</td><td>包装
件数</td><td colspan="2">中英文货名
DESCRIPTION</td><td>毛重
KG</td><td>尺码
CUB</td><td colspan="2">成交条件（总价）
TERMS TOTAL</td></tr>
<tr><td>SEE
BELOW</td><td>WOODEN BOX
2</td><td colspan="2">MOTORS FOR THINNER
ALLOY BAR HOT
ROLLING MILL</td><td>19 000</td><td>20</td><td colspan="2">CIF BUSAN，KOREA
USD1,600,000.00</td></tr>
<tr><td colspan="4" rowspan="5">声明事项
SHIPPING MARKS：S H S C
BUSAN
GKR917
NO. 1-2
TEL：87863541
E-mail：hbme@yahoo.com</td><td>结算方式</td><td colspan="3">L/C</td></tr>
<tr><td>代办项目</td><td colspan="3">关检</td></tr>
<tr><td>预配船名</td><td colspan="3">HAILONG V-06</td></tr>
<tr><td>提/运单号</td><td colspan="3">HSW098</td></tr>
<tr><td colspan="4">签名：王理红　　2023－04－01</td></tr>
</table>

2. 出口货物报关单

出口货物报关单见表 8－9。

表 8-9 中华人民共和国海关出口货物报关单

预录入编号： 海关编号： 页码/页数：

<table>
<tr><td>境内发货人
湖北冶金设备有限公司</td><td colspan="2">出境关别
洋山港区</td><td colspan="2">出口日期
2023-05-10</td><td colspan="2">申报日期
2023-05-01</td><td colspan="2">备案号</td></tr>
<tr><td>境外收货人</td><td colspan="2">运输方式
江海运输</td><td colspan="2">运输工具名称及航次号
HAILONG V-06</td><td colspan="4">提运单号</td></tr>
<tr><td>生产销售单位
湖北冶金设备有限公司</td><td colspan="2">监管方式
一般贸易</td><td colspan="2">征免性质
一般征税</td><td colspan="4">许可证号</td></tr>
<tr><td>合同协议号
GKR917</td><td colspan="2">贸易国(地区)
中国</td><td colspan="2">运抵国(地区)
韩国</td><td>指运港
釜山</td><td colspan="3">离境口岸</td></tr>
<tr><td>包装种类
木箱</td><td>件数
2</td><td>毛重(千克)
19 000</td><td>净重(千克)
18 000</td><td>成交方式
CIF</td><td>运费
USD300</td><td colspan="2">保费
USD1,600</td><td>杂费</td></tr>
<tr><td colspan="9">随附单证及编号
随附单证 1： 随附单证 2：</td></tr>
<tr><td colspan="9">标记唛码及备注</td></tr>
</table>

项号	商品编号	商品名称及规格型号	数量及单位	单价/总价/币制	原产国(地区)	最终目的国(地区)	境内货源地	征免
1	8412291000	小型合金棒材热轧机马达	2 台	800 000/1 600 000/美元	中国	韩国	湖北黄石	一般

特殊关系确认:是 价格影响确认:否 支付特许权使用费确认:是 公式定价确认： 暂定价格确认： 自报自缴:是

<table>
<tr><td>报关人员 报关人员证号 电话 兹申明以上内容承担如实申报、依法纳税之法律责任

申报单位 申报单位(签章)</td><td>海关批注及签章</td></tr>
</table>

商业发票、装箱单、合同副本的填制同报检单证。

3. 熏蒸证书

熏蒸证书见表 8－10。

表 8－10 熏蒸证书

中华人民共和国出入境检验检疫

ENTRY-EXIT INSPECTION AND QUARANTINE OF THE PEOPLE'S REPUBLIC OF CHINA

熏蒸/消毒证书

FUMIGATION/DISINFECTION CERTIFICATE

编号 NO. 005988

发货人名称及地址
Name and Address of Consignor HUBEI METALLURGICAL EQUIPMENTS CO.，LTD.

收货人名称及地址
Name and Address of Consignee

品名
Description of Goods MOTORS FOR THINNER ALLOY BAR HOT ROLLING MILL

产地
Place of Origin HUBEI CHINA

报验数量
Quantity Declared 2 SETS/ 2 WOODEN BOX

启运地
Place of Despatch HUANGSHI，CHINA

到达口岸
Port of Destination BUSAN PORT，KOREA

运输工具
Name of Conveyance HAILONG V-06

标记及号码
Mark & No.
S H S C
BUSAN
GKR917
NO. 1-2

THE ABOVE GOODS PACKED IN 2 WOODEN BOX HAVE BEEN FUMIGATED BY METHYL BROMIDE，48G/CUBIC METRE LASTING FOR 24 HOURS. TO THE INTERNATIONAL STANDARDS（ISO9000）AT THE PORT OF DESPATCH，HUANGSHI，HUBEI，CHINA.

CONTRACT NO. GKR917. CONTAINER NO. COSU790873/SH7586301.

印章 签证地点 Place of Issue HUANGSHI　　签证日期 Date of Issue 2023－04－01

授权签字人 Authorized Officer 顾晓丽　　签名 Signature GUXIAOLI

2320836

4. 出口货物许可证

出口货物许可证见表 8－11。

表 8－11　中华人民共和国出口货物许可证

NO.

1. 出口商 Exporter　湖北冶金设备有限公司	2. 出口许可证号 Export License No. 400-3987
3. 发货人 Consignor　湖北冶金设备有限公司	4. 出口许可证有效截止日期 Export License Expiry Date　2023－12－30
5. 贸易方式 Terms of Trade　一般贸易	6. 进口国/地区 Country/Region of Purchase　韩国
7. 合同号 Contract No. GKR917	8. 付款方式 Payment　信用证
9. 报关口岸 Place of Clearance　黄石海关	10. 运输方式 Mode of Transport　江海运输
11. 商品名称　小型合金棒材 Description of Goods　热轧机马达	12. 商品编码 Code of Goods　8412291000

13. 规格/型号 Specification	14. 单位 Unit	15. 数量 Quantity	16. 单价 Unit Price	17. 总值 Amount	18. 总值折美元 Amount in USD
见合同	台	2		1 600 000.00 美元	1 600 000.00 美元
19. 总计		2			1 600 000.00 美元

20. 备注： Supplementary Details	21. 发证机关签章 Issuing Authority's Stamp & Signature  22. 发证日期 License Date 2023－02－15

(三) 出口结算单证

结算期间紧随清关完毕后的提单日期，有时甚至会出现提（运）单日期和结算汇票是同一天的情况；在付款信用证项下，一般不做汇票，其交单日就是提单签发日。这是因为早就准备好了结算的其他单证，只等提（运）单一到，将汇票的日期填上，立即通知银行国际结算人员上门取单签收。这种情况发生在签发提单的机构与公司处于同一城市。

出口结算单证是根据买方开出的信用证、托收指示书、合同、订单或形式发票等契约性文件的要求，制备并提交的单证，以使买方能够清关提货，而卖方则用以索取货款的偿付。基本的结算单证要求如下：

(1) 运输单据（Shipping Documentations）、海运提单（Bill of Lading）、海运单（Sea Waybill）、空运单（Air Waybill）、承运货物收据（Cargo Receipt）或多式联运单（Multi-Modal Transport Document），签发单证。

（2）保险单（Insurance Policy），CIF、CIP 条款下提交，签发单证。

（3）商业发票（Commercial Invoice），自制单证。

（4）装箱单（Packing List），自制单证。

（5）汇票（Bill of Exchange/Draft），自制单证。

（6）证明（Certificate），自制单证。

各种结算单证格式（填制）如下：

1. 海运提单

海运提单见表 8－12。

表 8－12 海运提单

<table>
<tr><td colspan="3">Shipper
HUBEI METALLURGICAL EQUIPMENTS CO.，LTD.</td><td colspan="3" rowspan="5">B/L NO. HSW098

中国远洋运输（集团）总公司
CHINA OCEAN SHIPPING（GROUP）CORP.

Combined Transport
BILL OF LADING</td></tr>
<tr><td colspan="3">Consignee
TO THE ORDER OF KOOKMIN BANK（HEAD OFFICE），SEOUL</td></tr>
<tr><td colspan="3">Notify Party
SINHAN STEEL CO.，LTD.
511-14 GAMJUN-DONG，SASANG-GU，BUSAN，KOREA</td></tr>
<tr><td>Pre-carriage by</td><td colspan="2">Place of Receipt</td></tr>
<tr><td>Ocean Vessel Voy No.
HAILONG V-06</td><td colspan="2">Port of Loading
HUANGSHI</td></tr>
<tr><td>Port of Discharge
BUSAN PORT，KOREA</td><td colspan="2">Place of Delivery</td><td colspan="3">Final Destination for the Goods</td></tr>
<tr><td>Marks & Nos.
Container/Seal No.</td><td>No. of Containers
or P'kgs</td><td colspan="2">Kind of Packages；
Description of Goods</td><td>Gross
Weight</td><td>Measurement</td></tr>
<tr><td>S H S C
BUSAN
GKR917
NO. 1-2
COSU790873/
SH7586301</td><td>1×20' /2 BOX</td><td colspan="2">MOTORS FOR
THINNER ALLOY BAR
HOT ROLLING MILL

FREIGHT PREPAID</td><td>KG
19,000</td><td>CUBIC METRE
20</td></tr>
<tr><td colspan="2">TOTAL NUMBER OF CONTAINERS OR PACKAGES (IN WORDS)</td><td colspan="4">SAY TOTALLY PACKED IN 2 WOODEN BOX ONLY.</td></tr>
<tr><td>Freight & Charges</td><td>Revenue Tons</td><td>Rate</td><td>Per</td><td>Prepaid
×</td><td>Collect</td></tr>
<tr><td rowspan="2">Ex. Rate</td><td>Prepaid at
HUANGSHI</td><td colspan="2">Payable at</td><td colspan="2">Place and date of issue
HUANGSHI MAY 10，2023</td></tr>
<tr><td>Total Prepaid</td><td colspan="2">No. of Original
B(s)/L
3</td><td colspan="2">Signed for the Carrier 沈 力
中国远洋运输（集团）总公司
CHINA OCEAN SHIPPING
（GROUP）CORP. HUANGSHI OFFICE</td></tr>
<tr><td colspan="6">LADEN ON BOARD THE VESSEL
DATE ________ BY ________ （TERMS PLEASE FIND ON BACK OF ORIGINAL B/L）
（COSCO STANDARD FORM 1）</td></tr>
</table>

注意：本提单不由发货人背书，而由“KOOKMIN BANK（HEAD OFFICE），SEOUL”背书。

此外，商业发票、装箱单的填制同报检单证。

2. 保险单

保险单见表 8 - 13。

表 8 - 13 保险单

PICC 中国人民保险公司湖北分公司
The People's Insurance Company of China，Hubei Branch

货 物 运 输 保 险 单

CARGO TRANSPORTATION INSURANCE POLICY

发票号（INVOICE NO.）：GKR917 保单号次（POLICY NO.）：93847674010019
合同号（CONTRACT NO.）：
信用证号（L/C NO.）：M07PQ905NS20089
被保险人：HUBEI METALLURGICAL EQUIPMENTS CO.，LTD.
Insured：

中国人民保险公司（以下简称本公司）根据被保险人的要求，由被保险人向本公司缴付约定的保险费，按照本保险单承保险别和背面所列条款与下列特款承保下述货物运输保险，特立本保险单。

THIS POLICY OF INSURANCE WITNESSES THAT THE PEOPLE'S INSURANCE COMPANY OF CHINA（HEREINAFTER CALLED THE COMPANY）AT THE REQUEST OF THE INSURED AND IN CONSIDERATION OF THE AGREED PREMIUM PAID TO THE COMPANY BY THE INSURED. UNDERTAKES TO INSURE THE UNDERMENTIONED GOODS IN TRANSPORTATION SUBJECT TO THE CONDITIONS OF THIS POLICY AS PER THE CLAUSES PRINTED OVERLEAF AND OTHER SPECIAL CLAUSES ATTACHED HEREIN.

标记 MARKS & NOS.	包装、数量及保险货物项目 PACKING，QUANTITY，DESCRIPTION OF GOODS	保险金额 AMOUNT INSURED
S H S C BUSAN GKR917 NO. 1-2	MOTORS FOR THINNER ALLOY BAR HOT ROLLING MILL PACKED IN 2 WOODEN BOX	USD1,760,000.00

总保险金额
TOTAL AMOUNT INSURED：SAY UNITED STATES DOLLARS ONE MILLION SEVEN HUNDRED SIXTY THOUSAND ONLY.

保费
PREMIUM AS ARRANGED

启运日期
DATE OF SHIPMENT AS PER B/L HSW098

装载运输工具 自______ 经______ 至______
PER CONVEYANCE：HAILONG V-06 FROM HUANGSHI VIA ______ TO BUSAN PORT，KOREA

承保险别：
CONDITIONS：ALL RISKS OF PICC 1981 - 1 - 1 CLAUSES.

所保货物，如发生保险单项下可能引起索赔的损失或损坏，应立即通知本公司下述代理人查勘。如有索赔应向本公司提交保险单正本（共 3 份）及有关文件。如一份正本已用于索赔，其余正本自动失效。

IN THE EVENT OF LOSS OR DAMAGE WHICH MAY RESULT IN A CLAIM UNDER THIS POLICY. IMMEDIATE NOTICE MUST BE GIVEN TO THE COMPANY'S AGENT AS MENTIONED HEREUNDER. IN THE EVENT OF CLAIMS IF ANY，ONE OF THE ORIGINAL POLICY

WHICH HAS BEEN ISSUED IN 3 ORIGINALS TOGETHER WITH THE RELEVANT DOCUMENTS SHALL BE SURRENDERED TO THE COMPANY. IF ONE OF THE ORIGINAL POLICY HAS BEEN ACCOMPLISHED，THE OTHERS SHALL BE VOID.

中国人民保险公司湖北分公司
The People's Insurance Company of China，Hubei Branch

赔款偿付地点
CLAIM PAYABLE AT BUSAN，KOREA
出单日期
ISSUING DATE MAY 10，2023

楚 建 桥
Authorized Signature

地址：中国湖北省武汉市
ADDRESS：WUHAN，HUBEI，CHINA

电话：027-87768990
TEL：027-87788990

王 理 红

本保险单反面空白背书如下：

湖北冶金设备有限公司
HUBEI METALLURGICAL EQUIPMENTS CO.，LTD.

3. 汇票

汇票见表 8－14 和表 8－15。

表 8－14 汇票 1

BILL OF EXCHANGE

NO. GKR917

Exchange for 1,600,000.00 USD　　Hubei 2023－05－11

※ ※ ※ sight of this First of Exchange (Second of the same tenor and date unpaid), pay to the Order of

CHINA CONSTRUCTION BANK，HUBEI BRANCH

the sum of SAY UNITED STATES DOLLARS ONE MILLION SIX HUNDRED THOUSAND ONLY.

Drawn under KOOKMIN BANK (HEAD OFFICE)，SEOUL
DOCUMENT CREDIT NO. M07PQ905NS20089
DATED JAN 1，2023

To：KOOKMIN BANK (HEAD OFFICE)，SEOUL

湖北冶金设备有限公司
HUBEI METALLURGICAL EQUIPMENTS CO.，LTD.
王 理 红

本汇票由议付行背书如下：

CHINA CONSTRUCTION BANK，HUBEI BRANCH
中国建设银行湖北分行
赵 大 明

表 8-15　汇票 2

BILL OF EXCHANGE

NO. GKR917

Exchange for 1,600,000.00 USD　　Hubei　2023-05-11

※　※　※ sight of this Second of Exchange (First of the same tenor and date unpaid), pay to the Order of

CHINA CONSTRUCTION BANK, HUBEI BRANCH

the sum of SAY UNITED STATES DOLLARS ONE MILLION SIX HUNDRED THOUSAND ONLY.

Drawn under KOOKMIN BANK (HEAD OFFICE), SEOUL

DOCUMENT CREDIT NO. M07PQ905NS20089

DATED JAN 1, 2023

To: KOOKMIN BANK (HEAD OFFICE), SEOUL

湖北冶金设备有限公司
HUBEI METALLURGICAL EQUIPMENTS CO., LTD.
王　理　红

4. 证明

质量/数量证明见表 8-16。

表 8-16　质量/数量证明

MANUFACTURER'S STANDARD CERTIFICATE OF
QUALITY AND QUANTITY REPORT

湖北冶金设备有限公司
HUBEI METALLURGICAL EQUIPMENTS CO., LTD.
NO. 316, HUANGSHI AVE., 435000, HUANGSHI, HUBEI, CHINA
TEL: 87863541　　E-mail: hbme@yahoo.com

MANUFACTURER'S CERTIFICATE

TO: SINHAN STEEL CO., LTD.　　DATE: 2023-04-01
L/C NO.: M07PQ905NS20089　　NO.: GKR917

WE CERTIFY THAT THE GOODS WERE PRODUCED BY US IN CONFIRMITY WITH THE SAID L/C AND THE CONTRACT. STIPULATION. QUANTITY: 2 SETS/2 WOODEN BOX.

REGARDS

湖北冶金设备有限公司
HUBEI METALLURGICAL EQUIPMENTS CO., LTD.
王　理　红

项目三
进口物流单证示例

进口业务单证工作始于进口合同。在签署进口合同之后，经过预付款汇出和信用证开证等事项，就进入国际货运和接货阶段。同样，也在商检、清关和结算三个环节处理三套单证，即进口关检单证、进口清关单证和进口结算单证。下面结合一份简式进口合同介绍进口物流单证缮制。

一、进口物流单证缮制资料

简式进口合同见表 8-17。

表 8-17　进口合同

CONTRACT

CONTRACT NO.：2023IM/Y01　　　　DATE：JAN 4，2023

THE SELLERS：H+L Holding AG.　　　　TEL：0049-41767251
ADDRESS：Linden strasse. 14
CH-6340 Baar　　　　FAX：0049-41767250

THE BUYERS：HUAXING MACHINERY AND EQUIPMENTS CO.，LTD.　　　　TEL：0086 714-63554558
ADDRESS：TUAN CHENG SHAN，HUANGSHI，P. R. China.　　　　FAX：0086 714-63554556

This contract is made by and between the sellers and buyers，whereby the buyers agree to buy and the sellers agree to sell the undermentioned commodity according to the terms and conditions stipulated below：

货号 Article No.	商品品名，规格 Name of Commodity and Specification	数量 Quantity	单价 Unit Price	金额 Amount	装运期 Time of Shipment
	Punching Unit HKL 30 to Siemens ORIGIN：GERMANY	Set 1	Eur 12,700.00	Eur 12,700.00	Before May 11，2023

Total：CIP SHANGHAI AIRPORT EUR12,700.00

SHIPPING MARKS：VTHL/38125
PORT OF SHIPMENT：GERMAN PORT
PORT OF DESTINATION：SHANGHAI AIRPORT IN CHINA
TERMS OF PAYMENT：BY L/C AT SIGHT.

万家时

H+L Holding AG.
Linden strasse. 14
CH-6340 Baar
Adorf　Schröder

国外供货商在装运期临近时，如在装运日期前一个月左右，会要求进口商向其开立信用证，然后发货，进口商接到提单的传送件后，即开始分阶段准备单证。

二、进口物流单证缮制

（一）进口关检单证

进口关检单证大都可以提交复印件，自制或填制的单证不多。所需单证如下：

（1）商业发票（Commercial Invoice），供货商签发单证（可以是复印件）；

（2）装箱单（Packing List），供货商签发单证（可以是复印件）；

（3）合同副本（Contract Copy），自制单证；

（4）运输单据（Shipping Documentations），提单或空运单、铁路运单、多式联运单据等（可以是复印件）。

各类进口关检单证格式（填制）如下：

1. 发票和装箱单

国外供货商往往只提交商业发票，并将装箱单的有关内容罗列其上，这种情况海关通常也会接受。表 8－18 就是这种加列装箱单内容的发票。

2. 运输单据

航空运单见表 8－19。

表 8-18 加列装箱单内容的发票

H+L Holding AG.
CH-6340 Baar

HUAXING MACHINERY AND
EQUIPMENTS CO.，LTD.
Tuan Cheng Shan 435000 Huangshi，P. R. China.

Hydraulic
+
Lunsere Prazision. Ihr（brfolg）
Notify
Mr. Xiong Da-ming
Mobile：+86 13786754324
E-mail：sales@ysa-hd. com

Your ref.	Our ref.	Date	Invoice
U-lvd09010402	VS/KBr.	14. 03. 2023	3028684/54454725

Dispatch
Logwin Air&Ocean

Item	Quantity	Description	Eur/pc	Eur total
01	SET 1	Punching Unit HKL 30 to Siemens	12,700. 00	Eur12,700. 00
		Total CIP Shanghai		Eur12,700. 00

Shipping marks：VTHL/38125
1 case 351. 0 kg net，396. 0 kg gross.

ORIGIN：GERMANY
Payment：100% prepaid

H+L Holding AG.

Address	Bank Details
H+L Holding AG.	UBS AG
Linden strasse. 14	CH-6301 Zug
CH-6340 Baar	Swift-code-no. UBS WCHZH80A
Tel：0049-41767251	IBAN-NR. CH67 00273273 5453 557H Y
Fax：0049-41767250	KK □ 273-545355，7HY.

表 8－19　航空运单

No. COS-0021 5836

Shipper's Name and Address Shipper'Account Number VOITH TURBO H＋L HYDRAULIC GMBH & CO.，KG. SCHUCKERTSTR. 15DE-7127，RUTESHEIM	NOT NEGOTIABLE **AIR WAYBILL** ISSUED BY LOGWIN AIR&OCEAN DEUTSCHLAND GMBH 70629 STUTTGART
Consignee's Name and Address Consignee's Account Number HUAXING MACHINERY AND EQUIPMENTS CO.，LTD. Tuan Cheng Shan 435000 Huangshi，P. R. China	It is agreed that the goods described herein are accepted in apparent good order and condition (except as noted) for carriage SUBJECT TO THE CONDITIONS OF CONTRACT ON THE REVERSE HEREOF. ALL GOODS MAY BE CARRIED BY ANY OTHER MEANS INCLUDING ROAD OR ANY OTHER CARRIER UNLESS SPECIFIC CONTRARY INSTRUCTIONS ARE GIVEN HEREON BY THE SHIPPER. THE SHIPPER'S ATTENTION IS DRAWN TO THE NOTICE CONCERNING CARRIER'S LIMITATION OF LIABILITY. Shipper may increase such limitation of liability by declaring a higher value of carriage and paying a supplemental charge if required.
Airport of Departure　IATA CODE AT STUTTGART	

To	By first Carrier	Routing and Destination	To	By	To	By	Currency	CHGS CODE	WT/VAL PPD	WT/VAL COLL	Other PPD	Other COLL	Declared Value for Carriage	Declared Value for Customs
PVG	KL						USD		1	0	1	0	NVD	NCV

Airport of Destination	FLIGHT DATE	AMOUNT OF INSURANCE	INSURANCE—If carrier offers insurance and such insurance is requested in accordance with the conditions thereof, indicate amount to be insured in figures in box marked Amount of Insurance.
SHANGHAI PUDONG AKL	895/Apr. 14，2023	×××	

Handling Information
MARKS：VTHL/38125 ED ENCL.；COMMERCIAL INVOICE (S).

No. of Pieces RCP	Gross Weight	KG lb	Rate Class / Commodity Item No.	Chargeable Weight	Rate/Charge	Total	Nature and Quantity of Goods (incl. Dimensions or Volume)
1	KG 396.0			KG 396.0		AS AGREED	PUNCHING UNIT 1/125×90×137 CM 1.541 CBM 257.0 KG

Prepaid	Weight Charge	Collect	Other Charges
	Valuation Charge		Shipper certifies that the particulars on face hereof are correct and that insofar as any part of the consignment contains restricted articles, such part is properly described by name and is in proper condition for carriage by air according to the International Air Transport Association's restricted articles regulations.
	Tax		
	Total other Charges Due Agent		
	Total other Charges Due Carrier		VOITH TURBO H＋L HYDRAULIC GMBH & CO.，KG. SCHUCKERTSTR. 15DE-7127，RUTESHEIM Signature of Shipper or His Agent
Total Prepaid		Total Collect	LOGWIN AIR＋OCEAN DEUTSCHLAND GMBH 70629 STUTTGART　14,03,2023 Executed on (date) at (place) Signature of Issuing Carrier or its Agent
Currency Conversion Rates		CC Charges in Dest. Currency	
For Carrier's Use only at Destination		Charges at Destination	

COPY 8　　COS-0021 5836

（二）进口清关单证

进口清关单证大部分由出口人提供，且可以向海关提交复印件，但是以下这些单证必须提交正本：原产地证书、许可类证件和进口货物报关单。常见的进口清关单证列举如下：

（1）进口货物报关单（正本）(Entry Inward)，自制单证。

（2）自动进口许可证/配额许可证（正本）(Automatic Import Permits for Electromechanical Products)，签发单证。

（3）原产地证书（正本）(Certificate of Origin)，供货商签发单证。

（4）运输单据（Shipping Documentations)：海运提单/航空运单/承运货物收据/多式联运单据（Bill of Lading/Air Waybill/Cargo Receipt/Inter-Modal Transport Documents)。

（5）商业发票（Commercial Invoice)。

（6）装箱单（Packing List)。

（7）熏蒸证书（Fumigation Certificate)。

（8）进口合同副本（Import Contract Copy)，自备单证。

单证（4）～（8）均由供货方提供，可用复印件，也属于签发单证。

各类进口清关单证格式（填制）如下：

1. 进口货物报关单

进口货物报关单见表 8-20。

2. 自动进口许可证/配额许可证

自动进口许可证见表 8-21。

3. 原产地证书

原产地证书一般包含在发票中。

运输单据、商业发票、装箱单的填制同报检单证。

4. 熏蒸证书

熏蒸证书可以用包装情况说明代替（见表 8-22)。

（三）进口结算单证

如上所述，进口结算单证一般是在一张银行的付款确认书上签字，或制作一份验收协议书或一份电汇申请书。根据信用证或合同的要求，提交到银行，以申办付款。表 8-23 是一张付款确认书的样本。

表 8-20　中华人民共和国海关进口货物报关单

预录入编号：　　　　海关编号：　　　　页码/页数：

境内收货人 嘉里大通物流有限公司上海分公司	进境关别 浦东机场	进口日期 2023-03-15	申报日期 2023-03-15	备案号
境外发货人 VOITH TURBO H+L HYDRAULIC GMBH & CO., KG. SCHUCKERTSTR. 15DE-7127, RUTESHEIM	运输方式 航空运输	运输工具名称及航次号 KL 0742644680	提运单号 99024276	货物存放地点
消费使用单位 华兴机械设备有限公司	监管方式 一般贸易	征免性质 一般征免	许可证号	启运港 斯图加特

合同协议号 2023IM/Y01	贸易国（地区） 中国	启运国（地区） 德国	经停港	入境口岸 上海

包装种类 木箱	件数 1	毛重（千克） 419	净重（千克） 351	成交方式 CIF	运费	保费	杂费

随附单证及编号

随附单证 1：　　　　随附单证 2：

标记唛码及备注

项号	商品编号	商品名称及规格型号	数量及单位	单价/总价/币制	原产国（地区）	最终目的国（地区）	境内目的地	征免
1	82073000	液压冲头，钢铁制数控转塔车床用，不带金刚，型号 HK1.30.382	1.000 个 351.000 千克	12 700/12 700/欧元	德国	中国	湖北黄石	一般

特殊关系确认：否　价格影响确认：否　支付特许权使用费确认：否　公式定价确认：　暂定价格确认：　自报自缴：否

报关人员　报关人员证号　电话　兹申明以上内容承担如实申报、依法纳税之法律责任 申报单位　　　　申报单位（签章）	海关批注及签章

表 8-21　中华人民共和国自动进口许可证

1. 进口商 Importer 华兴机械设备有限公司	3. 自动进口许可证号 Automatic import license no.
2. 进口用户 Consignee 华兴机械设备有限公司	4. 自动进口许可证有效截止日期 Automatic import license expiry date
5. 贸易方式 Terms of trade 一般贸易	8. 贸易国（地区） Country/Region of trading 德　国
6. 外汇来源 Terms of foreign exchange 购　汇	9. 原产地国（地区） Country/Region of origin 德　国
7. 报关口岸 Place of clearance 上　海	10. 商品用途 Use of goods 生产自用

11. 商品名称 Description of goods 液压冲头	商品编码（H.S.） Code of goods 82073000	设备状态 Status of goods 全新

12. 规格、型号 Specification	13. 单位 Unit	14. 数量 Quantity	15. 单价 Unit price	16. 总值 Amount	17. 总值折美元 Amount in USD
HK1.30.382 数控转塔车床用	个	1	EUR12,700.00	EUR12,700.00	
18. 总　计 Total		1		EUR12,700.00	

19. 备　注 Supplementary details	20. 发证机关签章 Issuing authority's stamp 中华人民共和国自动进口许可证专用章 21. 发证日期　2023-01-01 License date

表 8-22 包装情况说明

上海市海关：

本公司现有如下所述入境货物：

运单号：KL0742644680

货物名称：液压冲头　　数量：1 件　　重量：396 千克

贸易国别或地区：德国（GERMANY）　　原产国：德国（GERMANY）

本公司郑重承诺，该批货物所使用的木质包装已在输出国家或地区按照国际植物保护公约组织（IPPC）公布的第 15 号植物检疫措施国际标准《国际贸易中木质包装材料管理准则》进行了检疫除害处理，并已在木质包装上加施了 IPPC 认可的专用标识，特此申明！

本公司保证该申明是真实的。如有不实，愿意接受检验检疫机构按照中国检验检疫法律法规及相关规定的处罚。

华兴机械设备有限公司

2023-03-15

表 8－23　付款确认书

招 商 银 行
CHINA MERCHANTS BANK
(Incorporated In P. R. China)

进口单据付款/承兑确认书

Wuhan Branch　　　　　　　　　　　　　　Tel：82825812
93 Yanjiang Rd，Wuhan，China　　　　　　Fax：82825934

致：华兴机械设备有限公司　　　　　　　　武汉 2023 年 3 月 23 日
本行编号：CMIB00/0/0174

提(运)单	发票	保险单	重量单	装箱单	品质证书	汇票	产地证	
3	3	2			1	2		

信用证号码	汇票金额	到期日
CMLC00/0/0086	EUR12 700.00	AT SIGHT

托收/议付行名称和地址	托收/议付行编号
香港汇丰	BACHKH429/48CNC

单据不符点：Invoice not indicating Contract No.
上述单据收到，请按下列打“×”标示办理：

☒ 请即划付我司账户。

☐ 随函寄上已承兑汇票，请于到期日划付我司账户。

☐ 发现上述不符点，请对外拒付。

公司盖章　　　　　　　　　　　　　　招商银行

2023－03－23
本联请签并退我行

模块小结

单证维系着国际物流的顺利进行。本模块结合国际物流的实践与教研经验，独创国际物流中单证"三层三分法"体系，由下向上，层层展开，构成了"成组成套成系统"的科学合理、完备明晰的作业规范式国际物流单证体系。

知识巩固

一、单项选择题

1. 海运托运单是(　　)。

A. LETTER OF CREDIT，L/C　　B. BOOKING NOTE，B/N

C. BILL OF LADING，B/L　　D. SALES CONTRACT，S/C

2. 海运提单中必须经背书才能转让的是(　　)。

A. 记名提单　　B. 不记名提单　　C. 指示提单　　D. 副本提单

3. 在进出口业务中，能够作为物权凭证，经过背书可以转让的运输单据是(　　)。

A. 空运单　　B. 不可转让海运单　　C. 邮包收据　　D. 海运提单

4. 如果信用证中对一般产地证的要求是"CERTIFICATE OF ORIGIN IN 1 ORIGINAL AND 1 COPY ISSUED BY CCPIT"，那么，这份产地证需要由哪个部门签发才符合要求？(　　)

A. 中国海关　　B. 中国国际贸易促进委员会

C. 中国商会　　D. 地方商务厅

5. 进出口贸易中，一般原产地证所能享受到的关税待遇是(　　)。

A. 普惠制　　B. 最惠国　　C. 出口退税　　D. 免税

二、多项选择题

1. 国际贸易单证缮制的基本原则是(　　)。

A. 正确　　B. 完整　　C. 及时

D. 简明　　E. 整洁

2. 正确是单证工作的前提，单证不正确就不能安全收汇。为了保证单据的正确性，应该做到(　　)。

A. 单据与信用证相符　　B. 单据与单据相符

C. 单据与贸易合同相符　　D. 单据与货物相符

E. 单据与有关国际惯例和进口国有关法律规定相符

3. 即使信用证没有明确要求，也必须注明日期的单据有(　　)。

A. 装箱单　　B. 汇票　　C. 运输单据

D. 保险单据　　E. 商业发票

4. 发票中的唛头应与合同或信用证规定一致，如果货物为散装或裸装，以下唛头缮制正确的是(　　)。

A. NAKED　　B. N/M　　C. 空白不填
D. IN BULK　　E. AS PER CONTRACT

5. 下列单证属于包装单据的是(　　)。

A. 重量单　　B. 尺码单　　C. 装货单
D. 装箱单　　E. 收货单

三、判断题

1. 背书是使单据的转移得以实现的手段。(　　)

2. 制单人员在制作单据时，应尽可能把合同和信用证中的细节内容都标注到单据上面，以提高单证制作的质量和减少单证制作的差错。(　　)

3. 国际贸易单证工作的基本环节包括制单、审单、交单和归档。(　　)

4. 保险单日期必须早于或等于提单的签发日期。(　　)

5. 随附单据的种类很多，包括受益人证明、船公司证明、装船通知等。(　　)

四、简答题

1. 如何理解国际物流单证体系？

2. 出口关检和结算单证主要有哪些？

3. 加工贸易项下的关检单证与一般贸易有什么不同？

五、综合题

1. 根据所给相关资料指出海运提单中错误的地方。

资料：

卖方：MIGUEL PEREZ TRADING COMPANY LTD.
　　　2811 47TH TER SW NAPLES HAIFA，ISRAEL

买方：TIANJIN ESHOW IMPORT AND EXPORT CO.，LTD.
　　　NO. 21 JIANGSU ROAD，HEXI DISTRICT，TIANJIN，CHINA

货物描述：24,000PCS OF CANNED CHILI SAUCE

单价：FOB HAIFA USD35 PER DOZ.

包装：4,000 CARTONS　G. W.:25,000kg　N. W:22,000kg　MEAS.:31 CBM

唛头：ESHOW
　　　TIANJIN
　　　NO. 1－2,000

收货人：To order

发票号：MPT2305007

装运期：2023年10月15日

目的港：TIANJIN

提单号：CKG1358/90

船名、航次：MAYA　V. 135

海运提单见表8－24。

表 8-24　海运提单

<table>
<tr><td colspan="3">Shipper (Insert Name, Address and Phone)</td><td colspan="2">B/L No. CKG1358/09</td></tr>
<tr><td colspan="3">MIGUEL PEREZ TRADING COMPANY LIMITED 2811 47TH TER
SW NAPLES HAIFA, ISRAEL</td><td colspan="2" rowspan="9">Arrow Maritime Line
ORIGINAL
Port-to-Port
BILL OF LADING
Shipped on board and condition
except as other...</td></tr>
<tr><td colspan="3">Consignee (Insert Name, Address and Phone)</td></tr>
<tr><td colspan="3">TIANJIN ESHOW IMPORT AND EXPORT CO., LTD.
NO. 12 JIANGSU ROAD, HEXI DISTRICT, TIANJIN, CHINA</td></tr>
<tr><td colspan="3">Notify Party (Insert Name, Address and Phone)</td></tr>
<tr><td colspan="3">TIANJIN ESHOW IMPORT AND EXPORT CO., LTD.
NO. 21 JIANGSU ROAD, HEXI DISTRICT, TIANJIN, CHINA</td></tr>
<tr><td colspan="2">Ocean Vessel Voy. No.</td><td>Port of Loading</td></tr>
<tr><td colspan="2">RIWA V. 128</td><td>HAIFA</td></tr>
<tr><td colspan="2">Port of Discharge</td><td>TIANJIN</td></tr>
<tr><td></td><td></td><td></td></tr>
<tr><td>Mark & Nos.</td><td>No. of Containers or Packages</td><td>Description of Goods</td><td>Gross Weight/Kgs</td><td>Measurement</td></tr>
<tr><td>N/M</td><td>12,000 CARTONS</td><td>CANNED MUSHROOM</td><td>20,000 KGS</td><td>30 CBM</td></tr>
<tr><td colspan="5">Total Number of containers and/or packages (in words) SAY TWELVE THOUSAND CARTONS ONLY</td></tr>
<tr><td>Ex. Rate</td><td>Prepaid at</td><td>Payable at</td><td colspan="2">Place and date of issue</td></tr>
<tr><td rowspan="4"></td><td></td><td>HAIFA</td><td colspan="2">HAIFA MAY 30, 2023</td></tr>
<tr><td>Total Prepaid</td><td>No. of Original B(s)/L</td><td colspan="2">Signed for the Carrier</td></tr>
<tr><td></td><td>THREE</td><td colspan="2">ARROW MARITIME LINE ***</td></tr>
<tr><td colspan="5">LADEN ON BOARD THE VESSEL
DATE: MAY 30, 2023　　BY: ARROW MARITIME LINE ***</td></tr>
</table>

2. 根据信用证（见表 8-25）及装运资料完成任务。

表 8-25　信用证

Form of Doc. Credit	* 40A: IRREVOCABLE
Doc. Credit Number	* 20: LC230305
Date of Issue	31C: 230325
Expiry	* 31D: Date 230530 Place CHINA
Applicant	* 50: THOMAS IMP. AND EXP. COMPANY 32 BLUEBIRD STREET BANGKOK THAILAND
Applicant Bank	51: KRUNG THAI BANK PUBLIC CO., LTD. BANGKOK
Beneficiary	* 59: HANGZHOU HOPESHOW GARMENTS CO., LTD. 842 MOGANSHAN ROAD HANGZHOU, CHINA
Amount	* 32B: Currency USD Amount 36,300.00
Available with /by	* 41D: ANY BANK BY NEGOTIATION
Draft at...	42C: AT SIGHT FOR FULL INVOICE VALUE
Drawee	42D: KRUNG THAI BANK PCL SUANMALI IBC BANGKOK

续表

Partial Shipments	43P：PROHIBITED
Transshipment	43T：PERMIT
Port of Loading	44E：SHANGHAI
Port of Discharge	44F：BANGKOK
Latest Date of Ship.	44C：230515
Descript. of Goods	45A： 65 PCT COTTON 35 PCT RAYON LADIES' COATS CIF BANGKOK ITEM NO. 3501T，1,000PCS，USD9.00/PC ITEM NO. 3501B，1,000PCS，USD9.50/PC ITEM NO. 3502T，1,000PCS，USD8.80/PC ITEM NO. 3502B，1,000PCS，USD9.00/PC
Documents Required	46A： +MANUALLY SIGNED COMMERCIAL INVOICE IN QUADRUPLICATE CERTIFYING THAT ALL DETAILS ARE AS PER PROFORMA INVOICE NO TH080316 DATED 2023-03-16 AND ALSO SHOW THE FREIGHT CHARGE，PREMIUM，FOB VALUE AND COUNTRY OF ORIGIN SEPARATELY +FULL SET CLEAN ON BOARD OCEAN BILLS OF LADING MADE OUT TO OUR ORDER MARKED FREIGHT PREPAID NOTIFY APPLICANT AND SHOWING THE NAME AND ADDRESS OF THE SHIPPING AGENT AT DESTINATION +SIGNED PACKING ASSORTED LIST IN QUADRUPLICATE STATING THAT ONE PC IN ONE PP BAG AND 50 PCS IN AN EXPORT CARTON +SIGNED CERTIFICATE OF ORIGIN IN DUPLICATE SHOWING THE NAME OF THE MANUFACTURER +INSURANCE POLICY IN DUPLICATE FOR 110 PCT OF THE INVOICE VALUE COVERING ALL RISKS AS PER CIC OF PICC DATED 01/01/1981 WAREHOUSE TO WAREHOUSE CLAUSE INCLUDED IN THE SAME CURRENCY OF THE DRAFTS CLAIM PAYABLE IN THAILAND +BENEFICIARY'S CERTIFICATE STATING THAT ONE SET OF N/N SHIPPING DOCUMENTS HAS BEEN SENT TO THE APPLICANT DIRECTLY IMMEDIATELY AFTER SHIPMENT EFFECTED
Additional Cond.	47A： +ALL DOCUMENTS MUST SHOW THE CREDIT NUMBER AND DATE AND NAME OF THE ISSUING BANK +A DISCREPANCY HANDLING FEE OF USD100.00 SHOULD BE DEDUCTED AND INDICATED ON THE BILL SCHEDULE FOR EACH PRESENTATION OF DISCREPANT DOCUMENTS UNDER THIS CREDIT +THIS DOCUMENTARY CREDIT IS SUBJECT TO UNIFORM CUSTOMS AND PRACTICE FOR DOCUMENTARY CREDIT ICC PUBLICATION NO. 600
Presentation Period	48： WITHIN 15 DAYS AFTER THE DATE OF B/L BUT WITHIN THE VALIDITY OF THIS CREDIT
Confirmation	*49：WITHOUT

续表

Advising through	57：THIS CREDIT IS ADVISED THROUGH BANK OF CHINA HANGZHOU BRANCH
Details of Charges	71B：ALL BANKING CHARGES OUTSIDE THAILAND ARE FOR THE ACCOUNT OF BENEFICIARY
Instruction	78：
ON RECEIPT OF DOCUMENTS CONFIRMING TO THE TERMS OF THIS DOCUMENTARY CREDIT，WE UNDERTAKE TO REIMBURSE YOU IN THE CURRENCY OF THE CREDIT IN ACCORDANCE WITH YOUR INSTRUCTIONS，WHICH SHOULD INCLUDE YOUR UID NUMBER AND THE ABA CODE OF THE RECEIVING BANK	
Send. to rec. info. 72：	
DOCUMENTS TO BE DISPATCHED BY COURIER SERVICE IN ONE LOT TO BANK OF CHINA BANGKOK BRANCH TRADE SERVICES，26 BOLIDEN ROAD，BANGKOK，THAILAND	

其他相关资料：

发票号码：TH230326　　发票日期：2023 年 3 月 26 日

提单号码：COS2305851　　提单日期：2023 年 5 月 10 日

船名：ZHEN HUA V. 007S　　原产地证号：6838992

商品编号：6209.9000　　20 尺拼箱，CFS/CFS

集装箱号：COSU561753　　封号：08153

毛重：16 kg　　净重：14.5 kg

外箱尺码：60 cm×40 cm×40 cm　　保单号码：202331001789626

合同号码：HS230316　　合同日期：2023 年 3 月 16 日

海运费：864 美元　　保险费：80 美元

议付银行：中国银行杭州分行

船公司在目的港代理的名称与地址：

COSCO BANGKOK BRANCH

36 JERVA ROAD，BANGKOK，THAILAND

生产厂家名称：

HANGZHOU LINGLONG GARMENTS FACTORY

唛头：

THOMAS

TH230326

BANGKOK

NO. 1-80

（1）请用中文回答该信用证要求受益人提交的单证名称。

（2）缮制汇票（见表 8-26）。

表 8－26　汇票

BILL OF EXCHANGE

凭 Drawn under　(1)		信用证　第　　号 L/C No.　(2)
日期 Dated　(3)	支取 Payable with interest @　　% per annum 按年息　付款	
号码 No.　(4)	汇票金额 Exchange for　　(5)	杭州　年　月　日 Hangzhou　(6)
见票 At	日后（本汇票之副本未付） ********　sight of this FIRST of Exchange (Second of exchange being unpaid)	
付交 Pay to the order of　(7)		
金额 The sum (8)		
此致 To: (9)		(10)

3. 缮制发票（见表 8－27）。

表 8－27　发票

杭州红袖服饰有限公司

HANGZHOU HOPESHOW GARMENTS CO., LTD.

842 MOGANSHAN ROAD HANGZHOU, CHINA

商业发票

COMMERCIAL INVOICE

To:　(1)　　　Invoice No.:　　(2)

Invoice Date:

S/C No.:

S/C Date:

Credit No.　LC081805　　　Dated: 25 MAR., 2023

Issuing bank:　KRUNG THAI BANK PUBLIC CO., LTD., BANGKOK

Marks & Nos.	Description of goods	Quantity	Unit Price	Amount
(4)	(3)		(5)	
		(6)	(7)	(8)
TOTAL:		4,000 PCS		USD36,300.00

SAY U. S. DOLLARS THIRTY SIX THOUSAND THREE HUNDRED ONLY

TOTAL PACKED IN 80 CARTONS.

GROSS WEIGHT: 1,280.00 KGS.

(9)

杭州红袖服饰有限公司（章）

HANGZHOU HOPESHOW GARMENTS CO., LTD.

(10)

4. 缮制装箱单（见表 8－28）。

表 8－28　装箱单

杭州红袖服饰有限公司

HANGZHOU HOPESHOW GARMENTS CO.，LTD.

842 MOGANSHAN ROAD HANGZHOU，CHINA

装 箱 单

（1）

To：　（2）

Invoice No.：　TH230326

Invoice Date：　28 APR.，2023

S/C No.：　（3）

S/C Date：　（4）

Transport details

From：SHANGHAI　　To：BANGKOK　　By Vessel

Description of goods：（5）

Ctn. No.	Ctns.	Item No.	Size assortment for Ctn.						PCS/CTN	Total PCS
			S	M	L	XL	2XL	3XL		
	（6）						（7）		（8）	（9）
1－20		3501T	8	8	10	8		8		
21－40		3501B	8	8	10	8		8		
41－60		3502T	6	6	12	12		6		
61－80		3502B	6	6	12	12		6		
	80 CTNS									4,000 PCS

TOTAL PACKED IN EIGHTY CARTONS ONLY.

GROSS WEIGHT：@16 / 1,280.00 KGS

NET WEIGHT：@14.5 / 1,160.00 KGS

MEASUREMENT：@（60 * 40 * 40）CMS / 7.680 CBM

WE HEREBY STATE THAT ONE PC IN ONE PP BAG AND 50 PCS IN AN EXPORT CARTON.

（10）

杭州红袖服饰有限公司（章）

HANGZHOU HOPESHOW GARMENTS CO.，LTD.

张三（章）

5. 缮制产地证（见表 8－29）。

表 8－29　产地证

<table>
<tr><td colspan="2">1. Exporter:　(1)</td><td colspan="3" rowspan="2">Certificate No.　6838992
CERTIFICATE OF ORIGIN OF
THE PEOPLE'S REPUBLIC OF CHINA</td></tr>
<tr><td colspan="2">2. Consignee:　(2)</td></tr>
<tr><td colspan="2">3. Means of transport and route　(3)</td><td colspan="3" rowspan="2">5. For certifying authority use only</td></tr>
<tr><td colspan="2">4. Country / region of destination　(4)</td></tr>
<tr><td>6. Marks & Nos.</td><td>7. Number and kind of packages; Description of goods</td><td>8. H. S. Code</td><td>9. Quantity</td><td>10. Numbers and Date of Invoice</td></tr>
<tr><td>(5)</td><td>(6)</td><td>(7)</td><td>(8)</td><td>(9)</td></tr>
<tr><td></td><td>NAME OF THE MANUFACTURER:
HANGZHOU HOPESHOW GARMENTS CO., LTD.
CREDIT NO. BL－081805 DATED 25 MAR., 2023 ISSUED BY KRUNG THAI BANK PUBLIC CO., LTD., BANGKOK
**************</td><td></td><td></td><td></td></tr>
<tr><td colspan="2">11. Declaration by the exporter
The undersigned hereby declares that the above details and statements correct, that all the goods were produced in China and that they comply with the Rules of Origin of the People's Republic of China

杭州红袖服饰有限公司（章）
HANGZHOU HOPESHOW GARMENTS CO., LTD.
袁媛（手签）

(10)

Place and date, signature and stamp of authorized signatory</td><td colspan="3">12. Certification
It is hereby certified that the declaration by the exporter is correct.

浙江省贸促会（商会）（章）

方芳（手签）

Place and date, signature and stamp of certifying authority</td></tr>
</table>

6. 改正保险单上的错误（见表 8－30）。

表 8－30 保险单

货 物 运 输 保 险 单

CARGO TRANSPORTATION INSURANCE POLICY

发票号码 Invoice No.	HS23E0428		
合同号码 Contract No.	HS023316	保单号次 Policy No.	202331001789626
信用证号 Credit No.	BL－231805		
被保险人 Insured：	HANGZHOU HOPESHOW GARMENTS CO.，LTD.		

中保财产保险有限公司（以下简称本公司）根据被保险人的要求，及其所缴付约定的保险费，按照本保险单承担险别和背面所载条款与下列特别条款承保下列货物运输保险，特签发本保险单。

This policy of Insurance witnesses that The People Insurance (Property) Company of China, Ltd. (hereinafter called the Company) at the request of the Insured and in consideration of the agreed premium paid by the Insured, undertakes to insure the undermentioned goods in transportation subject to the conditions of this Policy as per the Clauses printed overleaf and other special clauses attached hereon.

标记 Marks & No.	包装及数量 Quantity	保险货物项目 Description of goods	保险金额 Amount Insured
AS PER INV. NO. HSE080428	60 CTNS	35 PCT COTTON 65 PCT RAYON LADIES' COATS	USD36,300.00

总保险金额 Total Amount Insured： SAY U.S. DOLLARS THIRTY SIX THOUSAND THREE HUNDRED ONLY.

保险费 Premium	As arranged	启运日期 Date of shipment	As per B/L	装载运输工具 Per conveyance	SS：ZHEN HUA V. 007S
自 From	SHANGHAI	经 Via		至 To	BANGKOK

承保险别 Conditions：

COVERING ALL RISKS AS PER CIC OF PICC DATED 01/01/1981 WAREHOUSE TO WAREHOUSE CLAUSE INCLUDED CREDIT NO. BL－231805 DATED 25 MAR.，2023 ISSUED BY KRUNG THAI BANK PUBLIC CO.，LTD.，BANGKOK

所保货物，如发生本保险单项下可能引起索赔的损失或损坏，应立即通知本公司下述代理人查勘。如有索赔，应向本公司提交保险单正本（本保险单共有 2 份正本）及有关文件。如一份正本已用于索赔，其余正本则自动失效。

In the event of damage which may result in a claim under this Policy, immediate notice be given to the Company Agent as mentioned here under Claims, if any, one of the Original Policy which has been issued in TWO Original(s) together with the relevant documents shall be surrendered to the Company, if one of the Original Policy has been accomplished, the others to be void.

Insurance agent at destination：

THAILAND INSURANCE CO.，LTD.

29 DADA ROAD，BANGKOK，THAILAND

赔款偿付地点 Claim payable at BANGKOK

中国人民财产保险股份有限公司浙江省分公司

PICC Property and Casualty Company Limited，Zhejiang Branch

出单日期 Issuing date 30 APR.，2023

地址（Address）：中国浙江省杭州市中山北路 321 号

邮编（Post Code）：310000 电话（Tel）：0571－28802220

传真（Fax）：0571－28802226

姜小葵

Authorized Signature

7. 改正提单上的错误（见表 8－31）。

表 8－31　提单

<table>
<tr><td colspan="2">Shipper
HANGZHOU HOPESHOW GARMENTS CO.，LTD.
842 MOGANSHAN ROAD
HANGZHOU，CHINA</td><td rowspan="6">B/L No.　　COS0805851

CARRIER
中远集装箱运输有限公司
COSCO CONTAINER LINES
Port-to-Port or Combined Transport
BILL OF LADING
ORIGINAL
RECEIVED in external apparent good order and condition except as otherwise noted. The total number of packages or units stuffed in the container. The weight，measure，marks，numbers，quality，contents and value mentioned in this Bill of Lading are to be considered unknown unless the contrary has expressly acknowledged and agreed to. The signing of this Bill of Loading is not to be considered as such an agreement. On presentation of this Bill of Lading duly endorsed to the Carrier by or on behalf of the Holder of Bill of Lading，the rights（Terms of Bill of Lading continued on the back hereof）</td></tr>
<tr><td colspan="2">Consignee
THOMAS IMP. AND EXP. COMPANY
31 BLUEBIRD STREET
BANGKOK THAILAND</td></tr>
<tr><td colspan="2">Notify party
THOMAS IMP. AND EXP. COMPANY
32 BLUEBIRD STREET
BANGKOK THAILAND</td></tr>
<tr><td>Pre-carriage by</td><td>Place of Receipt</td></tr>
<tr><td>Ocean Vessel Voy. No.
ZHEN HUA V. 007S</td><td>Port of Loading
SHANGHAI</td></tr>
<tr><td>Port of Discharge
BANGKOK</td><td>Place of Delivery</td></tr>
</table>

Marks & Nos. Container No.	No. & kind of pkgs	Description of goods	Gross weight	Measurement
AS PER INV. NO. HS08E0428	80 CTNS	LADIES' COATS	1,305.00 KGS	7.680 CBM

CREDIT NO. BL-081805 DATED 25 MAR.，2023 ISSUED BY KRUNG THAI BANK PUBLIC CO.，LTD.，BANGKOK

1X20'LCL，CFS / CFS
CN.：COSU561753
SN.：08153

<table>
<tr><td>Total No. of container or other pkgs or units (in words)</td><td colspan="5">SAY EIGHTY CARTONS ONLY</td></tr>
<tr><td>Freight & charges
FREIGHT COLLECT</td><td>Revenue Tons</td><td>Rate</td><td>Per</td><td>Prepaid</td><td>Collect</td></tr>
</table>

<table>
<tr><td rowspan="2">Ex. rate</td><td>Prepaid at</td><td>Payable at</td><td>Place and date of issue
SHANGHAI　10 MAY 2023</td></tr>
<tr><td>Total prepaid</td><td>No. of B(s)/L</td><td rowspan="2">Signed by　COSCO CONTAINER LINES
SHANGHAI BRANCH
As agent for the carrier
黄山
named above</td></tr>
<tr><td colspan="3">Laden on board the Vessel：
Date：　10 MAY 2023
By：　C. C. L. SHA.</td></tr>
</table>

参考文献

1. 邓志新．跨境电商：理论、操作与实务［M］. 2版．北京：人民邮电出版社，2023.

2. 白平，曹晓姗，李吕月，等．我国跨境电商海外仓建设现状及发展策略［J］. 现代企业，2023（9）.

3. 速卖通大学．跨境电商物流阿里巴巴速卖通宝典［M］. 北京：电子工业出版社，2015.

4. 罗凯健，徐海艳，林温乔．我国海外仓的发展现状及对策研究［J］. 全国流通经济，2018（15）.

5. 张晓燕．我国跨境物流海外仓发展存在的问题及完善对策［J］. 对外经贸实务，2017（1）.

6. 段满珍．集装箱运输与多式联运［M］. 北京：清华大学出版社，北京交通大学出版社，2021.

7. 朱晓宁．集装箱运输与多式联运［M］. 北京：北京交通大学出版社，2018.

8. 刘晓玉，王国保．国际航空货物运输［M］. 北京：中国财政经济出版社，2023.

9. 何江，钱慧敏．我国跨境电商物流研究：述评与展望［J］. 技术与创新管理，2017，38（5）.

10. 张海燕，吕明哲．国际物流［M］. 大连：东北财经大学出版社，2015.

11. 姬中英．物流运输实务［M］. 2版．北京：中国人民大学出版社，2020.

12. 张清．国际物流实务［M］. 北京：清华大学出版社，北京交通大学出版社，2011.

13. 杨长春，顾永才．国际物流［M］. 北京：首都经济贸易大学出版社，2006.

14. 代湘荣．国际物流运作实务［M］. 北京：中国人民大学出版社，2020.

15. 报关水平测试教材编写委员会．报关基础知识［M］. 北京：中国海关出版社，2017.

16. 报关水平测试教材编写委员会．报关业务技能［M］. 北京：中国海关出版社，2017.

17. 中国国际货运代理协会．国际货运代理基础知识［M］. 北京：中国商务出版社，2012.

18. 钱惠琴，等．国际商务单证理论与实务［M］．苏州：苏州大学出版社，2015.

19. 戴正翔．国际物流单证实务［M］．北京：清华大学出版社，北京交通大学出版社，2014.

20. 李昭华，冯莉．国际结算［M］．北京：对外经济贸易大学出版社，2011.